品牌建设与管理经典译丛
The Classic Translated Series of Brand Building and Management

总主编　杨世伟

品牌挑战

行业品牌建设责任

ADAPTING BRANDING
TO SECTORIAL IMPERATIVES

THE BRAND CHALLENGE

［英］卡迪科亚·康佩拉（Kartikeya Kompella）◎编

徐梅鑫◎译

经济管理出版社
ECONOMY & MANAGEMENT PUBLISHING HOUSE

北京市版权局著作权合同登记：图字：01-2017-1536

THE BRAND CHALLENGE: ADAPTING BRANDING TO SECTORIAL IMPERATIVES by Kartikeya Kompella

Copyright：ⓒ Kartikeya Kompella and the individual contributors，2015

This edition arranged with KOGAN PAGE PUBLISHERS through Big Apple Agency，Inc.，Labuan，Malaysia.

Simplified Chinese edition copyright：ⓒ2018 ECONOMY & MANAGEMENT PUBLISHING HOUSE. All rights reserved.

图书在版编目（CIP）数据

品牌挑战：行业品牌建设责任/(英) 卡迪科亚·康佩拉编；徐梅鑫译. —北京：经济管理出版社，2018.3

（品牌建设与管理经典译丛）

ISBN 978-7-5096-5433-0

Ⅰ.①品… Ⅱ.①卡… ②徐… Ⅲ.①品牌—企业管理—研究 Ⅳ.①F273.2

中国版本图书馆 CIP 数据核字（2017）第 257576 号

组稿编辑：梁植睿
责任编辑：梁植睿
责任印制：黄章平
责任校对：王淑卿

出版发行：经济管理出版社
　　　　　（北京市海淀区北蜂窝 8 号中雅大厦 A 座 11 层　100038）
网　　址：www. E-mp. com. cn
电　　话：(010) 51915602
印　　刷：玉田县昊达印刷有限公司
经　　销：新华书店
开　　本：710mm×1000mm/16
印　　张：19
字　　数：296 千字
版　　次：2018 年 3 月第 1 版　2018 年 3 月第 1 次印刷
书　　号：ISBN 978-7-5096-5433-0
定　　价：58.00 元

序　言

2014 年 5 月，习近平总书记在河南视察时提出，要推动"中国制造向中国创造转变、中国速度向中国质量转变、中国产品向中国品牌转变"。习总书记"三个转变"的精辟论述将品牌建设提高到了新的战略高度，尤其是在国际经济环境不确定和当前中国经济发展多起叠加背景下，意义更是十分重大，为中国品牌建设指明了方向。

2016 年 6 月，国务院办公厅发布的《关于发挥品牌引领作用推动供需结构升级的意见》（国办发〔2016〕44 号）明确提出：按照党中央、国务院关于推进供给侧结构性改革的总体要求，积极探索有效路径和方法，更好发挥品牌引领作用，加快推动供给结构优化升级，适应引领需求结构优化升级，为经济发展提供持续动力。以发挥品牌引领作用为切入点，充分发挥市场决定性作用、企业主体作用、政府推动作用和社会参与作用，围绕优化政策法规环境、提高企业综合竞争力、营造良好社会氛围，大力实施品牌基础建设工程、供给结构升级工程、需求结构升级工程，增品种、提品质、创品牌，提高供给体系的质量和效率，满足居民消费升级需求，扩大国内消费需求，引导境外消费回流，推动供给总量、供给结构更好地适应需求总量、需求结构的发展变化。

2017 年 3 月，李克强总理在 2017 年政府工作报告中明确提出，广泛开展质量提升行动，加强全面质量管理，健全优胜劣汰质量竞争机制。质量之魂，存于匠心。要大力弘扬工匠精神，厚植工匠文化，恪尽职业操守，崇尚精益求精，培育众多"中国工匠"，打造更多享誉世界的"中国品牌"，推动中国经济发展进入质量时代。

改革开放以来，中国在品牌建设实践中积累了丰富的成功经验，也经历过沉痛的失败教训。

中国企业从 20 世纪 80 年代中期开始了品牌建设的实践。1984 年 11 月，双星集团（前身是青岛橡胶九厂）时任党委书记汪海举行了新闻发布会，这成为国有企业中第一个以企业的名义召开的新闻发布会，集团给到会记者每人发了一双高档旅游鞋和几十元红包，这在当时是前所未有的。此事件之后，"双星"品牌红遍全国。1985年12月，海尔集团的前身——青岛冰箱总厂的张瑞敏"砸冰箱"事件，标志着中国企业开始自觉树立品牌的质量意识。从那时起，海尔坚持通过品牌建设实现了全球的本土化生产。据世界权威市场调查机构欧睿国际（Euromonitor）发布的2014年全球大型家用电器调查数据显示，海尔大型家用电器品牌零售量占全球市场的10.2%，位居全球第一，这是海尔大型家电零售量第六次蝉联全球第一，占比更首次突破两位数。同时，海尔冰箱、洗衣机、冷柜、酒柜的全球品牌份额也分别继续蝉联全球第一。

改革开放以来，我们在品牌建设过程中也经历过沉痛的失败教训。早在20世纪80年代，在利益的驱动下，政府颁发奖项名目繁多，十年评出6000多个国家金奖、银奖和省优部优，这种无序的系列评选活动被国家强制叫停。国家层面的评奖没有了，社会上"卖金牌"的评审机构如雨后春笋，达到2000多个，这严重误导了消费，扰乱了市场秩序。21世纪初国务院批准评选中国名牌和世界名牌，直到2008年"三鹿奶粉"恶性质量案件的披露，导致评选中国名牌和世界名牌的工作瞬间叫停。

正如中国品牌建设促进会理事长刘平均在2017年"两会"采访时所说，由于缺乏品牌的正能量引导，消费者变得无所适从，再加上假冒伪劣问题屡见报章，消费者逐渐对国产品牌失去信任，出现了热衷于消费海外产品的现象。打造和培育知名品牌，引领产业升级和供给侧改革，是当务之急。要尽快建立健全我国国内知名品牌和国际知名品牌的产生机制，把李克强总理所说的"打造享誉世界的中国品牌"落到实处。

2011年，《国民经济和社会发展第十二个五年规划纲要》提出了"推动自主品牌建设，提升品牌价值和效应，加快发展拥有国际知名品牌和国际竞争力的大型企业"的要求。为贯彻落实这个规划精神，工信部、国资委、商务部、农业部、国家质检总局、工商总局等部门非常重视，分别从不同的角度发布了一系列有关品牌建设的指导意见。工信部等七部委于2011年7月联合发布了《关于加快我国工业企业品牌建设的指导意见》，为工业企业品牌建设引领了方向并提供了政策支撑。国家质检总局于2011年8月发布了《关于加强品牌建设的指导意见》，明确了加强品牌建设的指导思想和基本原则、重点领域、主要措施和组织实施。国务院国有资产监督管理委员会于 2011 年 9 月发布了《关于开展委管协会品牌建设工作的指导意见》，为委管协会品牌建设工作明确了方向。这一系列相关政策的发布，在政策层面上为中国品牌建设给予了保障，为全面加强中国品牌建设、实施品牌强国战略、加快培育一批拥有知识产权和质量竞争力的知名品牌明确了原则和方向。

进入 21 世纪后，尽管中国品牌工作推进缓慢，但中国企业在品牌建设上做了诸多尝试。以联想集团收购 IBM-PC 品牌、吉利汽车集团收购沃尔沃品牌为标志，开始了中国企业收购国外品牌的过程。这说明中国的经济实力在增强，中国的企业在壮大，也说明了中国的品牌实力在增强，实现了从无到有和从小到大的转变。

品牌是企业生存和发展的灵魂，品牌建设是一个企业长期积淀、文化积累和品质提升的过程，一个成功的品牌需要经历品牌建设和管理，品牌建设包括品牌定位、品牌规划、品牌形象、品牌扩张等。中国的品牌崛起之路也不会一蹴而就，需要经历一个培育、发展、成长、成熟的过程。

在世界品牌实验室（World Brand Lab）发布的 2016 年"世界品牌 500 强"排行榜中，美国占据 227 席，仍然是当之无愧的品牌强国，继续保持明显领先优势；英国、法国均以 41 个品牌入选，并列第二；日本、中国、德国、瑞士和意大利分别有 37 个、36 个、26 个、19 个和 17 个品牌入选，位列第三阵营。从表 1 中可以看出，美国在 2016 年"世界品牌 500 强"中占据了近 45.4%，中国只占 7.2%，而中国制造业增加值在世界占比达到 20% 以上，由此可以看出，中国还是一个品牌弱国，中国在品牌建设与管理的道路上还有很长的路要走，有大量的工作要做。但是从 2013~2016 年的增长来看，中国品牌入选排行榜数量的增长趋势是最快的，从 25 个升至 36 个，而其他国家则基本微弱增长或减少。

表 1 2013~2016 年"世界品牌 500 强"入选数量最多的国家

排名	国家	入选数量（个）				代表性品牌	趋势
		2016 年	2015 年	2014 年	2013 年		
1	美国	227	228	227	232	谷歌、苹果、亚马逊、通用汽车、微软	降
2	英国	41	44	42	39	联合利华、汇丰、汤森路透、沃达丰	升
3	法国	41	42	44	47	路易威登、香奈儿、迪奥、雷诺、轩尼诗	降
4	日本	37	37	39	41	丰田、佳能、本田、索尼、松下、花王	降

续表

排名	国家	入选数量（个）				代表性品牌	趋势
		2016 年	2015 年	2014 年	2013 年		
5	中国	36	31	29	25	国家电网、工行、腾讯、中央电视台、海尔	升
6	德国	26	25	23	23	梅赛德斯-奔驰、宝马、思爱普、大众	升
7	瑞士	19	22	21	21	雀巢、劳力士、瑞信、阿第克	降
8	意大利	17	17	18	18	菲亚特、古驰、电通、法拉利、普拉达	降
9	荷兰	8	8	8	9	壳牌、飞利浦、喜力、TNT、毕马威	降
10	瑞典	7	7	7	7	宜家、H&M、诺贝尔奖、伊莱克斯	平

　　为了实现党中央、国务院关于推进供给侧结构性改革提出的总体要求，要发挥品牌引领作用，推动供需结构升级，着力解决制约品牌发展和供需结构升级的突出问题。必须加快政府职能转变，创新管理和服务方式。完善标准体系，提高计量能力、检验检测能力、认证认可服务能力、质量控制和技术评价能力，不断夯实质量技术基础。企业加大品牌建设投入，增强自主创新能力，追求卓越质量，不断丰富产品品种，提升产品品质，建立品牌管理体系，提高品牌培育能力。加强人才队伍建设，发挥企业家领军作用，培养引进品牌管理专业人才，造就一大批技艺精湛、技术高超的技能人才，切实提高企业综合竞争力。坚持正确舆论导向，关注自主品牌成长，讲好中国品牌故事。

　　中国品牌建设促进会确定了未来十年要打造 120 个农产品的国际知名品牌，500 个制造业的国际知名品牌，200 个服务业国际知名品牌的目标。加强品牌管理和品牌建设将成为推进供给侧结构性改革的总体要求下经济发展的重要举措。

　　为了推进中国品牌建设和品牌管理工作，借鉴发达国家的品牌管理理论研究和品牌管理实践，中国企业管理研究会品牌专业委员会组织国内专家学者翻译一系列品牌建设和品牌管理相关著作，愿本套丛书的出版能为中国的品牌建设和品牌管理提供有价值的思想、理念和方法。翻译是一项繁重的工作，在此对参与翻译的专家学者表示感谢，但囿于水平、能力，加之时间紧迫，如有不足之处，希望国内外专家学者批评指正。

丛书总主编　杨世伟

2017 年 3 月 15 日

对《品牌挑战》的赞誉

"这是一部融合了诸多行业先导者思想的著作，体现了营销和品牌所展现的最新、最全面的思维方式。话锋犀利、简洁、清晰。精干的表达能带领读者获悉如何才能打造最优品牌。"

——查尔斯·卡德尔（Charles Cadell），麦肯世界集团亚太区总裁

"这本书理解得如此之好是因为营销就像国际象棋，它有很严格的规则，但也会有反复出现的行为模式。这一模式能够在某一领域被识别，并且在应用时存在显著化差异；这才是智慧，而这也正是成为领先者必须要具备的。"

——R. H. 萨瑟兰（R. H. Sutherland），奥美国际副主席

"《品牌挑战》是我所读过关于品牌和品牌化最完整、最新的一本书。我想解释的是：有些品牌是天生的，有些品牌是后天成就的，有些品牌是被强加的。这并不是愤世嫉俗，它只是反映品牌实践的领导权；正是因为其显著的效用性，所以在很多行业品牌都意味着一种高的价值。这本书的编辑对这一主题保有热情，并说服了诸多作者，成就了这本书——一些是品牌追随者的老朋友，一些是品牌领域的后起之秀——他们探讨了在全新领域，比如在足球、非营利性、时尚领域，品牌'准则'所做出的贡献。彼得·菲斯克撰写了一篇关于创新的杰出作品，请把它全部读下来吧。"

——汤姆·布莱克特（Tom Blackett），品牌顾问

"《品牌挑战》一书为品牌提供了一个有价值且独特的视角。该书不仅为品牌化原则提供了更坚实的实体基础，同样也为品牌在一系列产品市场中如何有效运作给出了专业的建议。这类作品，既有刺激性又有指导意义。"

——凯文·莱恩·凯勒（Kevin Lane Keller），达特茅斯大学塔克商学院营销学教授，E. B. 奥斯本学者

"通过经验丰富的专家对包括奢侈品在内的多种产品进行专业设计，从而将

相应的品牌带入我们的生活中。

如果你存在品牌方面的问题，那么你需要一个创新的解决方案，这可以让你的产品与众不同。这本书能够提供给你诸多令人印象深刻的真实案例。"

——戴维·阿克（David Aaker），《品牌相关性：将对手排除在竞争之外》作者

"虽然市面上有很多与品牌相关的书籍，但这本书在内容上却与其他书籍明显不同。行业专家和资深学者通过对不同品牌的调查，表达了不同的（有时甚至是极端的）观点，并可以被应用到不同的领域和部门。这本书为读者提供了更为全面的品牌化分析。任何关注'品牌如何有效运作'方面差异的读者都可以从这本书中寻找到更新、更有用的信息。"

——芭芭拉·E.卡恩（Barbara E. Kahn），宾夕法尼亚大学杰·H. 贝克
零售研究中心主任、教授

"在我的职业生涯中，我曾读过数十本品牌战略和广告相关的书籍，但是我认为这本才是最有特色的。它对不同行业的品牌进行了研究，并提出了独到的见解，你是不可能在传统营销教科书上看到的。

这本书将核心的品牌概念与众多优秀品牌的真实应用进行了整合。每一章的作者都为读者展示了与品牌相关的丰富知识。

通过现实生活中大量的真实案例和创新品牌理念的应用，这本书会让人感觉像一部完整版的'品牌化MBA教程'，我强烈建议那些刚刚步入营销领域或对这一领域已有一定研究基础的专家学者可以来阅读这本书。希望你能喜欢，并能跟我一样从中学到更多。"

——安德烈·菲利帕（Andre Felippa），阿尔卡特拉丁美洲区域营销、
产品与公关部副总裁

"《品牌挑战》为品牌化提供了多元的视角和观点，通过不同行业的品牌管理理论和实践，让读者能够深入体验品牌之旅。这不仅体现了品牌的真实性，同时也揭示了在特定类别下的排他性。基于品牌化涉及的范围和高度复杂性，本书包含了诸多专家人士的经验之谈，当然还有很多这一领域有趣的、新的声音。"

——吉尔·埃弗里博士（Dr. Jill Avery），哈佛商学院高级讲师

"每一项品牌挑战都无须仅针对一种类别，试图在深度知识和传统继承上赢得胜利。它可以在多元化的类别中得到灵感启发，专注于用正确、全新的方式诠释、传递品牌故事，让目标消费者和顾客产生共鸣，进而占据他们的

心灵。"

——菲尔·查普曼（Phil Chapman），亿滋国际营销公关与

品牌资产部副总裁

"《品牌挑战》对品牌构建如何在多品类中有效运作做出了解释，以此提供了在品牌创建和培育方面较为全面的了解。对于想在拥挤的市场中寻找业务切入点的专业人士来说，这可以是一本必读书籍。"

——玻利瓦尔·布埃诺（B. J. Bueno），《品牌崇拜的力量》作者之一

英文版序言

又是一本关于品牌的书！对于品牌，我总是显得那么情不自禁，对一些相关的话题也表示出好奇，比如我们常常听到的"商标""品牌"等词语——而与此相关的争论依然非常激烈，这其中主要是关于传统品牌实践是否依然有效等问题。接下来的案例也说明品牌必须要打场硬战了。时钟在滴答作响，这场革命的步伐也在慢慢临近。

如今的品牌正面临着以下三项挑战：

第一，在社会运作过程中哪些变化才是最根本、最剧烈且不可逆的。让我们先忘记以产品为中心的品牌化、品牌漏斗，以及品牌矩阵。客户授权的时刻已经到来，而这将成为一种趋势。共享和即时性所带来的结果及消费者行为这两方面的变化，其速度远快于销售人员的反应。因此，品牌的迫切需求必须与消费者保持一致。（由于没有考虑到顾客的重要性，GAP新推出的商标曾被网民否决，它也因此从中学到了关键一课。）随着电子商务的兴起，这种纽带关系显然对零售业也至关重要；对B2B企业来说，这也体现在其顾客关系方面。尽管强大的品牌意味着一种强大的身份，但这并不妨碍其灵活性的发挥：你需要有能力去适应；如果不能，那么柯达式的命运就迫在眉睫了，结果就是步上柯达命运的后尘。

第二，品牌本身。当信息技术、市场与销售的界限变得模糊时，那么品牌到底是什么？是一个独特的座右铭，一个能被识别的标志，一种意识和回忆，或是一种在线排名？我认为品牌是一种涉及尊重和爱的事物，因为比起以往任何关键要素，情感所能传递的内容更多，但数据却重置了根基。首先，从两者相互的关系来看，数据可能会限制"品牌2.0"在即时反馈和个性化信息方面的表现。其次，从理性方面来看，目前的整合和比较工具会更专注于数据，而非品牌背后所隐含的故事。但大数据和智能数据永远不可能成为品牌的对立面——80%的情感与20%的理性，这种比例划分已经被大家所认可——在数据世界中，品牌需要更早地审视自己。最后，从实质性的角度来看，我们原有的传统观点是关于商品的使用权，而非所有权。过去的品牌概念主要是关于产品本身，其次与消费者相关；如今，它们更多的是关于用户体验——无论是线上，还是线下。

第三，品牌体现了人，以及他们的价值观和心理因素。在智能手机蓬勃发展的推动下，博客和社交网络迅速膨胀，我们可以看到人们对透明化的不断呼吁，这是前所未有的。品牌必须能够在任何时间、任何场合证明它们在做什么。仅有定位是不够的：还需要考虑到消费者提出的问题和他们所期待的答案。麦当劳就成功地在食用肉认证上取得了先发制人的优势。顾客关系如今已成为一个横向的网络生态系统。这可以通过一定的场景来体现——我们可以想想漂洗过的衣服——品牌必须信任消费者，就像洗涤剂品牌一样，让在线的评论来说明不当使用的危害，而非洗衣粉本身的问题。

我相信面对数据化时代，品牌已经对自己进行了重塑；跨领域的视野远比那些原本高价值的资产更为重要。在公众面前，我们需要具备有效管理品牌的能力，因为我们已经跃进了数字化的世界中——电子商务、客户关系管理、实时竞价、受众需求——我们会一直坚信创造性、颠覆性品牌的威慑力。盛世国际首席执行官凯文·罗伯茨将它们称之为"至爱品牌"——这一点我是极为认同的。

莫里斯·雷维（Maurice Lévy）
阳狮集团　主席兼首席执行官

英文版前言

品牌咨询和品牌传播业务的魅力之一就在于你需要面对各种各样的品牌挑战。这不仅是因为每个品牌都是独一无二的，此外这些品牌会涉足不同领域，而每一领域又是千差万别的，所以，我们必须清楚地了解品牌和它相关的竞争。

咨询专家认为只要给予充分的曝光，你就可以让品牌说服任何受众者；反过来，通过实务学习，从而将其管理得更好。这种充分性是快速认识不同市场、不同形势的基本要求，并有助于后期合理的应用。

"要了解各个领域"，这一观点非常重要，但也存在一定的限制性。一些公司沉浸在与各个领域专家的合作过程中，这也是最终把品牌弄得枯燥沉闷，而且千篇一律的原因所在。

然而，如果你是一家银行，你无须对你客户的资金负责，无须构建并维持他们对你的信任，这种假设也是极为荒唐的。从另一方面来说，这也并不是机械地认为你可以用毫无新意的方式采取行动。

每一举措都需要精心设计，但也不能被外部因素所束缚。更为重要的是，需要了解消费者对品牌的真实需求，而不是过度地关注这一领域的其他人在做什么。

面对这种现状，有一些品牌公然做出了挑战。这些品牌的秘诀主要有以下几个方面：

- 它们对自己的品牌了解得非常透彻；
- 它们对消费者的真实需求了解得非常透彻；
- 它们知道何时重视、何时忽略不同领域的潜在规则。

这看上去应该是品牌需要了解的准确内容，通过对多种领域和运作机理的了解就能够实现。

事实上，我们可以看到很多针对具体领域的品牌书籍，比如医药品牌化、地方品牌化、技术品牌化等，这些书籍已经受到相关领域专业人士的认可。同样，也有一些书籍旨在对品牌化的全景进行剖析，并解释跨品牌和跨领域应用方面的一些原则。

这并不意味着任何书籍都能帮助企业看透不同领域背后真正的驱动因素，以及如何实现品牌在不同领域的成功。

我认为这本书是非常重要的，因为它能帮助读者了解每一个领域、每一个环节如何运作、如何深度把握每一领域背后的基本准则，并意识到不同领域间的相似之处和差异之处。此外，本书还能帮助读者将某一领域的成功经验应用到另一领域中，从而实现跨领域的创新。我们知道，创新是品牌差异化、品牌成长和品牌财富的创造者。

对"消费者需要什么"这方面意识的缺乏，以及毫无意义的跨领域实践通常会让品牌无法像预期那样走得足够远。

一些科技品牌，它们经常使用让消费者难以理解其表达的技术术语；而一些洗涤剂品牌，它们又过于强调或者沉浸在自己产品的优越特性中而长篇大论，却没有为消费者展示一个洗涤剂能够带来的更完整画面。这些都是需要作出改变、作出调整的品牌。在如今的互联网时代，品牌需要寻找能够与消费者建立情感联系的渠道，而不是躲在背后，疏远它们。

我始终相信一部优秀的作品是提升实践的第一步。事实上，我非常喜欢这种全集类的书籍，因为它将很多专家的观点都整合在了一本书中。

我曾下决心要做一本合集，为读者提供不同领域品牌的代表性观点。我深感这能帮助他们构建全新的品牌或以创新的方式构建已有品牌等。

那么这需要收集不同领域专家的看法与建议，从而解释品牌在不同领域的运作机理。通过学习不同领域的经验，我们会发现有些品牌运作非常低效、有些品牌毫无特色，而有些却非常具有差异性。

我征求了多位在不同领域做得非常出色的专家，并希望得到他们的帮助，其中有人已经针对各自的领域撰写出版了完整的书稿，在这本书中就有体现出他们的观点。之所以囊括不同专家的观点，其优势就在于他们非常了解自己涉足的领域，他们能提供非常严谨、准确和有效的认知。这本书实际上是众多优秀专家的会聚。

这本书分为两个部分——第一部分是能够应用到不同领域，并将品牌化置于相应情境中的四个基本观点。第二部分则是针对不同的领域，提出更具体化的视角。

在接下来的内容中，我将逐一解释为何我选择这一作者及其观点。

阿尔·里斯在营销和品牌领域的贡献不可以被忽略。我一直相信他的书籍侧重于品牌化某一最重要的方面。我曾请求他能否继续这一主题，并将当前的一些真实案例应用进来。

身份认同是品牌化领域经常被提及和使用的一个词，但或许并没有被准确地理解。我看到过各种各样的表述，很多都认为它仅仅是一个特定字号的字体，而且需要与商标的特定颜色相匹配。托尼·艾伦曾经对这个词提出过非常有见地的看法，我很高兴他也加入到了这本著作出版的过程中来。

创新作为一个专业术语，如今被经常应用到产品上，而非品牌上。我发现大多数人无法正确理解品牌方面的创新。彼得·菲斯克对这一热点有自己独特的见解，我认为来自菲斯克的这一章能为读者提供品牌创新相关更清晰的视角。

我曾经联系艾伦·亚当森专门来写"差异化"这一章，我坚信这是品牌化的基石。当他提出他很想写些关于这方面的东西时，我并没有第一时间理解他的意思；而当听完他的解释后，我意识到这是一个全新的、令人激动的视角，而我自然不会错过它。

事实上，要寻找各个领域精通的专家、作者是有一定挑战性的，但我始终坚信如果我不认真寻找这些出色的专家，这才是我最大的错误。

奢侈品品牌化一直是吸引我的一个方面。卡普费雷教授就是值得称赞的人之一，他在奢侈品品牌化方面出版的书籍让他成为撰写本书其中一章最理想的人选。

零售品牌化是一个非常复杂的领域，涉及房地产和服务等多方面要素。从折扣商店到奢侈品零售商，我们可以看到形形色色的零售品牌。因此，这让这一主题变得更加复杂。我看过杰斯科·珀雷和托马斯·迈耶在零售品牌化方面的书籍，意识到这两人在零售品牌方面的透彻理解。

很多品牌化讨论都关注消费者品牌，但在商业领域，B2B是一项非常巨大且非常重要的方面。我在B2B领域的经验告诉我它在品牌化方面扮演的关键角色，我希望有人能对这一块有独到的见解。利平科特是一家知名的品牌咨询公司，在这一方面当然也非常有经验；迈克尔·德·埃索波和西蒙·格林也在这一主题上表现出了超强的专业知识背景。

　　我从未涉足过电视频道领域，但我经常被它们每天如何为观众设计新产品，并不断创造和引起观众的持续关注这一现状所吸引。沃尔特·S.麦克道威尔博士在这方面具有宝贵、丰富的经验，他不仅从事媒体工作，还进行相关的授课。他很友好地同意了用一章来分享其经验的请求。

　　金融是目前专业性极强的一个领域，我们可以在市场上看到很多与金融相关的品牌。它们的范围很广泛，无论是在寻常型的金融机构还是在专业化组织中。但它们的业务内容经常让人感觉单调、乏味。迈克·赛姆斯曾写过一部揭露和质疑金融品牌的作品，这里面有很多他的见解和实现品牌共鸣的方式，这对我产生了强大的冲击力，当然要邀请他参与这本书的制作。

　　非营利品牌是我认为有极大吸引力的另一面。它们中的大部分是基于意识形态、价值观和基本准则建立起来的，并受大众期望的驱动，而非商业驱动。乔斯林·道是我认为对如何进行非营利品牌化工作理解非常到位的一位专家。

　　时尚是很难被人所理解的一个领域。此前，我们对时尚方面的讨论，让我相信这是一个关于伟大设计师创造梦幻、诡异服饰，并通过时装秀和出色摄影进行展示的领域。约瑟夫·H.汉考克二世教授出版的时尚品牌化书籍则对品牌故事进行了讲述，这种方式是非常有说服力的，而正是这一点，引起了我的注意。

　　酒店行业属于服务性行业，在很大范围内，它需要提供各式各样的产品，而且是相互匹配的，品牌化同样也是这一行业的灵魂，约翰·奥尼尔教授在解释酒店如何运作方面具有独特的优势。

　　我曾经参与过很多关于地方品牌化的讨论，我一直难以理解这类品牌的"给予性"问题。你不能改变一个地方，你不能依赖它，你不能说你想要什么，并期望其他人能看到。此时，你会不知所措，而选择最大限度地利用你已经拥有的。在我寻找关于地方品牌化最合适的专家人选时，我发现了杰里米·希尔德雷思和杰蒂·森这两位学者，因为我认为他们在这一领域的观点是非常出色的。

　　技术品牌可能会说出一些普通人难以理解的专业术语，有时或许也会用很幽默、轻快的方式来表达。大多数技术品牌在定位上，通常是介于严肃或不严肃两个极端之间的。德桑蒂斯·布赖因德尔是熟悉这一领域且享有声誉的一位咨询专家，霍华德·布赖因德尔、乔纳森·佩斯纳和塞思·马戈利斯对技术品牌化的细枝末节把握得非常精细、透彻。

　　体育品牌是一个非常吸引人的主题。这是一个能在几秒内创造传奇的领域，这是一个能产生极度热情和极度怒火的领域，这也使其具有研究的价值。足球是体现体育品牌最好的代表，我很高兴找到了苏·布里奇沃特——《足球品牌》一书的作者，而且我说服她来分享她对这一主题的观点。

正如你可能已经注意到的，书中会将不同领域的观点整合在一起；我试图聚焦于那些更有趣的挑战（时尚、奢侈品）和那些相对简单的领域（零售、酒店）。我没法做到涵盖各个方面，所以我只能选择一些常规的和特殊的主题。

我很喜欢将区域品牌化、足球品牌化的观点与金融品牌化、技术品牌化观点放在一起，因为我认为这更能体现不同领域的相同之处和差异，而且能够帮助读者产生创新性的思维。我从这本书中学到了很多，希望你也会。

我想对所有的作者致以深深的谢意，他们投入了大量的时间和经历才促成了这本书的各个章节，而这仅仅是一个陌生人的请求。不是这些人的慷慨相助，就不会有这本书的问世。

我特别想感谢阿尔·里斯和卡普费雷教授；在我年轻的时候，我就对他们的书非常感兴趣。我很幸运曾经能和他们一起工作，他们是给予我"能够编辑这本品牌类书籍"足够自信的首要人物。

我也要感谢许多重要但忙碌的人，他们花费了很多时间和精力去阅读和支持本书的出版。特别要感谢莫里斯·雷维为我的书籍撰写序言。

可以预期，有很多人在阅读之后会将想法变为现实。我想感谢 Kogan 出版有限公司，特别是马修·史密斯，是他认可了我的想法并用任何可能的方式支持我来完成这本书。

在此，我必须写下我对杰拉尔丁的感激之情，在我每次遇到困难时他总能伸出援助之手，帮我解决书籍出版和版权相关的事宜。梅洛迪·道斯的来到，让这本书有了完美的结局。

还要感谢苏布、阿西施、布哈尼特在我确定本书核心理念时，与我进行的多次讨论。

感谢拉马南和苏迪普在我思考书籍宣传销售时提供的帮助和建议。

感谢我的父母和兄弟，帮助我成长为我这样的人。

最后，我要感谢我的妻子维尼塔和女儿米斯亚。维尼塔不断给予我鼓励，给予我持续稳定的支持；我的女儿米斯亚对我在本书的创作过程中表现出来的自豪感让我坚信我要尽我所能做得更好。

这是一次长远且充实的过程。

我真心希望您能喜欢这本书；同时，我也期待您的宝贵意见，并请将它们发送至我的邮箱：kartik@purposefulbrands.in。

致始终陪我站在一起、迎接每一项挑战的妻子维尼塔。

目　录

01 聚 焦

企业未来之本

◎ 阿尔·里斯〔Al Ries〕

1981 年，杰克·特劳特和我一起写了《定位：头脑争夺战》（*Positioning：The battle of your mind*）（以下简称《定位》）这本书。在接下来的几年里，"定位"一词随即成为营销学界被讨论最多的概念之一。

到目前为止，《定位》一书的销售量已超过 150 万册，其中仅中国市场就销售出 40 万册。

2009 年，美国最受欢迎的营销出版杂志——《广告时代》的读者将《定位》这本书评选为营销阅读最佳书籍。（同年，哈佛商学院出版社出版的《一次读完 100 本商业经典》（*The 100 Best Business Books*）也将《定位》一书列入其中）。

在"定位"提出之前，这一领域的侧重点主要放在产品本身及其竞争力上。主流的营销理论就是罗瑟·瑞夫斯提出的"独特销售主张理论"，即 USP 理论：寻求方法让产品区别于其他竞争对手，并宣传其独特差异。

我们则试图颠覆这一观点：不是像上述所说看你的产品和竞争对手，而是通过前景展望找出可以填补的"突破口"。比如，雷克萨斯就填补了"日本豪华汽车"的空缺，从而成为了成功品牌。

聚焦与定位

"定位"（positioning）已经成为一个公认的营销概念。而"聚焦"（focus）却不是。

当前几乎每项营销计划都包含了该品牌希望能处于某个"位置"的相关陈述。

1996 年，我撰写了《聚焦：企业未来之本》(Focus: The future of your company depends on it) 一书。从那以后，"聚焦"作为一个全新的概念在营销界逐步取得了进展。

但即使现在，只有极少数营销计划是根据"缩小焦点"这一理念来进行设计的。与此相反，大部分营销计划依然是围绕"拓展品牌"来展开的。

我相信"聚焦"是一个比"定位"更有意义的概念，因为它能告诉企业该如何建立产品所处的位置。就像锋利的刀能切得比钝刀更好一样，你可以通过"缩小焦点"准确地进行思考。

比如，宝马将其焦点设定在"驾驶"上，从而一举成为世界最畅销的豪华车品牌；沃尔沃则将其焦点设定在"安全性"上，在它们向其他方向拓展之前，曾连续 15 年成为美国第一奢侈车品牌。

由于与传统观点相悖，"聚焦"已成为一个格外有用的概念（就像"定位"刚开始引入时那样）。很多企业不想将品牌聚焦，而是希望将其拓展到更多产品、更多服务、更多价位及更多销售渠道上。

我反对公司扩大销量吗？不。扩大公司销量的最佳方式不是拓展品牌，而是推出第二个品牌（或第三个、第四个品牌）。但是这些企业不想这么做，因为它们认为新品牌的推出是非常昂贵的，特别是在高成本的广告宣传方面。

这个问题是可以解答的，答案就在我和我的女儿劳拉·里斯共同撰写的《广告的没落　公关的崛起》(The Fall of Advertising and the Rise of PR) 一书中。

企业需要通过公关来推出新品牌，而不是广告宣传。当前，就"如何把新理念传输到人们头脑中"这一方面，广告并不具备可信度。

品牌的聚焦

品牌是成功的关键，而非产品。

J. K. 罗琳是第一位通过写书成为亿万富翁的作家。她的《哈利·波特》系列书籍被翻译成 55 种语言，销量超过 3.25 亿册。由此改编的 8 部电影带来了 72 亿美元的收入。《哈利·波特》系列（包括图书、电影、DVD 和玩具）共计总收入为 248 亿美元。

而当 J. K. 罗琳撰写《杜鹃的呼唤》(*The Cuckoo's Calling*) 这本小说时又到底发生了什么吗？为什么小说出版时的作者是另外一个名字（罗伯特·盖尔布莱斯）？

其实也没什么事。尽管《杜鹃的呼唤》在当时得到了很多受欢迎的评论，但其销量却不足 1000 册。随后就有消息传出：这本小说其实是 J. K. 罗琳写的，它的销量也因此迅速蹿升到了畅销书排行榜的前列。在短短的几个月内，这本小说就销售了 110 万册。

那么，问题来了：书和作者哪个更重要？产品和品牌哪个更重要？

很明显，品牌更重要。因为品牌是成功的关键，而非产品。

但是目前还是有很多企业为了设计、生产、推广"更优质的产品"而投入大量精力。只有当产品准备投放市场时，企业才会转向对销售人员说"该是你工作的时候了"。

到那时，一切已为时已晚。你很难通过生产优质产品去赢得市场。那么，你怎样才能占领市场呢？

那就是缩小焦点。

举一个房地产的例子。2008 年来自英国的邓肯·洛根到旧金山创办了一个在线房地产服务项目。不到两年的时间，这项服务就以失败告终。

2010 年他发现有幢楼计划在两年内被拆除，这意味着这幢楼的主人不能与租赁者签订长期合同。通过协商，该楼的主人答应划出一部分空间给邓肯·洛根，但需以其取得的部分利润作为交换。

为了检验市场对这种临时性办公场所的需求，他在网站上投放了一个广告，并得到了 8 个回应。随后，他继续投放该广告，并加上了一条限制要求："仅限科技公司"。这时回应数量达到了 15 个，几乎是上次的两倍。

这一关键的洞悉背后，由此诞生了一个聚焦于高科技初创企业的成功品牌——"联合办公"。目前，这家公司已出租 580 张办公桌，每月入账 700~800 美元。房地产业内专家表示这一收益比当前市场租赁价格高出 20%。"联合办公"希望到 2013 年底能将可供出租的办公桌数量扩充到 1000 张。

很难确定，但我相信"仅限科技公司"这一条件的增加是成就"联合办公"品牌的关键决策。

再举一个餐厅的例子。1940 年，一对兄弟在美国加州开了家烧烤餐厅。8 年过去了，这对兄弟对当时餐厅的销售状况并不满意，于是他们对具体业务进行了分析。

他们发现餐厅大部分利润来自汉堡的销售，随后餐厅停业了 3 个月。1948 年，餐厅重新开业，首创采用自助式用餐模式，并提供了包含 9 项就餐内容的餐牌，其中包括 4 类食物（汉堡、芝士堡、麦芽奶昔和法式炸薯条），5 种饮料（可口可乐、橙汁、沙士、咖啡和牛奶）。

这对兄弟就是闻名的麦氏兄弟——迪克和麦克，他们开创的连锁产业如今已成为世界上最大的连锁餐厅。最近一年的销售额达到了 276 亿美元，税后净利润就有 55 亿美元，净利润率达到 20%。

再来看今天麦当劳餐厅的餐牌，上面已经有近 145 项就餐内容。假设迪克和麦克在 1948 年开一家能列出同样就餐内容餐牌的餐厅，他们会有机会成功吗？当然不会。

这就是第二个问题，但答案似乎不那么明显。反过来，我们假设今天的麦当劳继续保持最初始的餐牌内容设置（内容上很少有变动或增加），那么它该如何成功呢？

事实上，每家企业都是参照麦当劳的经营模式进行的：缩小焦点、树立品牌，然后迅速进行品牌拓展。

但这种拓展实际上削弱了麦当劳的品牌效应。在最近由《国家酒店新闻》杂志所做的一项"消费者选择"调查中，麦当劳在 152 家连锁餐饮中以 38% 的得分排在了第 149 位。第一名（In-N-Out Burger）的得分为 72%。

In-N-Out Burger 很像最初的麦当劳，餐牌上仅有 15 项就餐内容：4 类食物（汉堡、芝士堡、双层汉堡和法式炸薯条），8 种饮料，剩下还有 3 种比较受欢迎的奶昔。

此外，与 In-N-Out Burger 22 亿美元的年均销售额相比，麦当劳的年均销售额则为 23 亿美元。由于 In-N-Out Burger 这一品牌并不出名，且它仅在美国西部沿海经营，这种结果就更让人惊讶了。

思维的聚焦

营销成功的关键是思维，而非市场。

"营销"一词会让销售人员误入歧途。因为它意味着营销活动的目标是为了占据市场。于是，销售人员开始研究市场，包括市场的规模、市场的组成及竞争者。

这是不对的。营销方案的目标是为了在消费者头脑中支配"某些东西"（为了代替"市场"一词，我们将其称为"思维"原则可能更好一些）。

以全球咖啡连锁——星巴克为例，其年销售额超过 130 亿美元（净利润率为10.4%）。

你可以设想一下星巴克是如何起步的？我们知道在美国，到处都有出售食物和饮料的"咖啡馆"。所以初始决策就是缩小销售范围：星巴克只销售咖啡。

这一决策会起作用吗？不会。除传统咖啡馆外，每个人还可以去麦当劳或其他快餐连锁店购买到咖啡，为什么要去星巴克呢？

所以接下来的决策就是聚焦到高端咖啡上，但这一决策同样也不会起作用。消费者如何知道星巴克的咖啡明显要比其他咖啡馆的咖啡好呢？

这时销售人员通常会停下来，并提出：我们以同样的价格推出优质咖啡，以此占领大部分现有市场（这就是传统的"优质产品"方式）。

相反，星巴克则决定给咖啡定更高的价格，而且比传统咖啡馆要高出 2~3 倍。

为什么这么做就会有效呢？因为消费者会立即认为星巴克的咖啡应该更好。

是否真的比你在传统咖啡馆购买的好呢？可能吧。但是如果没有这么高的定价，应该很难让消费者接受这一观念的。

在星巴克咖啡发展的每一个阶段，无论它们是否真正理解市场，这些决策在消费者头脑中确实产生了预期的效果。

每家企业都存在差异，但是从概念上讲，它们又都是一样的。在你赢得市场前，你不得不先在思维上取得胜利。

举一家汽车企业的例子。在美国市场，斯巴鲁是美国市场中销量较小的日本进口汽车。20 世纪 90 年代初期，斯巴鲁曾陷入了非常严重的危机当中：如 1993 年，虽然斯巴鲁在美国市场有 14 亿美元的销售额，但损失却达到了 2.5 亿美元。

相对于其他汽车品牌，斯巴鲁具有一个独特优势，那就是它首创并推出的四轮驱动车型。同样在 1993 年，这种四驱车型在其总销量中占到了 48%，剩下的 52% 则是传统的两驱车（几乎没有其他品牌销售四驱车型）。

这就很有意思了。冰雪在美国北部很常见，四驱车在这样的市场上就会有一席之地。在美国南部，没有买家愿意为购买四驱车而额外支付一大笔费用。

1994 年，公司聘用乔治·穆勒作为斯巴鲁美国公司的新总裁。他的第一个决策就是：聚焦于四驱车型的销售。尽管在当时斯巴鲁的整体销售中，该车型还没有占到一半。新的广告主题也改为"完美的四驱驾车体验"。

斯巴鲁品牌很快得到了改善。三年后，斯巴鲁本质上俨然成为了一个"四驱"品牌，其销量也从 104179 辆上升到了 120748 辆，上涨了 16 个百分点。

在随后的 16 年里，斯巴鲁注册销量连续 14 年保持了强劲的增长态势。2012 年，斯巴鲁在美国市场的销量达到了 336441 辆，排在了克莱斯勒、梅赛德斯、宝马、马自达、雷克萨斯、别克、讴歌、凯迪拉克和奥迪的前列。

在做出"聚焦四驱车型"决策接下来的 19 年中，斯巴鲁的销售额增长了 223%，而整个汽车市场仅增长了 4%。

这就是关键点。斯巴鲁当初是可以不做这一决定的。因为在当时很少有汽车品牌在销售四驱车型，市场本身就非常小。斯巴鲁即便竭尽全力，其最终销量也远远不够。

相反的是，斯巴鲁却决定停止两驱车的生产销售，把焦点放在四驱车的经营上。尽管初始市场非常之小，斯巴鲁品牌却已具备了独特的思维方式。

通过发挥它的独特优势，斯巴鲁能迅速提升四驱车的市场需求，并轻而易举地占领大部分市场份额。

市场领导者的聚焦

聚焦市场领导者，如果你还不是市场领导者。

几乎每个营销方案的目标都是为了变成同类中的主导品牌，但这并不都能实现。类似可口可乐、红牛、麦当劳、IBM 等品牌长期占据行业前列，而且很难被超越。所以如果你的品牌跟上述属于同一类别，你会怎么做？

成为这些市场领先者的对立品牌。

在每一类产品中都存在两个盈利的区间：第一品牌和第二品牌。其后的第三品牌通常是"非盈利"的。

在美国，可口可乐占据了 55%的可乐市场；百事可乐占据了 35%；排名第三的品牌——RC 可乐却仅占了 2%。

以**功能饮料**为例。红牛（Red Bull）作为首款功能饮料，如今已成为市值 63 亿美元的全球品牌。红牛成功的秘诀之一在于其 250 毫升罐装产品。这款小型罐装饮料在外形上与一捆炸药相似，但更象征着一种"能量"。随后大量竞争对手相继推出 250 毫升罐装的功能饮料品牌，这也是合乎逻辑的。

怪兽（Monster）除外，它是第一个推出 473 毫升罐装功能饮料的品牌。那么，这种大个头对功能饮料来说是一个好的选择吗？不是。然而这种外形上的差异确实引起了经常喝功能性饮料的那些人的关注。

此外，"怪兽"的这种选择还不断敲打着"大罐功能饮料"这一理念的产生。

如今"怪兽"已成为拥有 36%美国市场份额的第二大品牌（红牛占据 43%的市场份额）。

第三大品牌 Rockstar 仅占有 11%的市场份额。这也说明：从长远来看，由于红牛和怪兽这两大主力品牌，其他同类的产品很难再占据主导位置。

可这似乎又不合逻辑，因为我们发现目前美国市场上的功能饮料品牌已经超过了 1000 个。我们知道已经没有多余的空间能够分给这 1000 多个功能饮料品牌了。对于大多数消费者来说，两个就已经足够了。

值得注意的是，百事可乐的起步跟"怪兽"很相似。回到 20 世纪 30 年代，可口可乐当时仅销售 170 毫升的玻璃瓶装饮料。百事可乐则推出了 340 毫升的瓶装饮料。同时，百事可乐还利用商业广播电台做了一系列深入人心的宣传并因此迅速建立起了品牌，它的广告词也非常有意思：

百事可乐味道好，足足 12 盎①量不少；

---

① "盎"即"盎司"（ounce），12 盎司约为 350 毫升。——编者注

5 美分可买 24 盎，百事可乐供您享。

以**避孕套**为例，特洛伊（Trojan）80 多年来一直是美国排名第一的避孕套品牌。它做了很多作为领先品牌应该做的事。为了与其他同类品牌竞争，特洛伊采用对立战略构建了第二品牌。

那么相对于传统避孕套，其对立品牌该如何建立？这跟百事可乐/可口可乐及怪兽/红牛之间的对立品牌定位相似。特洛伊推出了特大号"Magnum"品牌。而且 Magnum 很快就占据了 19% 的市场份额。

以**香水**为例，以前所有的香水品牌都是为女性服务的。于是露华浓推出了一款以男性名字命名的香水品牌——查理。随后的 3 年中，查理成为世界上销量最好的香水。（为什么查理没有成为当今最大的香水品牌？这是因为像香水这样的时尚品牌，它们的生命周期都非常短。时尚界的消费者总是在寻找全新的、差异化的商品。）

以**化妆品**为例，大多数化妆品企业都会在它们的产品中添加芳香剂。通常这是符合逻辑的，因为你肯定希望你的化妆品产品比较好闻。

但是，倩碧（Clinique）并没有往自己的产品中添加任何香料成分（因为一些消费者会对香料过敏）。

结合"过敏性测试：100% 无香料添加"这一广告语，倩碧一举成为全球领先的化妆品品牌之一。

以**朗姆酒**为例，巴卡第[1]是世界领先的朗姆酒品牌。那么，第二的朗姆酒品牌是谁呢？

那就是摩根船长（Captain Morgan），它是最先尝试"五香味朗姆酒"的品牌之一。换句话说，品质"更好的"并不是必须的，而"与众不同的"才是必须的。

以**泡菜**为例，福来喜[2]是美国最畅销的泡菜品牌，克劳森（Claussen）是同类排名第二的品牌。跟大多数泡菜品牌一样，福来喜在超市货架上进行销售；但克劳森则是在超市的冷藏区销售。

克劳森的泡菜必须要冷藏吗？我不知道，但这种方式确实让消费者产生了这样的想法：克劳森在某些方面可能优于其他品牌。克劳森自称其产品为"脆泡

---

[1] Bacardi，一种古巴的朗姆酒。——译者注（若无特别说明，本书脚注均为译者注）。
[2] Vlasic，美国的一家泡菜公司。

菜"（口感上）。

克劳森使用的这项营销技巧称为"一分为二法"（one-two approach）：①在外形创造上与领先品牌的有形差异；②将这种差异与无形效益相关联。相对应地，放在克劳森上，则是：①将产品放冷藏区销售；②以"脆泡菜"为名，推动品牌力。

诸如高质量、低维修、优越性能，甚至刚才提到的"口感脆"等特性都很难形成无形效益。但将这种无形效益与有形差异相挂钩却是一项能大大提升可信度的技术活。

以**糖果**为例，在美国糖果条主要是向儿童推广销售的。士力架（Snickers）却反其道而行之。它以"成人糖果条"为宣传主题，将其推向成人进行销售。

如今，士力架已经成为美国排名第一的糖果条品牌。2012 年，其销售额达到了 20 亿美元；这一数据远超第二品牌奇巧（KitKat）9.48 亿美元的销售额。

以**漱口水**为例，李施德林是美国第一家也是处于领先地位的漱口水品牌，但到嘴里的口感非常不好（李施德林的广告标语是：我讨厌它，但我也很爱它。）

这里存在的假设是如果要杀死口腔里的细菌，那么漱口水的味道肯定不好。其他竞争品牌（高露洁100、思必乐、米克林等）也是以"差口感"来推广漱口水的。

但是佳洁士（Scope）除外，它是第一款"口感好"的漱口水，且最终成为该行业排名第二的品牌。

以**钢笔**为例，高仕（Cross）是领先的高端钢笔品牌，在外形设计上属于纤细、优雅型。随后，万宝龙推出了一款"粗厚"型钢笔，并最终取得 28% 的市场份额，一举占据全球领先的位置。

以**家具**为例，几乎所有家具店都是采用单件销售的方式。但是美国最大的家居连锁却使用了相反的策略，这家连锁企业就是 Rooms To Go。正如这一名字所暗含的，该企业主要集中于对"房间"进行整体销售。

它的广告语是："买一件，省不多；买一间，省很多。"

另外一个关于**可乐**的例子，跟其他品牌类似，百事可乐曾尝试过不同形式的广告宣传。其中特别有成效的就是"百事新一代"的宣传。

消费者意识到作为可乐的创始品牌——可口可乐太老了：这是父母们喝的可乐。因此百事可乐将焦点放在年轻一代的身上，从而成为了可口可乐的对立品牌。

我曾多次提到百事可乐这一宣传活动的成功，也很想知道为什么百事可乐不摒弃这一宣传理念（在营销领域，没有什么能比一致性更有效）。

以**珠宝**为例，数年前，斯科特·凯伊来我的办公室，并提到：我来这里感谢你对"百事新一代"的评论描述，我已经做了同样的事情。

"但是斯科特，"我说，"你卖的是昂贵的珠宝。你是如何像'可乐战'一样采用同样思路的呢？"

"哦，"他说，"我要卖结婚和订婚戒指给年轻女性。所以我的广告就暗示这些年轻女性不戴她们母亲戴过的戒指。这就是铂金时代。"

"斯科特·凯伊"（Scott Kay）这一品牌目前已成为铂金珠宝中的领先品牌。斯科特·凯伊这位企业家也被认定是黄金到铂金这一转变趋势的缔造者。最近一项对新娘们的调查显示，24%的人喜欢黄金，37%的人喜欢白金，而38%的人更喜欢铂金。

许多销售人员花费了大量时间研究他们所在行业的理念和趋势。然而一些突破性的想法就来自于上述斯科特·凯伊的这种方式。某些思想可能一开始对你毫无帮助，你需要做的就是将其与产品或品牌现状相契合。

短 期 的 聚 焦

短期的聚焦而非长期。

企业会为每个品牌做"愿景"陈述，这在目前是非常普遍的：企业希望它的品牌在5年或10年后应该做到怎样的水平？

如果你对自己的品牌没有明确的目标，那么你就不会为了实现那个目标而往正确的方向前进。

这么说是不准确的，因为没人能够知道接下来几年竞争者可能或不可能做什么，也没人能够预测消费者将来会需要什么。

如果你今天能为你的品牌构建强有力的地位，那么明天它会有更多取得成功的好机会。

以**亚马逊**（Amazon.com）为例。今天亚马逊已是目前网络营销方面最成功的网站。2012 年，亚马逊销售了价值 610 亿美元的商品和服务，且以平均每年 31% 的速度在增长。

目前，亚马逊的销售品种包括服装、书籍、电脑、电子产品、食品、保健美容、家居与园艺、鞋、运动户外系列、工具及玩具等。

但亚马逊并不是以这种形式开始的，最初，它只销售图书。"地球上最大的书店"就曾是它当时的广告标语，这与"地球上最长的河流"——南美洲的亚马孙河（Amazon River）联系了起来。

对一个新网站来说，销售书籍是很好的选择，平均一个书店可以承担 12 万册书籍的销售，但亚马逊的书籍量达到了数百万册，且销售价格会比其他实体书店低 30%~40%。

假设亚马逊在开始时就销售跟现在一样的所有产品系列，它会成功吗？我认为不会。

销售一些特定商品（比如书籍）让"亚马逊"这一网站名深入人心。（这是聚焦的力量。）即使今天，亚马逊还是被认为是一个顺带销售其他商品的"书网"。

没人能够预测未来。那些潜在竞争对手也推出过类似"集中销售"的网站，但很多都以失败告终。正因为如此，亚马逊才能在销售其他商品方面保持盈利。还有一个这样的网站（美捷步主要进行鞋的销售）也做得特别成功，但随后被亚马逊以 12 亿美元的价格收购。

假如在亚马逊取得初步成功后，又出现了很多类似"美捷步"这样的网站，那将会怎样？它们应该会影响甚至破坏亚马逊后续的业务拓展。

从长远来看，最佳策略就是从缩小焦点开始，并为其构建强有力的地位；然后再看市场会发生怎样的变化。市场竞争会决定你是否能够拓宽你已占领的位置。

通常，一个成功的产品线拓展（像亚马逊一样）并不代表这是成功的策略。相反，它是对初始策略失败的一种竞争反应。

亚马逊的成功吸引了很多实体零售商进行网络销售，如沃尔玛、塔吉特及大大小小的百货连锁。但事实上，所有这些企业都在犯传统产品线拓展的错误。它们将自己的实体品牌名称直接用到了网站上。

因此，没有一家连锁企业在网络销售上做得非常好。比如家得宝（Home Depot），一家年收入达 748 亿美元的家居连锁企业，只有 2% 的销售额是来自于在线购物。

全球市场的聚焦

聚焦于全球市场而不仅是国内市场。

世界上最成功的企业是那些已经构建了全球品牌的企业。根据 Interbrand 咨询公司的数据，以下列出了十大最有价值的全球品牌：

(1) 苹果；

(2) 谷歌；

(3) 可口可乐；

(4) IBM；

(5) 微软；

(6) 通用电气；

(7) 麦当劳；

(8) 三星；

(9) 英特尔；

(10) 丰田。

在上述十个最有价值的全球品牌中，有 8 个来自美国。一个国家若要取得经济上的成功不能归因于这一国家的民众、这一国家所处的位置、该国所拥有的资源和当地政府。这些全球品牌的创造使美国取得了经济上的成功。(在 100 个最有价值全球品牌中，55 个品牌出自美国。)

2012 年，三星的销售额达到了 1884 亿美元（超过苹果 1565 亿美元的销售额），其净利润达到了 11.5%。如果这家企业只待在人口仅有 5000 万的韩国，它还会如此成功吗？

可能的情况会很糟。今天三星是否还会存在？到时，因为苹果和索尼这两个品牌看上去更好，那么大多数韩国人是否会选择购买这两个品牌的产品来代替三星呢？

我想是的。进口的产品通常被认为要优于本土产品，特别是当这些进口产品同时也是非常知名的全球品牌时。

其中，一个需要构建全球品牌的原因是为了保护企业的国内业务，避免来自其他全球品牌的竞争。

我们再看看丰田——世界最大的汽车生产商、最有价值的汽车品牌。显然，丰田在日本是销量最好的汽车品牌，但是如果丰田仅仅是本土的汽车生产商，其销售状况还会如此吗？我认为不会。

如果红牛只局限在仅有 850 万人口的奥地利，那么它该何去何从？

在各类品牌中，仅做国内市场的本土品牌最后都会被那些全球品牌在以下两方面所超越：①销售额；②全球声誉。

这些品牌之所以不愿"走出去"，而选择待在国内，是因为它们意识到将业务拓展到其他国家将面临巨大的障碍或困难。不管怎样，接下来提到的战略会非常有效。

第一，同时也是最重要的，这一品牌在"走出去"之前需要在国内同类品牌中占据领先和主导位置。国内"领先"的品牌身份能给该品牌带来向其他国家扩张所需的砝码。

（这里就有一些实例，当然，即便它们排名第二、第三，却都已成为全球性的品牌。比如，德国的宝马和奥迪。但这两个品牌并非典型，它们的成功还在于一个共同的原因：那就是它们都来自这个发明了汽车的国家——德国。德国具有非常强大的汽车制造理念，正是它支持着这么多汽车品牌的诞生。）

意大利在饮食方面以面食而闻名。当意大利领先的面食品牌——百味来（Barilla）进入美国市场时，它所使用的销售口号就是"意大利第一面食"。不出三年，百味来就成为了美国排名第一的面食品牌。

第二，在品牌拓展时，不可以同时把资源分散到几个国家，将资源集中投放会更有利于品牌的扩张。

第三，特许经营（或加盟连锁）在构建全球品牌过程中非常有意义。星巴克目前拥有超过 1.8 万家的分店，其中 1.1 万家分布在美国市场，剩下的则分布在全球市场。大部分在美国的分店都是由星巴克控制和拥有，但大部分国外的分店则由当地企业控制拥有。没有这种特许经营的方式，星巴克可能很难构建成全球品牌。

特许经营能有效地在全球市场展开，不仅是因为它减少了资本需求，也是因为它能吸引当地市场中更多的企业参与进来。

单一属性的聚焦

聚焦于单一属性而非一串属性特征。

消费者买车时会看什么？我想应该是跟车有关的所有方面吧。

他们会围着汽车转，查看它的外形；确定汽车的内饰是否精美；还会留意汽车的预计耗油量；把孩子放到后座，判断是否有足够的空间；进行一次试驾；还会阅读汽车杂志对这款车的评价来了解它的可靠性。当然，他们还会看汽车的价格。

这也是为什么很多汽车生产商会通过广告的方式来告诉消费者这款新汽车相关全部信息的原因。

50多年前，当宝马刚进入美国市场时，这家企业也是采用上述类似的方式。宝马早期广告所涵盖的内容几乎涉及所有方面。其标语是：新款宝马是集奢华、性能和操控于一体的独特组合，还有其惊人的低油耗。

10年后，也就是1974年，宝马就已经在美国市场销售了1.5万辆汽车。这也使宝马一举成为当地排名第11位的欧洲出口汽车品牌。

第二年，宝马新的代理商（Ammirati Puris AvRutick）推出了新的广告战，称之为"终极驾驶机器"，这也使双方在全球名声大噪。

我们可以看到，它们把品牌聚焦在了一个属性上——"驾驶"。

在接下来的几十年中，宝马已然成为全球销量最大的豪华汽车。其"终极驾驶机器"也可能成为最有效的广告标语。它将品牌带到了全世界，而且让它成为了在美国及其他国家销量排名第一的豪华车。

最有效的营销计划都是围绕某一个单一属性词构建的，比如：

（1）谷歌——搜索；

（2）普锐斯——混合动力；

（3）沃尔沃——安全性；

（4）梅赛德斯——声誉；

（5）宜家——未组装的（家居）；

（6）美体小铺——天然（化妆品）。

<h1 style="text-align:center">单一形象的聚焦</h1>

聚焦于单一形象，然后通过这种方式将相应的信息不断输入到消费者头脑中。

每个人都有两个大脑，左脑用来控制语言等逻辑思维，右脑用来控制形象思维。同时，右脑也是一个人情感的产生源，这也是为什么在某种程度上形象感知都是情绪化的，而语言词汇则不是的原因所在。

看看在电影院中的人，他们经常会大声地笑或者哭出来。再看看一个读相同内容小说的人，一样的英雄、一样的反派人物、一样的故事，但是你很少会看到他们会把情绪表现出来。因为言辞并不具备创造情感的能力，而形象感知则可以。

当你能够将受情绪影响的形象感知与能够表达这一品牌本质的语言结合起来时，这意味着你有很强的关联能力。

宝马不仅说"终极驾驶机器"这句话，它们还播放电视广告展示宝马的拥有者愉快地在弯曲的道路上驰骋，这一视觉形象就会不断将文字信息传递给消费者。（我们将这种视觉形象称为"锤子"，将文字信息称为"钉子"。）

当墨西哥啤酒科罗娜（Corona）被引进美国市场时，进口商想出了一个非常棒的主意：在瓶子的顶部放一片青柠（墨西哥传统，啤酒配柠檬）。这就是品牌的形象冲击，它不断传达着科罗娜就是正宗墨西哥啤酒的理念信息。（美国盛产柠檬，这是一种非常受欢迎的柑橘类水果。墨西哥则盛产青柠。）

如今，由于这片青柠，科罗娜啤酒的销量已经超过了喜力啤酒，成为美国市场进口排名第二的啤酒品牌，其市场份额达到了 50% 以上。同时，根据 Interbrand 咨询公司的数据显示，科罗娜以 43 亿美元的总资产成为全球排名第 93 位最有价值的品牌。

在职业高尔夫领域，有四大非常重要的赛事：①美国公开赛；②英国球公开赛；③PGA 锦标赛；④美国大师赛。前面三项赛事是由高尔夫协会主办，而最后一项赛事则是由私人的奥古斯塔国家高尔夫俱乐部私人主办。

然而，美国大师赛越来越受到关注。为什么？因为大师赛的获胜者能够获得一件绿夹克，这件绿夹克就是形象冲击，它让大师赛成为最知名的高尔夫锦标赛。

另一个非常有效的形象冲击事例就是可口可乐的经典玻璃瓶，而且一直风靡全球。它实则传递了一个理念，那就是：这才是独创的、正宗的可乐，真材实料。

在万宝路之前，所有的香烟品牌是不分性别的。万宝路是第一个"男性"香烟品牌。然而，如果没有牛仔的形象，这一理念就很难传达到吸烟者的头脑中。如今，万宝路已经成为世界销量最大的香烟品牌，已超过排名第二的云斯顿（Winston）香烟，是其销量的130%。

在今天这个信息传播过度的社会中，单靠语言词汇是远远不够的。要把品牌植入到消费者头脑中，同样需要通过这种形象感知。

品牌多元化的聚焦

聚焦品牌多元化需保持核心品牌的突出地位。

大多数公司所常用的营销战略是"产品线扩展"战略，即企业现有的产品线使用同一品牌，当增加该产品线其他的产品和服务时，仍沿用原有的品牌。

在所有广告中，有很大比例的产品品牌一直致力于现有品牌的拓展。很多企业不会去思考任何替代的可能性。其实，在这些替代方案中会有一个非常显著且具生产性的产品。那么，为什么是进行产品线的拓展，而非推出第二个品牌呢？

"第二品牌"策略具有两个优势：①保持核心品牌的突出地位；②使销售额大量提升。

以丰田为例，它并没有推出一款昂贵的丰田车型，而是向市场投放了第二品牌"雷克萨斯"。数年后，雷克萨斯成为美国市场上超过宝马、梅赛德斯-奔驰最大销量的豪车型。目前，雷克萨斯的销售额已经逼近了两大德国汽车品牌。

2012年，梅赛德斯在美国市场销售了295013辆汽车；宝马销售了281460辆；雷克萨斯销售了277046辆。这三个品牌在其他豪华汽车品牌中一直遥遥领先，比如凯迪拉克（149782辆）、奥迪（139310辆）、林肯（82150辆）。

那么，如果是推出上面所说的价格昂贵的丰田车，它的销量会跟雷克萨斯一样好吗？我不这么认为。韩国两大汽车品牌（现代和起亚）推出的昂贵豪华车车型销量就不是很好。

你可能会想，对于汽车这种类型，品牌会显得更为重要。但事实上，几乎对于所有产品类型，品牌都是至关重要的。

以在美国三家销售计算机及其他高新设备的企业为例：苹果、惠普和戴尔。

苹果不是一个单一品牌公司。因为没人会说，我买了个苹果；他们会说，我买了部 iPhone（或 iPad 或 iPod 或 Mac），这些才是品牌名称，苹果是一个公司名称。

惠普和戴尔则陷入了困境。迈克尔·戴尔（戴尔公司董事长兼首席执行官）刚刚将他的公司销售给了一家私募股权公司；而在 2012 年，惠普也损失了将近 127 亿美元。

另外，苹果已经成为全球最有价值的企业之一，其在证券交易市场的总价达到了 4359 亿美元（惠普总价 403 亿美元；戴尔总价 242 亿美元）。

相比单一品牌公司，这种多品牌的公司往往更有利可图。2012 年苹果的利润率达到了 26.7%。可口可乐（旗下拥有 11 个品牌，每个品牌的年收入均超过了 10 亿美元）的利润率达到了 18.8%。宝洁（旗下拥有 25 个品牌，每个品牌的年收入均超过 10 亿美元）的利润率达到了 12.9%。

美国大型企业的平均利润率都能保持在 5% 左右。

企业的聚焦

企业的聚焦与品牌聚焦的方式类似。

以前，大多数消费者不会关心是谁创造了这个品牌，他们只关心品牌本身。

而今天则不一样了。大多数消费者不仅留意谁创造了什么品牌，而且还像对产品品牌一样，极其关注对企业品牌的了解。（如关注苹果公司的品牌力）。

这里，我将用"品牌测试"来衡量一个品牌的品牌力（power of a brand）。把品牌名称放到下面的空格处，"_____是什么？"。然后，回答下列这些典型的由消费者所能感知的问题。

星巴克是什么？它是一家高端咖啡店。

宝马是什么？它是疯狂驾驶的汽车。

苹果是什么？它是高端电子设备。

戴尔是什么？它是个人电脑。

当消费者认为戴尔是个人电脑时，对企业本身来说，这是不准确的。现在的戴尔已经从个人电脑转移到了为企业客户提供软件和相关服务的功能上。

这种转移的其中一个原因就是戴尔在个人电脑上并没有强大的全球定位。（目前处于惠普和联想之后的第三位置。）

回答"戴尔是什么？"的最佳答案应该是"它是个人电脑的领先品牌"。

戴尔向"软件和服务领域"的转移也并没有非常成功。在 2013 年 2 月公司出售计划宣布之前，戴尔的股票在五年内已经下跌超过了 30%。

自 2009 年以来，戴尔花费了 127 亿美元用于收购业务；这笔钱可能就用在了"软件和服务业务"上。

如果将其中一部分用在"支持基础性业务"上，是否会取得更好的效果呢？即将钱花费在戴尔个人电脑品牌的构建上。

以当时的市场来说，上一年整个市场在个人电脑上的全部支出大约为 2700 亿美元，而戴尔仅收到了 285 亿美元，只占了其中的 10.7%。

戴尔作为一家硬件公司将业务转向软件领域；微软作为一家软件公司将业务转向硬件领域。这两家企业都犯了同样的错误。

微软最近的一次并购是花费 72 亿美元购买了诺基亚的手机业务。

有人可能会这么想：由于在 2013 年第二季度，微软的 Surface 系列平板电脑为了进行"库存调整"产生了 9 亿美元的费用支出，基于此，微软的这一收购行为是非常机敏的。

那么，收购诺基亚是否会对微软有帮助意义呢？诺基亚曾经是世界最大的手机生产商，但却犯了典型错误，那就是将"诺基亚"品牌名称用在了其昂贵的智能机产品上。

诺基亚是什么？它是廉价手机，而非昂贵的智能机。

当诺基亚成为微软的一部分后，微软企业品牌名称的附加是否会让其智能机业务有所好转呢？我不这么认为，而且这会让问题更加混乱，一家软件公司会对硬件业务有怎样的了解呢？

跟微软一样，谷歌也是另外一家试图进入硬件业务的软件公司，并以 125 亿美元收购了摩托罗拉手机业务。

摩托罗拉是什么？只是另一款没有明确定位的智能手机。

谷歌企业品牌名称的附加是否会帮助摩托罗拉成为行业的胜利者呢？不太可能。

另外，谷歌购买安卓系统却相当成功。安卓，作为一家独立的软件公司，要说服像三星一样的大公司尝试一款新的智能手机操作系统，其可能性非常小。但当有了谷歌的支持之后，它的意义就不一般了。

当移动设备搜索变得越来越频繁时，安卓软件将帮助谷歌在手机搜索中占据主导地位，正如谷歌本身在电脑搜索中就已占据优势一样。

这仅仅是一部分将聚焦原则应用到企业品牌和产品品牌，并取得好成效的实例。

聚焦对产品和企业两类品牌来说是一项非常强大的概念工具，但可惜的是很多企业还没有意识到这一点。

作者简介

阿尔·里斯毕业于迪堡大学（位于美国印第安纳州格林卡斯特勒）。在 1950 年加入通用电气的广告部门之前，他曾在美国商船队及美国陆军队服役。随后，他在两家纽约的广告代理公司工作，继而成立了自己的第一家广告代理公司 "Ries Cappiello Colwell"。28 年后，他与杰克·特劳特共同组建了 "特劳特 & 里斯" 营销咨询公司。这两人首创的 "定位" 概念被全球广泛认可。1994 年，他和他的女儿劳拉·里斯成立了 "里斯 & 里斯" 营销咨询公司（位于美国佐治亚州亚特兰大市）。两人随后共同撰写了 5 本关于营销方面的书籍，包括最新的《董事会里的战争》（*War in the Boardroom*）。多年来，阿尔·里斯曾为多家全球大型公司工作，包括微软、英特尔、宝洁、三星、西门子、苹果、施乐、迪士尼等。

02　身份认同

不抛弃不放弃

◎ 托尼·艾伦（Tony Allen）

> 洛克尔"973号"逐渐向北漂移，同时也无法确认并追踪到其身份。
>
> ——BBC 第四频道，航运行情预测

有一批极限挑战的追随者们，他们非常喜欢追逐并挑战大西洋上的复杂天气，比如气流等：当触及等压线时，他们会无比振奋；当只是看到微微细雨时他们则会表现出崩溃沮丧的情绪。那么，对于我们这些普通人来说，是否也会出现同样的反应呢？

粉丝们可能很喜欢明星改名字。埃塞尔·古姆将名字改成了朱迪·嘉兰（Judy Garland）。约翰·邦焦维（John Bongiovi）也对自己的名字做了略微改动。迈克尔·凯恩（Michael Caine），这位耳熟能详的著名演员，谁都没想到他之前有过两个名字：迈克尔·斯科特（Michael Scott）和莫里斯·约瑟夫·米考怀特（Maurice Joseph Micklewhite）。为什么会如此反复地改名呢？可能是自我介绍时"我的名字叫迈克尔·凯恩"这句话说起来更有伦敦口音？

很多明星却表示他们更喜欢他叫莫里斯·米考怀特（Maurice Micklewhite）这个名字，比如艾莉诺·戈（Eleanor Gow）、艾丽西娅·福斯特（Alicia Foster）、戴维·威廉姆斯（David Williams）、苏珊·韦弗（Susan Weaver）、玛格丽特·海拉（Margaret Hyra）和弗洛里安·克劳德·德·博纳维尔·阿姆斯特朗（Florian Cloud De Bounevialle Armstrong）等。但随着年龄的增长，这些明星们发现父母给自己起的名字还是可以进行适度修改的。这就是我们现在认识的伊丽·麦克弗森（Elle McPherson）、朱迪·福斯特（Jodie Foster）、戴维·沃廉姆斯（David Walliams）、西格妮·韦弗（Sigourney Weaver）、梅格·瑞恩（Meg Ryan）和蒂朵（Dido）。

身份是什么

通俗点讲，"身份"指的就是你是谁、你是做什么的、你是怎么做的以及你未来的方向在哪里。身份能让我们快速识别一个品牌或一个人。比如，费德勒、纳达尔、德约科维奇、莎拉波娃、穆雷，我们可以很快速地通过他们的外表、个人习惯、声音、击球及场上行为来进行识别。他们塑造起来的这种身份是由很小但是能够体现他们个性的独特信号组成的。思考一下我们是如何能轻易识别出这些在体育界、音乐圈、影视圈和电视台的"大咖"，这就是品牌。当我们试图将信息和信号发送出去，鼓励和刺激相应人群时，我们需要通过开发具体的品牌战略让该品牌与特定的情感维系在一起，比如安全性、可靠性。回想一下沃尔沃的设计历史，其产品理念是好玩、有魅力、富有冒险性，还是健康、纯洁、保健性。作为一个新创造的个体，其最大的问题就是通过设计能够在多大程度上体现我们未来的愿景。"维京"就是一个很好的例子，从命名开始就已经设定好了未来的方向。它认真地洞察世界，并持续用全新的方法来应对各式各样的挑战——不管是零售、交通还是通信领域。

这里，我们需要对"身份"进行充分的界定。尽管有时候一些企业的品牌经理会忽略它的重要性，将其淡化。"身份"认同是品牌化过程中体现经验增长的一部分。出色的"身份"认同就应该像柏林爱乐乐团一样，赫伯特·冯·卡拉扬凭借杰出的组织理念带领乐团给听众带来充分且美妙的感官信号。一个真正强大的身份开始于最初对"它要成为什么"的设定。那些不仅是为股东赚取利润，并且保持目标明确的企业已经非常少见；它们不但创造了强有力的竞争标杆，事实上它还在不断说服我们调整自身的行为。21世纪经常被引证的例子，当然是关于计算机公司了，比如卓越的产品设计、包装、操作软件、零售体验、创新纪录、新店开张、店面设计等。这其中包含了大量能够被识别的"身份"，而且这种"身份"特征还不断被其他品牌所效仿。这些公司通过想象力和设计能力将人与科技紧紧地捆绑在了一起，人们的生活方式也因此发生了巨大改变。

　　与此相反，那些"身份"认同程度较低的品牌或产品就很容易被人们所遗忘。它们通常混杂在市场中，可以被随意替换，而且在市场上也没有发言权。想象一下，你一个人在高速公路服务站，眼前陆陆续续有近 400 辆载重货车开过，你可能会因为它们长得过于相似而感到视觉疲劳。反之，如果市场需求主要针对具备品牌"身份"的载重货车时，高速公路对大众的需求就会慢慢减少，因为这类车型的产量不够，而且人们也不会想到要使用其他"山寨"载重货车。事实上，这在我们周边经常发生：初创性思考很难，但是后期模仿却很容易。读者们还可能认为目前很多繁华的商业街变得越来越差是因为众多连锁店的加入；很多现代工作/生活方式缺乏灵魂、缺乏精神。这自相矛盾吗？在寻找"身份"认同的最佳案例时，我们需要先认识两种"身份"类别：第一种是那些还未受到外部干扰的品牌，他们会对变化产生强烈的兴趣，比如零售店。令人惊讶的是位于伦敦市中心的奇尔特恩商业街上全是独一无二、吸引大量消费者光顾的个体店，这些店并没有所谓的"品牌"；跟它平行的另外一条主街却俨然相反，是你每天都能看到的品牌商店。另外一类则是指年年都在设计优秀方案上取得成功的品牌。但是如果处于两类中间，就没那么有趣了，这也就是之所以关注两"端"的原因。

　　就像那些出色的演员，"身份"是从其骨子里透出来的，而且还可以通过自我补充和完善再次成为当期代表人物。"可口可乐"这个名字及标志创造于 1886 年，同年卡尔·奔驰取得首家汽车生产专利，强生公司也开创了品牌。目前通用电气所使用的标志也创造于 1900 年，莉莉（Lilly's）创造于 1933 年，IBM 创造于 1956 年。这些有名的商标都是取得有效"身份"认同的秘诀之处，这是因为最初构思时，它们就是与众不同的，而这一直延续到今天。此外，对于商标的使用也会有专业的监护人进行管理。

　　不要去买或投资那些你还没有准备让其实现价值的产品，也不要期望具有高度"身份"或品牌的产品会有多便宜。本章开篇处所引证的案例就表达了两点：其一是要努力上进的工作态度，其二是有能力且具备引领性的投资方向。这样的公司不仅可以获得大众的好评，还可以让人相信你是在一家具有高强度、高要求的企业工作。

　　同样，一个管理得非常出色的"身份"应该知道何时要做出改变，以时尚界为例，他们可能穿着 20 世纪 70 年代流行的喇叭裤，这说明复古元素又开始流行了。UPS 曾在 2003 年做过调整，撤换了当时由设计师保罗·兰德（Paul Rand）设计的非常有名的包裹图案。这是否意味着公司包裹时代的结束，还是意味着物流时代的开始？对"身份认同"有意识的企业会清楚地了解应该在什么时候变得更"精"，特别是在进入一个全新的、表现出色的同行群体中时。作为一个整体，这时它们需要一个全新的"身份认同"。企业如此，娱乐界亦是如此，以Gumm三姐妹为例，起初她们一直以Gumm Sisters组合方式在自家剧团进行表演，但在1934年的一次巡演中，主持人报出这个名字后，引发了观众席上一阵哄堂大笑（原因不详，可能是因为她们的姓Gumm跟橡胶谐音），于是她们决定改名叫Garland Sisters。Garland是花环的意思，花环比橡胶树要漂亮得多。

这种新的"身份"意味着一种大规模的变化，而这一变化能够帮助企业度过困难期，因为一旦人们意识到变化带来的差异时，就会有成功的可能性。那么如果这种"身份"非常显而易见，我们为什么还要在这本书中专门谈论它呢？

可能恰恰是因为这种"身份"对人们来说太过明显、太过直观，导致我们可能会忘记它对公司业务和品牌成功的重要性。这一章被命名为"身份认同：不抛弃不放弃"，是因为随着过度使用"品牌"效应取得经济效益，这种"身份认同"就会被弱化为低层次的需求——因为它仅仅是一个名字、一个标志而已了。这对企业来说是非常可怕的，它已经远离了"身份"本身的实际价值。一个充满创意的"身份"不论是在具体产品业务中还是在公司的成长历程中都尤为重要。"品牌"和"身份"是共同存在的，在品牌应用及推广过程中，都是强有力的策略方式。没有"身份"的品牌是毫无意义的；同样，没有品牌构想的"身份"也时有发生。但是我们也清楚地知道：一个具有超凡魅力的"身份认同"能够给你的业务和品牌带来极高的知名度。

刚才我们提到，"身份"与"品牌"是并存的，也可以说，它们在品牌战略过程中更像是两位相辅相成的双胞胎兄弟。缺少"身份认同"，即便是非常出色的品牌构想都是原地踏步，走不了更远，因为没有人想知道这是什么。当这家公司与其他竞争者进入同样的业务领域时，作为两者的管理者——CEO和品牌所有者则会非常重视，并希望借助这两者成为成功的赢家。强劲的"身份"会产生正向的影响力；但是现在，人们每天都被动地接受着外界的信息轰炸，大量的理念被接受，同时也有大量的理念被抛弃，这反而会带来很多负面的影响。这些"身份"围绕在人们周围，并不断改变着人们的行为方式，比如推特（Twitter）、E-mail以及互联网。"Twitter"不仅是一个商标，它体现的更是人们相互沟通的一种方式。社交媒体为这些"身份"创造了一个全民共享的平台。这在历史上应该具有举足轻重的历史地位。当然，这些"身份"也在刺激着人们如何以特定方式对外部环境作出回应。它包含了诸如双关文字、名称、声音、图片、符号、行为、材料材质、口味、气味、氛围，甚至于发型等信息，而人们则会有意识地搜集这些相关信息。如果你在那么多男士香水中选择 Brut（百露），那说明什么呢？或许可以显示出你资历比较老，抑或是让你显得精力充沛。希拉里·克林顿曾谈论过她的头发，她说：如果我想登上头版，我只要改变下发型就可以。有一款流行了近 20 年的发型叫作 Mullet，这款发型的特点是正面和侧面留得短，而后面则留得很长。当你初看到时，你可能会觉得很奇怪。是什么原因让它这么流行呢？是因为说唱团体 Beastie Boys 在 1994 年推出的名为 *Mullet Head* 的歌曲？还是鉴于冰岛的渔夫在打鱼时为了保暖，于是后背披着长长的头发？或是法国 20 世纪 70 年代的时尚大师亨利·莫利特、英国儿童电视主持人帕特·夏普？不管怎样，这款体现个人身份特征的发型在没有品牌和指导路线的情况下红遍了大江南北，特别是在美国、德国、澳大利亚、瑞典、法国等国家。其中的要点就是不管有没有品牌创意，只要这种"身份"足够强劲，它就能扩散到每个地方。

"身份"认同能让我们看到、领会并理解一个人、一家公司、一个国家、一个公共场所、一个政党、一个品牌、一种宗教、一项抗议活动，或是第一次使用心仪橄榄油时带来的喜悦。

我们承认强劲的"身份"有时可以不需要借助商标的推动，比如英国《金融时报》的粉色页面、来自塞尔福里奇百货公司（Selfridges & Co.）的柠檬黄塑料袋、蒂芙尼（Tiffany & Co.）特有的蓝色包装盒、低成本航空公司易捷（easyJet）的标志橙、UPS 公司那些巧克力棕色和金色混搭的厢式送货车，还有很多时尚的香槟标志。相比用视觉去识别，通过"身份"则会获得更多关于产品的信息。首先，基于声音的"身份"能够不断地吸引人们的注意，比如掌上计算机、智能手机、笔记本电脑的开机音乐和在铁路车站、机场航站楼、百货公司等出现的特有声音。苹果还将其 Mac 计算机的启动音乐申请了专利，这也成为苹果与其他计算机最大的差异之一。此外，诺基亚在 1993 年就开始使用的经典铃声（Francisco Terraga 的吉他独奏）；著名音乐制作人布莱恩·伊诺（Brian Eno）为 Windows 95 量身打造的开机音乐；沃尔特·韦佐娃（Walter Werzowa）专门为英特尔设计所有商业广告中都会出现的特有音乐；还有 MSN 的通知声音使用的是戴维·库塔

（David Guetta）的合成音乐等。专注于"声音"的声音商标会议每年都会在全球各地召开年度会议，这可以提供给大众及商家一个很好的"声音"平台。对企业来说，这是一项能在公共场所使用且最具特色的宣传策略。

此外，基于嗅觉的"身份"能给人们创造愉悦、舒适、安心的感觉。伦敦康诺特酒店选用了法国皇室专享的百年香氛 Cire Trudon 香烛，不仅香气让人舒适，还能体现客人的尊贵及对客人的尊敬。来自布宜诺斯艾利斯的四季酒店则专门选用了弗伽亚于 1883 年创作的巴约香，这是一款由体现当地生态多样性的有机材料调配而成的。新加坡航空是使用香水的先行者，它在飞机提供的热毛巾上喷洒上名为"Stefan Floridian Waters"的香水，成为目前作为新加坡航空形象一部分而特别设计的香水，这款香水已经被注册成新航班的商标。Crayone 彩笔也添加了独有的气味，并专门为此申请了专利，以防模仿。此外，针对汽车异味，达科塔出厂了一款气味消除雾化器。它所销售的一种名为"达科塔新气味单"的产品，可以消除高达 6000 立方英尺空间的气味。《快速公司》杂志曾经刊登过一篇基于嗅觉研究院调查的文章，他指出人类能够识别近 10000 种不同的气味，而且人们可以在一年后再次回忆起碰到的气味，准确率达到 65%，虽然在三个月后，对照片的视觉回忆会下降到约 50%。我们再来看看必胜客的事例：2013 年初，作为情人节促销活动的一部分，公司推出了必胜客（比萨味）香水，公司首席运营官库尔特在接受媒体采访时表示：这款香水非常稀缺（全球限量发售 110 瓶），而且是大众心目中非常受欢迎的香水之一。

基于文字的"身份"则更有意思。美国有名的本杰里（Ben & Jerry）冰激凌就是一个典型的案例：新口味产品的命名灵感来自于美国最受欢迎的电视主持人罗恩·勃艮第喜欢在桌前大口吃东西的嗜好，"Scotchy Scotch Scotch"是非常俏皮又形象的表达，这也使该款产品成为热卖的冰激凌之一。但也有些文字效果刚好相反，它可能会引起人们不愉悦的情绪，比如用过于轻松的语气宣传存在一定危险性或风险的产品。还有一种情况就是在文字的量上，人们有可能会被迫接受大量信息，而且他们会认为这是非常具有骚扰性的，比如列车员用扩音器广播冗长、啰唆的路途信息等，甚至还用多种语言进行广播。而经常旅行的人会有这样的体会：无论你到世界哪个地方，在享受机场到城市的快速便捷服务时，不会受到任何干扰；因为四种语言的信息广播，让你清楚了解你的具体行程安排。

最后一种是基于触觉的"身份"。MacBook 的铝制外盒有助于提高内部散热器的散热功效，从而使用户感觉到计算机始终都没有高温运转。2007 年，兰博基尼居然和战斗机比速度，大家在疯狂的同时也感受到了聚四氟乙烯（Teflon）涂料的极低阻力。所有这些都说明构建"身份"是一项非常重要、目标明确且富有创意的品牌过程。借助现代科技增强"身份"标志（如商标）的创意势必成为一种趋势，而"身份"也能准确平衡品牌进程与目标的一致性。

身份如何发挥作用

"身份"展示了一种经营理念，它能够使商品更贴近人群、更持久、更有竞争力、更加品牌化、更体现其目标性。"118118"是一个活动能力认同很好的例子。

英国在解除了电话号码服务管制之后，取而代之的是由能够提供全新的、竞争性服务的投标者进行竞拍这样的方式来赢得号码运营权。竞拍者包括原来的英国电信（British Telecom）及其他新的运营商。调整后所有的号码都以"118"作为前缀，结合不同组合的后缀数字。解除管制引发了一场激烈的宣传竞争，而这看上去更像一个游戏。运营商需要给它们的号码赋予"身份"，其目的就是为了吸引用户记住它们的运营号，其中一家运营商非常有创意，他在其员工背心上印上了"118"的数字。还有两位田径运动员，他们正是英国 20 世纪 70 年代非常出名的长跑运动员，而习惯使用老式电话本的这批 40 岁以上人群都认识他们。类似的竞争持续了十多年，清理了大批竞争对手。这正好说明了"身份"认同的力量，不仅能开辟新天地，还能打开新机遇。

为何"身份"认同对公司来说如此重要呢？"身份"主要基于公司品牌平台起作用。这种平台不仅涉及公司创造适应市场需求的产品的实际效果，还包含图像、文字、材质、音效、味道、风格等要素。星巴克将自己定位为工作与家庭的连接，这就是出色的理念。身份能让人们在通过产品、服务、线上线下、交流及行为中获得相应的体验。同时，对身份的创建和管理也远远超出了商标本身。

在零售领域有句俗语：没有理念就没有业务，这用来解释身份非常准确。当无法创建一个丰富的身份时，公司及品牌都有可能承受很多负面影响。通过身份能够解释、延伸、定位一个品牌。因此在品牌推广时，必须强调身份的重要性。

一个构思严谨的身份有助于战略的确定；强劲的身份有时还能适当掩盖服务中的缺憾。回看手机发展的十多年，出色的身份认同要求企业在早期就需具备高瞻远瞩的能力，比如和记黄埔公司（Hutchinson Whampoa）。1993年，公司收购英国移动电话公司Rabbit，并易名为Orange（橙）电讯。在此前公司已经有了Microtel（微电话）这一相近品牌。相对于英国电信旗下的"Cellnet"和"Vodafone"，"Microtel"也许已经不具备竞争力。当时，和记黄埔以低价将该业务抛售了出去，这里需要提到一个关键人物——克里斯·莫斯，他和同事一直在筹划一个更富特色和差异性的产品，而这就是后来大家所熟知的Orange。他尝试说服公司老板采纳"Orange个人通信服务"来替代原有的"Microtel"就是关键的一次突破。当然，答案肯定是说服成功的。当时流行一句话"未来是光明的，未来是橙色的"，公司以独创的方式塑造并传递了一个友好形象的身份。

像"Orange"这样的身份认同正慢慢改变着现代化的商业模式，它们都有着相同的特征，比如都是在早期进入相关业务领域的，其次都是借助市场全球化和差异化的品牌理念，被人们所熟知。处于20世纪80年代末和90年代的公司大多都开始使用"身份"认同来与消费者构建良好关系，而非一味表明自己的所有权。它们意识到必须吸引不同需求的消费者的注意。目前受控于汇丰的米兰银行曾经做过一次顾客调查，有些顾客似乎从来不去或很少去分支机构办理业务。那么如何吸引这些顽固的账户持有人呢？米兰银行的调查当然是有帮助的，其结果显示总有一定比例的顾客不愿意忍受排队，还需要指出的是他们通常又是比较富裕的。因此，电话银行的前景就显得尤为突出。成立于1989年的旗下First Direct电话银行的应运而生正是这种差异化理念的一个代表。这是一家你根本不需要排队的银行，每天24小时营业，而且你可以通过电话毫不费力地处理任何业务。First Direct电话银行的CEO马克·马伦这样描述电话客服：有用的、具有警惕性的、高效的。顾客每次给银行打电话，都会体验到不同的声音，这体现着银行的组织文化、严格的培训招聘机制。还需值得一提的是：口音的重要性。First Direct招聘的员工很多都是来自靠近总部利兹（英国英格兰北部城市）的地方，主要集中于北部城镇。调查表明英国北部和苏格兰的口音更容易相互接受。还有研究表明上流社会的英语口音很容易引起苏格兰人的敌意，因此，在提供服务时口音也成为是否能够创造一个成功"身份"的要素之一。

在最近 20 年来，企业对身份及身份认同的实践发生了很大的转变。出色的身份认同能够拓展企业和顾客之间的关系，这也是转变的根本出发点，比如图形设计上展现出来的系统性和层次结构的有序性、视觉上的一致性、色彩的高饱和性和持续性等方面。

1997 年，英国航空（British Airways）重新设计品牌图案的事件就是个很好的例子。在 20 世纪 90 年代初期，英国航空意识到原有的机尾"米"字旗图案不利于其全球化经营模式的构建，而当时已有多家大型航空公司在竞争航线的控制权。出于竞争的危机感和对旧图案可能带来的不利影响等方面的考虑，英国航空决定重新设计品牌图案来体现企业新全球化的姿态。后面我们就会看到英国航空班机的机尾被改成了世界各国的民族图案，而且每架班机的图案都各不相同（看航线目的地而定）。从这个事例中我们可以看到"身份"认同的改变正成为诠释全球理念最基本、也是最直接的一种方式或一个载体。如果英国航空不去改变自身的这种"身份"，而仅仅是通过广告宣传的方式来传达新姿态的话，注定不会取得成功。为什么呢？这是因为整体身份的转变需要彻底根除组织旧的特性，换言之，需要从组织进行深度切入的改变。这可能是一种极端行为，但也是经常被忽略的。"身份"认同的改变就像英国航空所经历的那样，通过新平台的创建来向组织表达改变的需求。这种改变还涉及组织的所有层面和部门，比如对员工的再培训，在招聘员工时要求申请者至少会两种语言等，所有我们观察到的这些，都说明了"身份"改变带来的强大威力。确实，对于当时英国的其他航空公司，英国航空做出的改变（将自己打造成"属于全球，属于世界"的英国）引起了骚动。这次事件同样也引起了一些外界的舆论导向。《泰晤士报》的西蒙·詹金斯这样描述当时的状况：在对新"身份"带来的乐观迹象表现出兴奋和喜悦的同时，一些企业也因为这种创新的不可模仿性显得非常沮丧。他这么说道：

"飞机尾翼并不代表航空公司的全部业务。对于英国航空来说，它们不能使飞机飞得更快、更安全、更平稳；它们不能把食物变得更加美味；它们依然需要忍受机舱的噪声。但他们让旅行、让其中的单调乏味充满了喜悦。这才是基于人本性的全球视野：个性、创新、乐趣。这就是英国，让我们沿着英国航空的步伐来了解它。"

读者可能会问，为什么这章选的案例都有点陈旧？我们身边就没有更新的案例了吗？的确近几年有很多引人注目的"身份"构建事例发生，比如美国贝尔金公司、火狐、美国在线（AOL）等，但就是否能准确定义强大的差异化的"身份"价值而言，这些历史事件才更有说服力。从和记黄埔的"橙"、米兰银行的 First Direct 以及英国航空这些案例中，我们可以看到"身份"认同确认后的成效。也有人不认可"身份"认同的重要性，认为所谓的"身份"不过是改变一下图标或与顾客交流的方式而已。在今天，"身份"不仅指图标，而是指我们是谁，哪些需要被管理。如果我们的"身份"认同是为了让顾客意识到创新性，那么我们就要在品牌的基础上设计出并管理更加具体化和细节化的事项。出色"身份"的真正标准就是看展开时的精细化管理状况，上述提及的案例企业都有做到这一点。今天的 First Direct 以其优质的客户服务著称，尽管英国航空最后因为媒体压力而不得不放弃有特色的尾翼图案，但它在服务标准、产品品牌、全球地位方面作出了很大调整。再以西南航空为例，西南航空曾高调宣称通过收购取得拉瓜迪亚机场①的飞行窗口，结果当然是顺利的，但其中离不开公司对价格、新产品开发、技术支持等方面的有效调整，并成为成功的关键要素。

　　所以，我们回答了"身份"是什么，以及为什么需要关注其中的要点。每个品牌都需要一个身份，但问题是这个"身份"的构建有效吗？它被很好地管理了吗？通过案例我们解释了"身份"是一个多维的概念；"身份"构建或创造的过程必须充满想象力。顺便说说克里斯·莫斯，之前我们在和记黄埔的"橙"事例中提到过他。他曾经在维珍航空工作过一段时间，他也试图说服公司将豪华经济舱称为"中等舱"更好。当然，他的做法同样是对的。

　　我们之前也举过一些以声音作为"身份"认同基础的案例，虽然这里没有专门提到味觉的重要性，但事实上它同样能创造出强大的"身份"认同感。我们可以跟随一个叫阿戈斯蒂诺·萨伦布里诺的耶稣会士去 16 世纪的秘鲁看看。他不仅是神父，还是位药剂师。他注意到当地盖丘亚人会从金鸡纳树的树皮中提取奎宁用来治疗疟疾。奎宁是一种可以治疗热病、疟疾等疾病的碱性药物。在当时能制作奎宁的金鸡纳树主要分布在秘鲁和玻利维亚，随后，来自英国的部队军官们将这种奎宁制成了奎宁水用来预防疟疾，怡泉（Schweppes）就是一款添加了奎宁的碳酸饮料，所以喝起来会有些苦味。在 20 世纪 90 年代，怡泉以其特有的苦味在软性饮料中占领了一席之地，相比于年轻人钟爱的甜味，它的特色就更加明显

---

　　① 位于纽约，美国排名第一的航空机场。

了，并随之成为了全球的知名品牌。

还有一些关于"身份"的问题，如下：

● **你如何为品牌定义其"身份"**？品牌和身份，是同时存在的，两者是相辅相成的。通常，当新技术出现时，"身份"就会根据新服务的走势来确定自己的方向，设立新的顾客期望值。在首次推广时，其载体的产品都会具有吸引人的外形、一定的视觉冲击力、还会让人感觉到不寻常的体验。这些要素会让品牌变得更加稳固，并最终在市场中确立地位。当品牌的所有者推出新的附加服务时，原有"身份"需要顺势进行调整响应。这就有可能产生新的子品牌或服务名称。以航空公司为例，比如推出新的商务舱服务、新的席位，创建低成本航线，新的休息室设计，增加新的港湾目的地等。当业务不断激增、多样化时，品牌层级有时候会变得复杂，甚至凌乱；这时通过"身份"要素的确认，帮助清除低价值品牌和无效、错误的通信流，从而梳理各项决策策略，并进行聚焦。这里的"身份"在企业中就发挥着"指示器"的作用。

● **你会在哪些方面来突出"身份"**？哪些要素是最重要的？事实上，"身份"这一角色本身就会告诉我们需要侧重或者强调哪些方面。你需要在品牌外形设计和品牌感知方面考虑"身份"的特性。以奢侈品为例，奢侈品就融合了很多方面的内容：名称、风格、全球性、水平、质量等。保守也是奢侈品的一项构成要素，因为这些奢侈品都是以确定的形式存在的。在专业服务领域又不同了，对于品牌外形的设计决策有一部分是由实际使用惯例推动的。普华和永道合并时，由于当时的网络技术还处于初期或不完善的状态，所以新公司（普华永道，Price-waterhouse Coopers）的名称只能将原公司两个名字放在了一起，看起来很长。然而，我们现在都很清楚这个长长的名字后来被缩短为 PwC 这三个简单字母，在某种程度上来说是企业被重新命名了。在当前网络环境下，PwC 已被越来越多的用户所熟知。

不同行业对企业自身"身份"的确认提出了要求。

交通服务业，如火车、飞机、轮船以及今后的宇宙飞船一般会选择使用商标、颜色来显示其"身份"特征：如将其印在杯子或茶碟、工作服、票、飞机机身上，还有地毯设计等。一些运输企业还会固定供应商，将其模块实现标准化。

对于 B2B 行业来说，其"身份"特性的表达需要企业在制作幻灯片方面技高一筹，比如在做陈述以及进行企业社会责任报告时，甚至偶尔在《经济学家》

杂志做的广告也需要依赖这一技能。它们不需要过于华丽，而其自身的耐用程度和精密程度才是企业商业模式最重要的资产。

媒体企业的"身份"则需要突出它的生气、活跃性。它们的平台是经常变化的，这样就可以灵活地采取不同的技巧达到相应的目的。

可以看出要打造属于世界的"身份"并取得认同就需要适应来自这一大区域的所有环境。这也是之所以有一个词叫作"身份线索"的原因；为什么饮料及汽车厂商、制药企业、媒体、广告代理、时装店、体育品牌、铁路运营商、电信运营商、政府机构、非政府组织、慈善机构等都明确归属于它所在的"身份"类别。

但是它们必须遵守或者可以打破这里的规则吗？这就要看是否具有挑战的需要以及这么做之后能够带来的好处了。

身份展望

一个出色成功的"身份"必然能够将过去与当前的经验特性积累并传递给未来"身份"进行确认和改进，这里面包含了丰富的直觉本能、聚焦思维的能力、时机掌握性、财富与人才资源。

"身份"会给企业提供聚焦的方向。财富可以购买到人才，而直觉本能和时机掌握的能力是最关键的要素，这主要通过掌握哪些是对的，哪些是创新的，哪些是过于陈旧的，哪些是前沿的，哪些是可以得到支持的来实现。在"身份"构建运动中，企业所有者是行动的主体；有时候也可能是一位聘请的建筑师，比如保罗·兰德，他曾被聘为美国许多著名大公司的设计师或设计顾问，并为它们设计企业标志，最终成为了家喻户晓的经典之作。

"身份"会受到很多环境因素的影响。市场规律会使企业和品牌在做定位时避免与其他品牌进行竞争。以奢侈服务起家的企业会尽最大努力去抓住富裕群体的眼球。全球性的"身份"及其对应的品牌总是处于不断变动、时刻观察、迅速反应、具有前沿性这样的状态下。我们能看到的另外一个现象就是明星企业的诞生通常是由于明星领导人物的出现。

教材一般会强调企业成功过程中对差异化的需要。这的确是对的，但我们也可以从其他方面来看待这一观点。企业跟人一样，并不一定具备创新性。对"身份"的探索是为了找到合适的它，并且不错过它。大企业、品牌、足球俱乐部、城市、作曲家、超市所有这些有价值的事物都极具差异性，这恰恰是因为它们的成功来自于对所拥有"身份"的极度自信，而非其他。

"身份"角色至关重要，作为产品可靠性、真实性的本源，人们才赋予它更大的价值。一旦认可，员工、股东、顾客、供应商、合伙人等对"身份"的忠实度就会被建立起来。那么接下来我们应该去往哪里呢？任何方向都是有可能的。总之，不要抛弃它。

作者简介

托尼·艾伦曾在剑桥大学体育人类学专业学习，随后进入麦肯广告公司工作4年，期间接触众多知名品牌，如可口可乐、柯达、通用、雀巢等。这段经历影响着作者后续的职业定位，随后就职于伦敦纽威尔公司，14年中作者辗转于美国、英国、欧洲等地，并在阿姆斯特丹创立了N&S。当世界品牌逐渐扩散时，N&S被全球品牌资讯公司 Interbrand 并购，托尼也相继担任公司总经理和首席执行官的职务。2004年，他开创了自己的公司，这家公司于2011年并入国际顶级品牌设计公司"卓更品牌咨询"的旗下。作者职业生涯主要涉及国际品牌战略及银行、法律、制药、通信、工业、零售等领域的"身份"设计项目。他曾参与出版《品牌与品牌建设》（*Brands and Branding*）和《美好商业》（*Business is Beautiful*）等书籍。

03   品牌创新

变化带来创新

◎ 彼得·菲斯克（Peter Fisk）

我很喜欢耐克。

不是因为这家公司，而是因为它的理念（见图3.1）。我穿耐克的鞋子已经有35年了，而且从来没考虑过其他品牌。尽管这么多年来，无论是产品，还是流行趋势或者技术都已更新换代，为什么在鞋子上这么执着？无关质量和外形，而是对它的自信和认可。这就是我的感受。

图3.1　我很喜欢耐克……不是因为这家公司，而是因为它的理念

品牌的道路非常漫长：从最早农民为牲口做标记，到现在成为真正代表所有权的符号。今天，任何事物都可以认为是一个品牌。它不仅能体现消费者的需求，还代表着公司特有的价值观及最有价值的商业资产。

品牌包含着极具魅力的理念，能够通过不同方式吸引、刺激着顾客，而这是企业及产品本身所不能及的。同时，平台构建、业务与顾客间的沟通也让品牌效力发挥得更好。出色的品牌会让顾客失去理性，让顾客实现他们所期待的，让生活更美好。品牌同样为顾客搭建了与新产品和新市场的桥梁，以此支持并在多变的外部环境中不断成长。

"品牌创新"可能是当前企业最重要的一项能力。如果品牌是你的核心资产，那么创新就是关于你如何在变化的市场中发展和利用你的资产。生产、制造，大部分业务活动其实可以通过与其他企业合作来实现。埃德·哈迪（Ed Hardy）的品牌设计师克里斯蒂安·奥迪吉耶说：其实你不需要太多人。在他的业务里，除了他，还有一位会计和一位授权经理。成功不是关于你如何管理你的品牌，而是如何有效使用和发展品牌。

进行品牌创新需要一系列步骤：有些是关于如何创新品牌理念本身（比如存在的理由、目标对象、展现的方式等），也有些是关于如何对已有品牌业务的创新（比如品牌商标、拓展方式、差异化等）。我们对这些方面都进行了详细的探讨；此外，还涉及如何获得有效的创新方式。开始之前，有必要先了解下目前我们身处的大体环境状况。品牌需要灵活，需要反应敏捷，能体现多变的外部环境。同样地，这也是你思考如何从你的品牌中收获更多的重中之重。

多变世界中的品牌

我们生活在一个不可思议的时代。

这也是飞速发展的年代：全球人口大幅增长，从3D打印器官到无人驾驶汽车，技术进步创造着各种无法想象的可能性。在全球化的大背景下，我们看到了很多转移变迁，比如西方向东方、北方向南方、企业向顾客等。我们也看到了年轻一代的新想法、新思路是如何在传统经验面前取胜的；小企业是如何"打倒"大企业的。那么问题来了：是你在驾驭这种变化的趋势吗？或者同样是你在坚守过去？

2010~2020年，世界人口将从69亿增长到77亿，其中特大城市的增长尤为

显著。对营销来说，最重要的是大量"中产"顾客群体的产生，因为他们将全球
GDP 从原有的 53 万亿美元提升到了 90 万亿美元（见图 3.2）。新的市场、新的顾
客、新的产能、新的渴望造就了这个变化万千的世界。

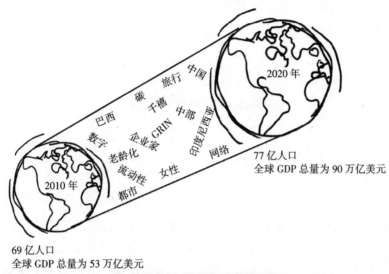

图 3.2　变化、机遇、成长的时代

金融市场的混乱是旧的世界秩序最大的痛点。在剧变中，不断出现着新的赢
家和失败者。2014 年，中国的 GDP 增长达到 7.1%，欧洲只有 0.9%，包括加纳、
巴西、哥伦比亚、印度尼西亚、越南在内的一些国家和地区，它们的增长则更
快。当三星推出智能手表、北京被认定为是可再生能源方面的世界领先城市时，
我们意识到了商业理念的迅速改变：大的投资者都会去中国的深圳，可持续的投
资者都会去东非肯尼亚的内罗毕，最好的时装设计师都会集聚在阿根廷的布宜诺
斯艾利斯，而优秀的数字工程师都会出现在印度的海得拉巴。这些新兴市场不再
是"低成本供应商"和"低预算顾客群体"的代名词，取而代之的是年轻、教
育、可支配收入、快速成长、抱负等。

从地理位置来看，我们居住的世界大部分位于以东经 106.6°，北纬 26.6° 为
圆心的圈内；这个点就是中国的西南部城市贵州省贵阳市。全球 55% 的产品是在
多个国家生产的，20% 的服务同样也是；24% 的成年人有智能手机，通常每天会
看手机 150 次，花费 141 分钟；70% 的人认为相比大企业，小企业更能理解员
工；55% 的人相信企业都在做正确的商业业务，只有 15% 的人认为只有商业领袖

才能告诉他们真相。目前，大部分商业业务都是私有的。在2000年的世界500强中，超过40%的企业并没有出现在2010年的名单中，预计2020年的世界500强将会有50%以上的企业来自新兴市场。

这是一个富有魅力的年代，机遇只来自于你的想象。这也是一个能让不可能实现的梦想成为现实的世界。

改变世界的力量

从阿里巴巴到众筹平台 ZaoZao，从 Ashmei 到融资平台 Zidisha，从 Azuri 到美国租车网 Zipcar，一代又一代的新品牌正从经济技术变革的旋涡中崭露头角。这其中只有少数企业能够影响市场结构和顾客期望。它们有足够的颠覆性、创新性；存在于每个领域、每个地区，通过不同的公司形式来重塑这个世界。

这些品牌本身具备了长远的愿景和目标：它们将市场看作是充斥着无限可能性的万花筒，并根据它们的优势来组合界定这些市场；它们大部分都具有非常出色的理念和创意；它们在竞争中可以以智取胜；它们就像高速游艇，快且灵活，能够击败稳定性较高的超级游轮；它们不相信稍微便宜或稍微贵能够带来的好处。这就是回报递减的短期博弈。

下一代品牌，我称它为"游戏改变者"，能够用更多启发式的方式捕捉想法，并在准确的时间和地点与它们的目标群体产生共鸣；而这不仅依赖于拥有的数据和技术，很大程度上还要看丰富的人生阅历。

"游戏改变者"认为人比起以前变得更感性、更直观了：它们知道顾客需要什么、想要和谁在一起；社会网络有助于目标范围的扩大和丰富程度，同时新的商业模式也创造着更多可能的收益；它们与顾客和其他业务的合伙人进行合作，从而融合双方思想，互相借助能力；它们努力通过销售让顾客获得更多，并关注着自己给世界、给人们带来的影响。

比起传统机构、政府、律师，甚至宗教，人们更愿意信任这些出色的品牌。品牌与人们是相互关联的，它能使人们形成相应的看法、心态和期望；提供平台让人们喜欢它，并获得更多。最终，品牌就有力量去改变世界——不仅是销售产品、创造利润，而且让生活更美好。

然而，这需要采用更加有见地的方式去实现品牌化，挑战人们对品牌是什么、如何管理等方面的传统观念，告诉人们怎样对品牌进行创新。这里有九个步骤可以完成品牌创新，产生新的品牌理念，实现利润和成长的持续性（见图3.3）。

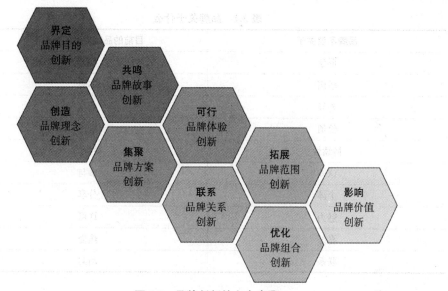

图 3.3 品牌创新的九个步骤

接下来，我们会依次来分析和思考这些步骤。品牌创新根本上来说是一个整合的过程；目的的明晰化驱动着创新的进程和步骤的推进。它同样也是一个更结实、有效的循环。对品牌潜在经济价值的理解让我们清楚我们需要做得更多。

步骤一：界定——品牌目的创新

品牌不是关于你做什么，而是你能让人们做什么；品牌与人有关，而非产品；品牌与顾客有关，而非企业（见表3.1）。

传统品牌思维	"游戏改变者"品牌思维
品牌与产品和企业有关；体现所有权、公司传统以及与其他产品在功能上的差异。寻求各种机会吸引顾客，但受制于预先设定的功能和范畴	品牌与顾客（人）和热情有关。体现人们成为什么、需要什么。通常是感性的，且与目标顾客相关联，无限制地传递品牌蕴含的想法理念

表 3.1　品牌关于什么

品牌不仅关于	目前的品牌更多的是关于
形象	期望
承诺	体验
差异	共鸣
价值	精神
持续性	凝聚力
认知	参与
个体	分享
魅力	许可
喜好	热爱
联系	动向

　　一个出色的品牌是你生活中需要的，当你周围不断发生变化时，你仍然会信任的；能够体现你是哪种类型的人或帮助你成为你想成为的那种类型；让你实现不可能。

　　最初的品牌仅仅是作为所有权的标记而产生的，它们更具事实性、内省性——最好的化妆品企业、最具创新性的技术解决方案，或者是最传统的纯手工制作鞋的企业。它们依赖于公司的名字和标识，通过品牌口号或标语来体现自己，并用通用方式进行传递。

　　就像企业内部的使命陈述，它完全吸引不了顾客的注意；不仅没有与顾客建立联系，还不能准确地描述顾客的世界；在激烈的市场竞争中，也很难顺利站稳脚跟，被取得信任。同时，由于在灵活性及向其他市场拓展等方面能力的不足，它还会受到诸多限制。

　　当品牌与顾客相关联，并能体现出顾客归属和需求时，这意味着品牌正吸引着顾客。这些品牌能够明确顾客需要做什么、成为什么或归属什么；还能捕捉到顾客的期望，至少是关于什么对他们是有益的。

一个品牌是建立在业务宗旨的基础之上的，它以明确且令人信服的方式体现内在理念；不仅与顾客紧密相连，还能在众多产品中脱颖而出，与人们站得更近。

当任何事物都在改变时，品牌能够成为顾客生活中的"锚栓"，因为它代表着一些熟悉且重要的东西。但是，品牌还必须随着市场和顾客群的演化而调整，比如进入新的市场或采取多样化的行为。

一个出色品牌的设计并不能服务于所有人，而只能是它的目标顾客群。在此过程中，它试图与顾客建立密切关系，让顾客产生偏好，鼓励顾客的购买行为，并保持一定的价格溢价；同时，它也努力留住那些最佳的顾客，建立起顾客的忠诚度，引进新的服务产品。

品牌身份、沟通和体验的设计是为了反应目标顾客。我们看看来自美国的熊宝宝工作坊（Build a Bear Workshop）的商标、商店布局和所有活动的设计都跟孩子有关，不仅是儿童，还吸引着其他年龄层的顾客群。再来看看苹果（Apple）的设计，从它的商标到员工统一黑色 T 恤的着装，再到产品的外观设计，它们时刻捕捉着现代、时尚、简约的气息。

如果一个品牌试图为一部分目标群体服务，这也意味着该品牌需要疏远另一部分群体。

斯科特·贝德伯里曾经为耐克和星巴克做过广告经理，他说：出色的品牌会让人们出现两极分化——一些人喜欢他，而另一些人则讨厌他。巴塞罗那足球俱乐部不可能成为所有人都喜欢的俱乐部，但是对于他的粉丝来说这就是一切。麦当劳是天堂，亦是地狱。一些人喜爱 Mini Cooper，而也有人认为这种车型是搞笑的。

为了找到品牌的目的，我们必须认真地观察世界，明确顾客的期望所在和偏好。然而，顾客本身和其感知通常是脱离的，比如它们并不一定生活在其原本应该归属的群体中，它们以一种更混合、更老练的方式生存。

这种"重新界定"为明确品牌及其目的创造了很大空间（见图 3.4）。以移动电话公司为例，除了通信业务以外，我们将其重新设定内容作为顾客的日常消遣，提供网络等服务让顾客能随时随地增进与他人的距离等。通过这种重新的设计，我们必须找到其中的核心理念，这就取决于你是否想为人们做任何事，或一些特殊有意义的事。前者更容易。

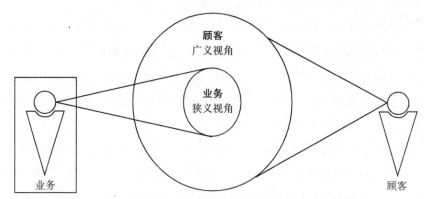

图 3.4　站在顾客视角重新界定品牌创造更多创新的机会
资料来源：彼得·菲斯克的《顾客天才》。

品牌的"心脏"就是我们所指的核心理念或者品牌目的，它们能成为"你做什么""为什么存在""如何让世界变得更好"的指导方针。我们要从内部认识品牌的本质理念，通常它们以更加富有创意和易于记忆的方式体现出来。

● "可口可乐"与快乐有关：快乐是指能带来笑容的任何事物。我们的目的是为了在全世界传递微笑……更有创意的说法就是"打开快乐之门"。

● 绘儿乐（Crayola）与创造力有关：我们相信每个孩子都需要释放自己的独创力……帮助家长和教育工作者培养出富有创造力的儿童……更有创意的说法就是"想象一切"。

● 巴塔哥尼亚（Patagonia）与环境有关：我们的业务及品牌能够激发和快速应对突发的环境状况……更有创意的说法就是"如果没有解决方案，那就没有创造的必要"。

品牌不只与文字、标语、形象和颜色有关，还与业务本身、文化、产品及其功能有关；更是与人、人们的期望及如何让人们获得更多有关。面对一个品牌，从消费层面来说，人们的情感是显而易见的；从业务层面来说，同样的运用是为了帮助人们实现自我成长。在某种意义上，品牌最终维系是为了让生活更美好。

案例研究：多芬，一个关于真我的品牌

多芬"真美行动"（Campaign for Real Beauty）可以追溯到 2004 年的巴西。

这一理念一度引发人们对于"真美"的思考，而成为业内关注的话题。之后，多芬推出了一系列广告，广告中通过事先选择的一些女性，先让她们对自己进行基本描述，然后由其他陌生人通过观察来描述。你会发现陌生人对她们的评价要高于她们对自身的评价："你比你想象中的更美丽。"这段视频的前两个版本在上传到 YouTube 后的两周内就得到了超过 3500 万的点击次数。

在联合利华主管品牌开发的副总裁——费尔南多·马查多的带领下，这项运动被分解成多个组成部分。广告展现了女性真实的一面，真实的美丽存在于不同的外形、身材、年龄与肤色之中，每个女人都是美丽的。路过的人会被邀请参与到相关的投票中来：模特是"有些胖还是依然极好的""有皱纹还是依然很出色的"，这些数据结果会实时更新。到 2015 年，这一品牌已吸引了 1500 万名女孩的注意。多芬还与其他民间组织进行合作，比如在社区关系方面，多芬联合美国女童子军组织发起了一个叫"独特的我"和"这是属于你的故事——讲述吧"的项目，旨在帮助 8~17 岁的少女提高自尊和自信。一年一度的自尊周也旨在激励母亲多与女儿沟通什么是美丽、什么是自信，因为母亲对于其女儿的美感表现，扮演着重要且正面的角色。

多芬就是这样的一个品牌：它能让我们的生活更美好，它能用特定相关的方式与更深层次的事物相联系，不断地挑战自我、挑战这个行业，带着全新的态度、视角和目标来引导消费者做出改变。这种洞察力来自于深入其中的实践调研，通过与消费者和专家团队的合作，咨询小组再发起、带领整个运动的展开。此外，多芬还制作了"蜕变"等挑战传统审美的短片，展现要让自己拥有一张"模特脸"所需要付出的努力，这一短片一曝光，其价值就已超过 1.5 亿美元。通过平台建设，引发大家对美丽内涵的思考和辩论，其产品也覆盖了多芬洗浴秀发护理和男士护理等多个系列，并远销世界 80 多个国家或地区。

步骤二：创造——品牌理念创新

品牌不仅是一个名字或标识。这些只是企业丰富阅历的象征，并通过故事、企业行为、产品和服务来进行传递。

传统品牌思维	"游戏改变者"品牌思维
品牌与身份和形象有关；它们是能够增强产品感知价值的符号；主要通过广告宣传来继续意识	品牌与参与和体验有关；它们是人们参与到企业中来的一个重要平台；让人们从参与中获得更多

瑞诺瓦（Renova）是一个葡萄牙的卫生纸品牌。它曾经这么质疑：为什么所有的卫生纸都是白色的。毕竟，这是每个人都要用的个人产品。为什么不可以给卫生纸赋予情感呢？它可以是彩色的、调皮的、充满活力的，甚至性感的。于是瑞诺瓦推出了黑色的卫生纸，这造成了很大的冲击；随后又相继出现了石灰绿等颜色。当大多数竞争者都在谈论个人卫生和便利性、三层或四层纸的相对效益时，瑞诺瓦则又开始思考"地球上最性感的盥洗室"了。

品牌理念应该是一个更大的想法，名字和标识只是体现这个更大想法的速记方法，产品和服务让这个想法变得具体、真实，从而产生后续包装、定价、销售，及服务类型和沟通等事项，这些都是品牌实体的组成部分。苹果专卖店提及较多的可能是它的产品 iPad；星巴克咖啡调理师跟它的咖啡一样重要；新加坡航空客舱里的味道及其印在头枕上的标识都是非常有特色的。

这些都是品牌的复杂形态。然而品牌并不意味着简单描述，它更侧重于实现层面——它为人们做了什么，而非它是什么。这可以通过三个组成部分来说明：理性、相对性、感性（见图 3.5）。

图 3.5 围绕"让人们做得更好"进行品牌理念创新

- 理性：品牌能让顾客做什么？［耐克并不仅是运动鞋或运动装备，而是人们做运动，比如跑步。］
- 相对性：为什么品牌能让顾客做起来存在差异性，或者更好？［耐克并不仅是跑步，而是比以前跑得更快、更远。］
- 感性：如何让人们觉得这是品牌的结果？［耐克代表着做得更多、做得更好并取得胜利的一种态度——想做就做，永无止境。］

把这些部分连接起来就是品牌的核心理念，它应当与企业品牌的经营宗旨存在很大的相似性，但也许以一种更有创意、速记的方法体现出来。

案例研究：红牛品牌的沉浸式体验

红牛"给你翅膀"……这是一个能提高你肾上腺素，使你达到极限并创造不可能的品牌。当然，这只是一款咖啡因的软性功能性饮料，有时甚至被人们称之为"液体可卡因"，但是这个品牌富含了更多的感情色彩，我们可以在一些特定的极限运动、人物、团队和全球事件中看到红牛的身影和它们之间的关联性。

从驾驶飞机穿越多瑙河的红牛特技飞行大赛到业余参赛队员驾驶自行设计制作道具的红牛创意飞行大赛，还有诸如红牛越野摩托车赛、波士顿红牛悬崖跳水系列赛、红牛肥皂盒赛车等大量赛事，这一品牌让观众充分参与并融入到了激烈的体验中。红牛不单是这些赛事的赞助商，还是组织者，同时也是参赛团队的老板。因此，红牛在这种沉浸式品牌体验过程中具有完全的控制力。《红牛小报》这本期刊每月可以销售480万份，与此同时，他在Facebook网站上也拥有近4000万的追随者。

追溯到1987年，那时曾在宝洁（P&G）亚洲地区分公司任职的奥地利商人迪特利希·马特希茨到泰国曼谷出差，由于刚经历一段很长的飞行旅途，他瘫坐在酒店的吧台上，这时，走过来的泰国女服务员说道："我知道你现在需要什么，先生。"她拿回了一罐当地的Krating Daeng饮料（Daeng意思是红色，Krating指的是一头庞大的野牛），据说其原材料中含有公牛的睾丸素。没过多久，马特希茨就又重新精力充沛了，返回奥地利之后，他重新修改了这款饮料的配方，并推出了一个全新的品牌。

当然，"极限"是需要不断创造、提升的。2012年，在美国新墨西哥州，奥地利冒险家费利克斯·鲍姆加特纳在"红牛平流层"计划的帮助下，成功完成了从海拔3.9万米的"太空边缘"跳伞的壮举，并打破了载人气球最高飞行、最高自由落体、无助力超音速飞行等多项世界纪录，当时有超过1000万的民众在现场目睹了这次极限纪录的产生，而有近3500万的民众通过观看YouTube视频、阅读新闻报刊或观看纪录片的方式了解到了这次惊心动魄的时刻。尽管这项活动耗资巨大（4000万美元左右），但却有超过10亿人参与到了这项品牌创造中来。

事实上，红牛旗下的媒体工作室已经成为了名副其实的利润中心和绝对的媒体企业，这是新兴品牌企业中一个非常有意思的典型案例。当很多大型品牌在原有公司结构的基础上，成立所属品牌企业时，通过注册登记专业业务单元的方式却能获得一定税负上的优惠。当应缴税额减少时，公司扩大了的真实收益就能在产品的基础之上推动品牌的构建，而且以一种更为聚焦的方式来展开。在"思想和网络"的世界，企业经营结构、品牌和理念就能够成为独树一帜、极具价值的载体。

步骤三：共鸣——品牌故事创新

广告不一定有效。大众市场的广告战总是打断你最喜爱的电视节目，销售你根本不需要的新车，这样的广告当然不会起作用。

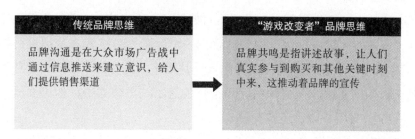

传统品牌思维	"游戏改变者"品牌思维
品牌沟通是在大众市场广告战中通过信息推送来建立意识，给人们提供销售渠道	品牌共鸣是指讲述故事，让人们真实参与到购买和其他关键时刻中来，这推动着品牌的宣传

品牌需要找到与顾客更有关联的连接点。在我们的日常生活中，我们每天都要接收差不多 3500 条商业信息的轰炸，作为品牌，你需要找到与人们能够进行更深入连接的方式。品牌与它们的世界有关，随时随地都跟它们保持着联系。目前，沟通可以通过很多媒介方式来实现——从电视到广告牌、从邮寄广告到电子邮件、从组织活动到赞助、从网络到移动手机。

在所有这些当中，手机可能是最具颠覆性的。它可以在不同时间、不同地点利用"大数据"的潜能，针对个人进行沟通交流：当你走进商店时，鼓动你购买你喜欢的品牌；看体育节目时，与你互动；购买时得到来自朋友的建议。手机同样能与其他媒介相互配合：对电视广告作出文字响应、对品牌活动进行投票。

双方的动态关系应该是拉动（吸引顾客）、而非推动。每个顾客都以自己的方式保持与某类品牌的联系，这是双向互动的。过去，品牌投入大量预算让顾客产生意识，但是现在更多的是关于对考虑购买或正要购买、使用、推荐给其他人及重新购买该品牌的影响。品牌主张远比广告宣传更有威力。相比品牌自己所描述的，人们更愿意相信来自朋友的推荐。

品牌传递的信息也同样变了，它会站在顾客立场进行表达——它们在哪里？它们试图获得什么？专注于什么原因导致无法实现，并建立起需要改善的渴求；然后，再推出这一品牌，告诉顾客它能帮你实现更多。以前推销员的宣传腔调为

"我想告诉你关于……"，但恰恰相反，现在更倾向于讲出能更扣人心弦的故事。

当户外运动品牌巴塔哥尼亚开始宣传他近 500 美元的羽绒服时，它打了这样的标语："不要买这件羽绒服"，效果恰恰相反，其销售量居然增长了 30%。当联合利华旗下的洗衣粉品牌"宝莹"（Persil，大家所熟知的奥妙），了解到目前儿童的户外时间非常少，他们都希望自己的生活更充实丰富，于是打出了"污垢是好事"①，但起初人们并不领情，随后才开始慢慢理解这款洗衣粉以及如此大胆的想法确实非常好。

当南非航空 Kulula 降落时总是提示目的地名称不准确时，飞机上的新手可能会糊涂了，乘客可能也会笑，因为这就像一个玩笑。2013 年在美国进行橄榄球"超级碗"大赛时，由于断电，场地陷入一片黑暗，此时饼干品牌"奥利奥"的销售者突然活跃起来，几分钟内就用推特发送了"黑暗之中，你仍然可以泡一泡"②的推文，并一下成为了转发最多的广告。

这些品牌当然脱颖而出了，因为它们传递的故事太富有感染力了。人们注意到这些品牌，是因为它们极具差异性。不要说比起竞争者，我们的品牌要好一点点，或者便宜一点点；而是要说自己不一样的地方，充分考虑到顾客的需求。通常以有趣或者刺激的方式，展示出该品牌所具有的个性、幽默。

共鸣要求品牌深度参与、融入人们当中，关于人们自身及他们所处的世界，在他们所处的时间和地点。不仅是深度，还需要感动人及保持关联性等。故事讲述是实现上述要求最有效的方法，也不会受到时间推移的影响。这是因为它受到更多个性化、实时的行为活动的支持，比如社会媒体。与用户合作、共创故事内容，或者使用微博、推特等用户生成的素材还能增强故事、交流的效力。品牌所有者发现关于"品牌到底要说什么"已经不是他们所能控制的了，让顾客来选择反而变得更有趣、更具有信任度，这样的结果当然会更有效、更有传染力（见图3.6）。

---

① 该广告语意味着"说明你有自由"。
② You can still dunk in the dark，也有"即使在黑暗中，你仍然可以扣篮"（一语双关意）。

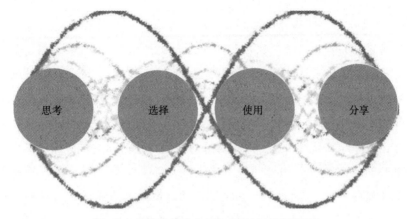

图 3.6　品牌共鸣集中于在关键时刻影响顾客

资料来源：彼得·菲斯克的《游戏改变者》。

案例研究：上海滩，亚洲文化的完美体现

　　上海，具有异国情调的魅力，是一个充满无限机遇的城市，当然也伴随着风险。20 世纪二三十年代的明星们，从查理·卓别林（喜剧演员）到阿道司·赫胥黎（英格兰作家）都曾在作品中描绘过上海的港口，忙碌的船只，充满艺术气息的酒店、影院和当时的鸦片馆等，这就是文化的吸引力，就像俄罗斯移民与美国人的文化交融、日本爵士乐与法国香槟的糅合一样。

　　上海被称之为"东方小巴黎"或者"东方的纽约"，这座城市也正是这样被人们所熟知的。

　　一个世纪后，上海滩的全球执行总裁雷富逸自担任该职位以来，一直都致力于上海滩品牌全球化的推广和作为中国第一奢侈品牌的定位。他的新产品发布总能吸引一大批人的关注，特别是在其对中国式优雅文化的展示上；不仅如此，他还充分结合了现代化的元素。在聚光灯下，伴随着音乐的响起，令人惊艳的亚洲模特踩着优雅的猫步缓慢地从舞台深处走来，这就是上海独特的风格。

　　古时候的人是怎么制作这种服饰的呢？那些帝王看到用如此方式来展现女性魅力，又会有怎样的反应呢？在以前，政府会允许进行这种展示吗？不可能。然而在现代，观众会很享受其中的每一瞬间。

　　"上海滩是中国五千年传统文化的最佳体现，而这种传统在 21 世纪被充分地挖掘了出来。"作为接受英国教育的中国（香港）企业家，邓永锵这么说道：是

他在 1994 年推出了"上海滩"品牌。

时尚品牌能够真正诠释、代表了一种全新的中国文化——其风格、创造力和带来的财富迅速替代了许多传统的形象，无论是廉价物品，还是贫困的现状——而对上海滩来说，这并不是一条顺畅的路程，当然它也同样担得起这一名字。

在最初的五年，上海滩的门店吸引了数百万的到访者，其焦点就在于奢侈的定制服饰，当时店里雇用了一些上海最好的裁缝师傅，随后，其迅速扩大了高级成衣的制作，以此来吸引国外的到访者。其产品类型从中国传统服饰和手工艺品，比如亮丽的旗袍、"苏西黄"礼服，到男士丝绒外套、银制碗器和彩绘灯笼等，均有涉及。

1997 年，邓永锵将"上海滩"的大部分股份卖给了属于世界上最大奢华品牌集团之一的瑞典历峰集团（Richemont），其旗下拥有万宝龙（Mont Blanc）、克洛维（Chloe）、登喜路（Dunhill）、卡地亚（Cartier）等知名品牌。上海滩希望自己的品牌能够注入西方资本，从而以最快的方式出现在纽约麦迪逊大街的广告设计牌中。虽然他的店开得无比华丽，但美国民众并不买账。低销售额、高租金，以及当时的亚洲金融危机、SARS，也包括刚接手的这位苛刻的新主人，让他意识到此时他正面临着巨大的麻烦。

2001 年，对奢侈品品牌有一定造诣和经验的雷富逸则努力将该业务引入正轨。他果断缩小了在美国的市场目标，并中止了多项国际拓展方案。他重新将其定位在了中国市场。随着国内游客市场的迅速扩大，美国游客来中国旅游的数量已经远远超过中国游客去欧洲旅游的数量，这说明中国建立自己奢侈品市场的机遇已经来了。

雷富逸从辛辛那提招聘了一位亚裔美国人——乔安妮，来担任营销和创意总监。乔安妮非常热衷于中国的历史、文化和社会环境，并为之所吸引。她指出目前上海滩的已有产品对当地人来说性价比不高，并且不具备足够的可信度。

乔安妮重新赋予了"上海滩"新的内涵，不仅更加凸显了现代感，还让其与人们保持了高度的关联性。因为品牌需要这种真实性和相应的深度。她不断挖掘揣摩着中国文化，试图找出每一季的主题。她会经常出入艺术画廊、博物馆、古玩市场，去寻找灵感。当然，也不单如此，她对流行文化也是非常熟悉的。

服装不仅要体现奢华感，还要让人感觉有一定的声望。与此同时，实用性也是必要的。乔安妮建议暂停旅游纪念品相关的销售，而将重心放在服装上。她作了一款全新的设计，精巧而且别致；中国式立领、多节纽扣、传统的龙式图案，其灵感甚至来自于古代皇帝的龙袍。令人吃惊的是，这些典型的中国式特色在乔安妮的设计下，居然能与现代牛仔系列融为一体，互为搭配。

雷富逸和他的团队一直坚定地走在成功的道路上。中国经济的迅猛发展，人们对时尚的热忱，仿佛始终停不下来一样。邓永锵对此当然也很高兴，毕竟这是他创立的中国第一个重要的奢侈品品牌。

步骤四：集聚——品牌方案创新

品牌的作用要远超产品本身能够带来的，除了具有高度的承诺性之外，还能建立起一个平台来引进更多的产品或服务。

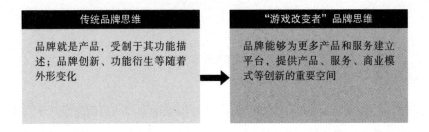

传统品牌思维	"游戏改变者"品牌思维
品牌就是产品，受制于其功能描述；品牌创新、功能衍生等随着外形变化	品牌能够为更多产品和服务建立平台，提供产品、服务、商业模式等创新的重要空间

IBM 的"智慧星球"品牌理念就是一个广泛而持久的品牌平台的典型案例。它将业务触角延伸到各行各业，帮助其他品牌产生出个性化、丰富的故事内容。它能给各种产品和服务提供支持，受众群体可以通过不同方式来获得这种支持；此外，它还能激发并加快持续创新，创造添加新主题的环境，帮助新理念更快地融入市场。

但并不是所有的品牌平台都是这么宽泛的，比如索尼推出的 Vaio 品牌就创造了一个仅关于智能、时尚硬件的平台。吸引人们的是 Vaio 的理念，而非具体的产品。同样地，像宝马的 Mini 这类汽车品牌就能应对不同用户的多样化需求，而这被企业更大的理念所驱使。

事实上，品牌平台对用户来说更具战略性、感性，更吸引人；因为创造了包含大量产品、服务和体验的空间。这些内容可以被集聚在一起，并针对每个顾客配置个性化的方案。通过品牌的合作、不同价格点和收入模型的设置，企业商业模式就可以变得有弹性，其综合体验也能适应不同的环境（见图3.7）。

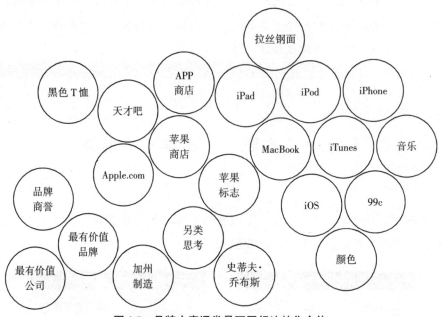

图3.7 品牌方案通常是不同想法的集合体

资料来源：彼得·菲斯克的《创意天才》。

从根本上来说，品牌是多种想法、符号的集合体，并伴随着一个"超大理念"在其中。这些细化的理念可能是一种心愿、一个故事、一类产品或服务、一种渠道或定价模式，抑或是一个亲密伙伴、一条分销途径、一种商业模式或服务类型、一项独特内容或参与方式，它们共同形成了品牌的分子结构。事实上，这种"自下而上"的开发平台方式，正是通过先筹划小的分子组成，再从中找出更丰富、大的主题来完成的。伴随着不同时点组成元素的演化变动，品牌所包含的不同分子组成可以由不同受众者来塑造。

案例研究： 美则（Method）——家居护理产品的颠覆之举

亚当·洛瑞和艾瑞克·赖安两人是儿时非常要好的伙伴，随后他们也变成了（用他们的话说）"精神上的挚友"，他们共同创办了美国当地飞速发展的消费品品牌之一。亚当主要负责设计和营销，而艾瑞克则专注产品化学工程研究。目前，他们的主打产品名为美则；而在此前，他们在清洁产品方面经历了意想不到的挫折——毫无新意的设计、存在会导致环境污染的不良成分，甚至有些产品的清洁效果也很糟糕。他们声称要生产能够抵御任何污垢的产品，让人们能够拥有整洁干净的环境；与此同时，其清洁产品不会包含任何有害于环境、有害于人们身体的化学成分；设计上不仅更加新颖、时尚，还能让人在使用过程中保持愉悦的心情。

随后，他们做了大胆的尝试，将混合皂配方放在啤酒瓶中，并标注上"不可饮用"的提示语。2001 年，他们成功推出了品牌理念为"抗污斗士"的美则品牌，并宣称是清除全世界污垢的"超级英雄"。亚当认为人们在使用他的清洁产品时，能产生自豪感、愉悦感，比如瓶身可以使用香水瓶，不仅如此，闻起来也是非常好的。艾瑞克则清楚地知道该如何把它们制作出来。用他们的话来说，他们"整装待发去拯救世界，并试图创建一整套的家庭护理产品……产品使用起来非常的温和……你能够在一个下午就把整个家清洁干净"。

Mollie Stone，这家位于加州的便利超市是他们的第一个客户，在超市里面，摆放了他们一整套的清洁产品。虽然产品很好，但并没有脱颖而出。事实上，产品的包装设计能够给予一定的市场反馈；随后，他们尝试将洗涤液装入沙漏形的瓶中；这一做法也让其在一年内就实现了产品能够在全国各个塔吉特超市销售的机会。2003 年，他们的设计师卡里姆·拉希德还获得了相应的奖项，特别是洗手液泪滴瓶的设计。

他们将自己对与众不同的产品态度称之为"人类的宣言"——"我们通过彩色玻璃来看待整个世界""走出去，与任何污垢做斗争，每天都能很满足地深呼吸一下，晚上美美地安睡""我们着迷于一切闪光的事物，比如干净的盘子、整洁的地板，甚至路边那些优雅的公共雕塑，当然诺贝尔和平奖对我们来说也是非常吸引的""最重要的是，我们相信所有黏糊、熏人、刺鼻、令人作呕的污垢才是人们的头号公敌"。

4 年里，该品牌就实现了国际化——分别进入加拿大、英国市场，也包括浓缩洗衣液等产品。它们非常关注产品的环境认证，保证每瓶产品都可以实现百分百的生物降解，并获得了善待动物组织（PETA）颁发的相关奖项。公司的成长是迅速的，产品的范围也在逐步扩大。美则被 *Inc.* 杂志评为全美成长速度最快的公司之一。

一年之后，亚当和艾瑞克又成立了B公司，实现了组织的非营利网络，共同致力于"通过商业力量来解决重大的社会、环境挑战"。除了自有品牌美则外，他们还吸引了不少品牌的加入，如本杰里（冰激凌品牌）、Etsy（电商品牌）等数百家企业；他们共同分享实践经验和相关的资源，构建一致的标准认证和共享平台去实现更好的商业环境。

步骤五：可行——品牌体验创新

品牌体验是顾客在购买和使用该品牌时所引发的互动、亲身经历及所感知的整体，不论是对产品品牌还是服务品牌都一样重要。

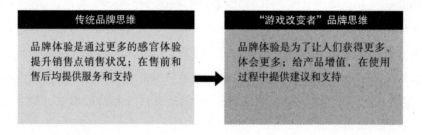

传统品牌思维	"游戏改变者"品牌思维
品牌体验是通过更多的感官体验提升销售点销售状况；在售前和售后均提供服务和支持	品牌体验是为了让人们获得更多、体会更多；给产品增值，在使用过程中提供建议和支持

走进 Abercrombie & Fitch（A&F）的店内，你会迅速被吸引：一股充满年轻活力的香水味，西部风格的内部装饰、印刷设计及陈列的服装范围。沿着商场走就可以看到 A&F 旗下的另一品牌 Hollister，它看上去就是完全不一样的气味、外观，感觉自然也不一样了。如果你在加利福尼亚州，它的品牌商标就不同，但是很多衣服款式仍是一样的，这么做也是为了吸引不同需求的顾客。再走远一点，就是另外一个旗下新品牌在等着你——Gilly Hicks。

品牌体验是沉浸于品牌个性中的一种方式。

无论是咖啡吧、商店、银行还是航空公司，这种体验更是一种整体思维的过程。顾客体验中真实的东西及自己感知的东西，都是品牌的组成部分；从店铺设计、装饰、氛围到灯光、音效、味道等，从商品摆放、货架配件到员工着装、服务类型，从商标到结账单印制的小符号，这些都是品牌体验的组成部分。

有一家剧场，在这里看到、感觉到、想到的任何东西都在顾客大脑里形成了对品牌的感知。这不仅是一个剧院，除此之外，还可以用作其他用途，比如教育、娱乐、训练等。请看下苹果商店后面的工作间，在那里你可以用你刚买的MacBook做些令人惊讶的事情；再请看下美国的创客空间 TechShop，你可以在里面做东西、购买部件然后组装，俨然一个工作室；还有阿迪达斯商店，店里不仅有更衣室还有淋浴间，你可以跑完步后直接逛商店。

如果你仅仅是为了生产产品，那么这很难创造出有效的品牌体验。即便你有具体的产品，但是你跟你的终端客户仍然存在很大的距离。这就是零售品牌，包括私人超市品牌之所以更吸引人的原因。但是今天的零售行业，在品牌的品牌特性还是服务特性上已经没有很大的差异了。每个产品都可以提供服务，帮助人们如何有效、最大限度地使用购买的产品：比如食品品牌会提供相应的烹饪和营养搭配的建议、主题公园会提供儿童谷类早餐、洗衣店会提供家居清洁服务。

最典型的例子来自于哥伦比亚这个品牌，作为该国最大的咖啡种植者，在早期它主要是将自己的优质咖啡以普通的商业价格卖给包装户或咖啡店：2 美分的咖啡豆通过别人的品牌化效应就变成了 2 美元。于是他们决定创建自己的品牌Juan Valdez，如今该品牌已经成为该国最领先的咖啡品牌。同样，它也是本土最可靠、最具特色的。在咖啡种植园中人们骑着驴、穿着斗篷，但正是因为品牌的树立让他们最终提升了自己。随后，他们还拥有了自己的咖啡馆，最有特色的莫过于店内的哥伦比亚装饰、音乐，以及店外站立着的一头驴。相比星巴克，人们更喜欢这家店。

同样，品牌体验的合作性也越来越高。事实上，这更应该是顾客的体验，而不是企业的体验。这是为了帮助顾客做出更恰当的选择，展示出更多的内容，比如亚马逊会在你挑选商品时提出建议、高档服装品牌 Jaegar 甚至还将竞争者的品牌放在自己的店内让顾客选择。这就是产品的共创，类似于耐克店内的 Nike-ID 定制，顾客可以支付额外的费用来选择颜色或增加自己的姓名等。这还有点像无限 T 恤（Threadless），顾客可以在网上提交自己的 T 恤设计，然后投票选出最好的；其中，前 50 名将获得 2500 美元的奖励；在新一轮开始之前，他们的设计会被制作出来，并仅在一个月内销售。

每个品牌都能传递出一个丰富的、人性化的、可行的体验。品牌体验的独创设计不仅能够推动销售，还能通过价格溢价实现增值。现在，品牌体验的着眼点已经超越了对销售的需求，其更是为了帮助人们更好地使用产品或服务，从中获得更多，实现他们想得到的。那么，这么做的目的是什么？学者指出一个被留住的顾客，他的价值是同样一位潜在顾客的7~8倍。不仅是因为他们买得更多，而是因为他们能够告诉其他人。正是对产品的支持，这才使这种体验带来了更高的投资回报率（见图3.8）。

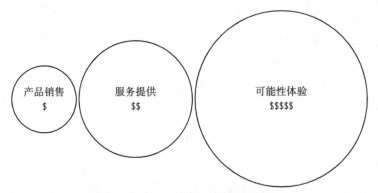

图3.8 品牌体验让顾客获得变得更有价值

案例研究：欢迎来到世界上最伟大的银行——安快银行

"爱上在安快银行的经历……希望我们的客户在这里真的无比开心"，你不会在一家"严肃"的银行看到这样的标语，特别是在经济困难时期。但这家银行却非常独树一帜，甚至在很多方面，"传递一些好的（这个世界总是需要更多好的事物）"，以及"投资你自己"等标语会让客户陆续来这里申请贷款业务。人们对安快银行也表达了喜爱之情。世界上是否还有其他银行会让你产生购买一件T恤或棒球帽的想法呢？

安快河穿梭于俄勒冈州茂密的森林和崎岖的峡谷中。这一带丰富的林业资源导致伐木产业也非常繁荣。1953年，安快国家银行成立，开始为当地一个叫作坎宁维尔地方的人们服务。在伐木产业开始走下坡路的前40年里，这家银行逐渐成长为拥有6家分支机构的银行，资产达到1.5亿美元。

安快银行的前任管理顾问雷·戴维斯当时坚信他能为这家国家银行做些什么，并在这家银行申请了相应的职位。他告诉董事会："如果你想维持现状，那么我不是你们要选择的人，但是如果你想进行彻底的变革，为股东创造更高的价值，那么我就是。"

1994 年，戴维斯开始正式投入工作，并带上自己的员工学习 Gap 和星巴克这两家企业丰富的零售体验。他将原来的分支银行重新设计成商店或者聚会场所等，里面有舒适的沙发，还有杂志、咖啡、饼干。他替换掉了柜台后操作的工作人员，取而代之的是礼宾台和迎面走来专门为你服务的工作人员。

在过去的 16 年里，安快已经赢得了最受尊敬企业和最佳工作场所奖；即便是在动荡和产业衰退的环境下，仍然能够在同类竞争者中保持前列。

戴维斯相信任何时候都会面临的挑战应该是"窘境找上门之前，就找到了变革的出路"。这家银行目前已经拥有超过 200 家的店面，范围可以从西雅图一直延伸到圣何塞，资产已达到了 11 亿美元；其战略目标是将银行构建成一个生活化的品牌——与人紧密相连，而非流动的金钱。

安快 15 年的成长业绩与其产品无关，因为这在任何一家银行都是一样的，当然，安快的核心业务仍然是金融方面，它将重心更多地放在了整体运营上，它从人、从客户开始，通过单纯的方式来吸引人、鼓舞人，最终实现理念上的一致。

你可能会注意到银行里巨大的彩色墙上清晰地展示着当前最新的金融服务——"开启你的绿色账户""实现价值""商业自选"（根据客户需求设计，而非标准化的产品）。不仅如此，你可能还会在银行的英雄墙上看到这周当地一些人文纪事，这些都给了成功的餐馆老板以启发。

安快看起来与众不同……明亮、绚烂、时尚（受 Gap 的影响），产品介绍被巧妙地放置在架子上，银行里还设有读书俱乐部、电影之夜、社区会议、商业经验交流会，甚至举办一些主题游戏等。

安快听起来与众不同……该银行与一个乐队签署了合约，并参加了探索地方音乐栏目，它会邀请客户来听这些歌曲，将精选曲目做成合集进行销售；同时在星期五之夜进行现场演出。

安快闻起来与众不同……现磨咖啡"安快混式"（同时也按磅销售）的浓香，每次交易结束后给客户赠送的巧克力（尝起来也还不错）。

安快的"创新实验室"则走得更远。这是一家坐落在波特兰海滨的体验店；这家店充满了科技感，而这种科技感无不与银行业务紧密相关。里面还会有你所见过的最大的保龄球游戏项目。写字楼的白领通常会在午休时间穿着保龄球衬衣来这里玩游戏。

安快期待各种差异性，以此构建银行、客户、社区之间的独特关系，当其他银行毫无新意时，自己能更吸引大众，成为提升人们生活品质的全民品牌。

戴维斯坚定地认为银行业务不仅需要一个范式的转变，而且行业整体需要进行重新思考、重新设计和重新构建。当大部分银行认为他们没有话语权、没有竞争力的时候（除去那些依靠低利率竞争的银行），安快却指导了一场不一样的游戏。回到1994年，安快的市值仅有1800万美元。今天，尽管外部经济环境不容乐观，但其市值已经超过了15亿美元。

步骤六：联系——品牌关系创新

品牌非常积极地试图与顾客构建联系。事实是顾客更愿意与喜欢他们的人建立关系。

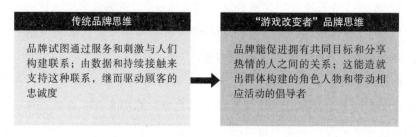

传统品牌思维	"游戏改变者"品牌思维
品牌试图通过服务和刺激与人们构建联系；由数据和持续接触来支持这种联系，继而驱动顾客的忠诚度	品牌能促进拥有共同目标和分享热情的人之间的关系；这能造就出群体构建的角色人物和带动相应活动的倡导者

品牌投入大量金钱试图与顾客构建联系并维持顾客的忠诚度。它们意识到稳定顾客所携带的巨大潜在的终身价值，因而想要人们能够信任并忠于它们。大数据的产生更刺激了它们用来引导顾客、预示并以物质刺激顾客行为的做法。

但是，人们并不待见这种方式，而且越来越讨厌这种单方面来维持顾客忠诚度的行为。优惠券、忠诚卡等通常只会带来更混乱的行为，而这正好与品牌的初衷相背离。事实上，它们所做的选择更多的是理性，而非感性；它们考虑更多的是如何商品化，而非如何提升品牌。

顾客对商品的信任很大程度上取决于身边朋友们的影响。当大家处于相同的情况下，大家会互相分享自己的爱好及想要得到什么。猫途鹰公司（Trip-advisor）曾更换给顾客的度假手册。因为人们需要的是真实性：好就好，坏就坏。这种手册并不能告诉他们真实的情况；而且光看手册，是很难进行行程比较，了解该在品牌的哪些方面做选择。

　　品牌能够构建商品和顾客之间的良好关系，甚至在忠诚度上；并把顾客与相同爱好的人群紧密结合在一起（见图3.9）。但这种情况很少发生。思考一下有多少人会围在同一家商店呢？即便是销售顶级葡萄酒、全新登山装备这类非常有特色的商店。我想应该没法给出答案。想象一下有多少人更喜欢在线购物。社会性是人的属性之一，他们喜欢分享自己对某些事物的偏好，倾听别人的看法和建议，然后一起做出相应的选择。所以品牌已经成为让不同人群建立关系的事物了。

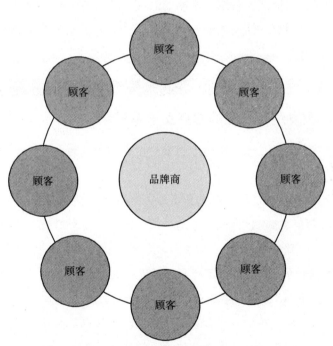

图3.9　品牌将分享共同目的和爱好的人连接一起

　　然而，群体构建是一项精美的艺术。在社会的不断变迁中，人们不断寻找着自身的价值，适合自己的传统方式，这些都不能被强加。当可乐公司尝试创建一个称为"可乐，我的音乐"的年轻群体时，年轻人并没有接受这种方式，他们认为这太过于商业化、可操控性了。当帮宝适为新妈妈们创建了一个分享经验和建议的平台时，妈妈们都表示很乐意，帮宝适做到了。这种群体必须是围绕人的，而非以品牌为中心。如果有合适的商机，那么这种商机必须与人紧密相连。如果品牌在关于顾客想要做什么这一目的上定义明确，这就实现了品牌与顾客的有效匹配。技巧就是为顾客提供正确的渠道、方式，让他们自己来形成群体。

出色的品牌能走得更远。当人们真正关心某些事物时，他们开始对这些事物产生热情——能够得到精神上的启发、奔跑时的喜悦、对社会的信仰、对某些事物的抵制。参与者为了实现、获得更多而变得更加积极。多芬引领了一项"运动"，而这不是基于品牌，而是基于成千上万相信真正美的女性。道奇（Challenger）这一品牌在这方面也很擅长，它也是基于人们对改变的需求来建立的。作为一个网络生活的品牌群体，Positive Luxury 充分调动参与者从不同品牌中获得需求，特别是它们能产生持续性影响的品牌，然后对这些品牌进行组织规划。

品牌已经成为拥有热情的人们互动的基石；为人们相信的事物创造平台，聚到一起，互听声音。

案例研究：激发运动潜能的耐克女子系列

耐克，这一名字源自古希腊的胜利女神——一位美貌、强大、优雅的女性。

然而对于其大部分历史，耐克公司给人的印象却是喧嚣、男性化和雄性十足。菲儿·奈特初次见到比尔·鲍尔曼是在俄勒冈大学，那时他正在努力成为一名中长跑运动员。但作为运动员，奈特并不是十分出色，而比尔·鲍尔曼却成为了他一生都奉为导师的长跑教练。不可思议的是，鲍尔曼后来成为了奈特的创业伙伴。从斯坦福获得 MBA 硕士学位后，奈特曾进行过一次日本之旅。由于对当时现有美国跑鞋的不满，奈特在日本发现了性价比高且轻便的跑步鞋，加上他在斯坦福的学习经历，他第一次对运动以外的事物产生了兴趣。于是，奈特和鲍尔曼各自出资 500 美元创立耐克的前身——蓝带公司，并开始销售自己品牌的运动鞋，他们的产品由日本厂家鬼冢虎生产（后来改名为 Asics，即爱世克斯）。

这两个人非常清楚运动员需要什么，并做了分工，奈特主要负责在当地销售，而鲍尔曼则专注于如何生产出更优质的运动鞋。1972 年，激烈的竞争环境促使他们需要建立自己的品牌，耐克就这样诞生了。

伴随着20世纪70年代的慢跑热潮，越来越多的体育项目开始盛行。带着赢得成功的热情和本身所具有的营销天赋，奈特让耐克慢慢介入了更多的运动，像篮球、足球、高尔夫等。在迈克尔·乔丹（篮球巨星）和泰格·伍兹（高尔夫球巨星）的代言支持下，耐克风席卷了全球的体育领域。到2006年，耐克总收入已经达到了150亿美元，利润达到14亿美元。

但是，任何商业模式都需要变革。人们眼光和要求变得越来越高，他们不仅希望能从整体上让自己看起来更专业，无论是从鞋还是到身上的服装，还要更时尚、更有风格。作为耐克长期以来的竞争对手，阿迪达斯后续收购了锐步，竞争局面越来越激烈；耐克虽然仍然是冠军们的选择，但在大众市场并没有大量需求。

组织需要与消费者保持更近的距离，世界上那么多不同的人选择耐克是因为他们相信耐克的产品会让他们具有优势，或者是看起来更酷。新任首席执行官迈克·帕克意识到他们需要近距离接触这些消费者，从中获得他们需求的更多反馈。"毫无疑问，今天的消费者对商业有极大的影响力"，他说道。

耐克的现有结构是根据鞋类、服饰、装备等不同业务单元独立运作的。将他们整合在一起又会出现很多问题，因为消费者的视角是分散的；产品创新和设计又过于技术化和产品核心化。只有在特殊场合，比如奥运会或者世界杯的时候，耐克的产品才会整体体现出来。

帕克希望耐克能与不同的消费者群体和他们的独特需求充分地融合在一起。他明确了六大细分市场，通过这些市场可以给企业带来90%的增长潜能。跑步、训练、篮球、足球、女子健身、运动装，这就是耐克细分的六大类；根据这些类别，继而形成专门的资源、创新和营销模式。细分类别，比如高尔夫、网球、儿童等可以在后续慢慢混合。"耐克女子系列"应该是全新业务中最引人注目的。

想要更好地了解耐克，你可以观看梅尔·吉布森的电影《男人百分百》。

尼克，一个花花公子，担任一家广告公司的经理；他认为自己是上帝赐给女性的礼物。在经历了一次意外后，他发现自己能够听到女性的真实想法。起初，当他发现自己表现出来的男人魅力并没有得到周围人的认可时，他是极度沮丧的。后来自己梦寐以求的职位又被给了一位叫达西的女性，她是一位非常有才华的营销专家。于是，他决定读取她的思想，并将她的销售设想据为己有，以此报复达西。

了解女性真正的需要，设计出了令人刮目相看的创意广告，这就是耐克需要做的。他发现相比男性，女性在运动方面会多花近40%；而且会为购买时尚的运动产品支付更高的价格。她们购买产品更多、次数更频繁；因此，搭配协调也显得更重要了。没人想穿与自己不搭的鞋子，或者穿着去年的款式。

回到俄勒冈比弗顿的"耐克校园"，海蒂·奥尼尔一直在为女性产品所努力，并试图将各个功能部分整合在一起，为女性提供更协调的运动方案。虽然她的团队取得了一定成功，但还需要经历很多挑战，无论是公司领导层，还是原有的产品中心。2007年，她顺利成为耐克女性业务的负责人，并继续带领着团队深入产品开发、运营来赢得市场和收益。

在与莎拉波娃（网球运动员）代言合作的基础上，耐克将重心放在女子健身、跑步、步行、有氧运动、瑜伽和健美舞蹈等几方面。如今，耐克女子系列商店已经开遍全世界。2004年，一年一度的耐克女子马拉松赛在旧金山首次举办，现今它已成为了全球最大规模的女子赛跑项目。耐克舞蹈健身运动、全新设计服饰、鞋类产品均与女性深度关联，并推动了耐克的稳步成长。

他们可能并没有让这种局面在20世纪70年代出现，但耐克和鲍尔曼却为此选择了一个好名字。

步骤七：拓展——品牌范围创新

围绕顾客期望，而非产品功能所界定的品牌可以横跨不同类别，为业务发展提供更快、更低风险的方式。

品牌拓展是一个有规可循但又有创意的过程。美国卡特彼勒（Caterpillar）从重型工程设备向服装、鞋类的延伸并不明显。但一旦其核心品牌的优势和可持久性被认可，那就说得通了。多芬从肥皂到沐浴露、洗发水的延伸就运作得非常好，但试图从温泉疗养到服装就跨度太大了（见图3.10）。

星巴克本身就是一个很好的品牌故事：它不仅将咖啡转变成品牌体验，还成为除了家和工作地之外的第三个场所。一旦其商店充斥了我们的城市，它们就会想要走得更远，比如超市货架或新的细分领域。Via速溶咖啡的诞生就证明了如

传统品牌思维	"游戏改变者"品牌思维
品牌拓展需要沿着产品的邻接关系展开，拓展到具有相似功能的类别，将单一产品品牌拓展为系列品牌	品牌拓展需要沿着顾客的邻接关系展开，通过拓展到帮助他们获得更多，围绕连贯的、相关的品牌目的展开

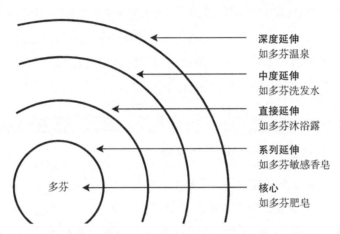

图 3.10　距离逐渐增加的品牌延伸及来自核心理念的风险

何通过创意实现品牌拓展的路径，从相邻类别中带来新效益，通过提供产品体验获得更大的收获。作为其原有品牌的相邻领域，星巴克试图创建果汁公司让其成为原有顾客的另一个选择，但这是有问题的。星巴克之所以被人们所辨识是因为它的咖啡，而非场所。于是，它们通过新品牌的创建为顾客实现新的第三场所，这一新品牌就是后来的"Evolution"。

相比功能性产品品牌，一个根据顾客期望而建立的强大品牌更容易拓展品牌内容：茶点品牌可能很轻易地跨越到饮料领域；旅游品牌可以从航空、酒店拓展到导游、观光领域。虽然具备生产制造能力来支持相邻类别的跨越是非常有用的，但这也可以从合作方得到，而且并非是增加客户体验的首要要素。

获得授权是拓展到不熟悉类别的最有效方式：虽然与顾客有关，但又不是你的专长。维珍航空会在各个部门寻找合作伙伴，就属于最终授权品牌——从航空到太空旅行，从银行业务到通信业务——谁能给维珍提供有效的品牌体验。这需要仔细了解品牌资产，寻找能够运营航空、银行等多领域业务的正确方式，这才能成为真正的品牌。维珍手机有什么不一样的地方吗？它的银行业务好在哪里？除了所有权和财务回报外，它还需要一个有效的商业模型来确保对品牌的持续性影响。

在做品牌拓展规划时，仔细规划所要采取的行动也是至关重要的。虽然新的类别可能看起来更有吸引力，但更重要的是强化和改变核心品牌的理念。一旦准备进行拓展，这里就需要关于不同类别准确进入的逻辑顺序以及各个阶段的支持性创新。这是一个品牌化和创新的过程，而这种顺序决定了成功还是失败。有时，这甚至意味着要对核心做出改变，正如 IBM 所做的，离开低利润硬件领域，转向高利润服务领域。不管怎样，公司战略需要结构化且深思熟虑后的执行方式来保护目前品牌和业务，同时认清最佳的市场机会。

案例研究："看步"并不仅是一双鞋

在加泰罗尼亚语中，"Camper"指的是农夫。

你会发现这家公司的所有故事和价值被包含在每一双彩色、古怪、奇特的看步鞋（Camper 的音译）中。这家来自西班牙马略卡岛的制鞋企业就喜欢做一些不寻常的事情。

我们可以看看这款鞋子——在一些款式中，左右两只鞋被有意设计成不一样的，有些鞋子的鞋底上也很有特色，他们会被印上一些富有哲理的诗句或语言。穿着这样的鞋子，就好像在与自己进行对话一样。

鞋子具有乡村的淳朴风，所以看起来不见得很时尚。这种设计源自地中海小岛屿上的独特文化和传统；即便到了现在，岛上的居民仍然根据自己的特色设计不同款式的鞋子，并进行制作。为了适应岛上的农作生活，抵御极端天气，他们必须有双非常耐穿和耐用的鞋子。

"充满想象力的行走"（Imagination Walks）随后也成为了看步品牌的广告口号。它意味着每双鞋都有它们自己的故事，以此激发穿着者的想象力。

这就是看步的故事：1877 年，一位叫作安东尼奥·弗拉萨的鞋匠创办了这家企业的前身，他的孙子洛伦佐·弗拉萨继承了这份讲求创意的精神，98 年后，也就是 1975 年创立了看步品牌。在快公司（美国著名商业媒体）的采访中，洛伦佐说道："当人们把我们称之为时尚品牌的时候，我不会感到高兴。我们并不属于时尚圈，我们只是不想自己过于被重视、过于拘谨。"

或许真没那么时尚，但却要保证足够流行。2007 年，看步的销售额就几乎达到 1 亿欧元，并一举成为西班牙当地的市场领导者。随后，它迅速在全球范围内扩建了 250 余家商铺，从北京到布宜诺斯艾利斯、从维多利亚到惠灵顿。

品牌的内涵远比鞋子本身要多得多。它正变成一种独特的生活方式、一种挑战传统的态度。

"齐看步"商店在设计时与当地艺术品和建筑整合为一体，这会给顾客提供比单纯的鞋店更多的东西。比如在巴塞罗那，商店的灵感来自于号称西班牙设计鬼才的亚米·海因。明亮大胆的基调，商店就像一个古怪的艺术长廊，同时也可以在这里购买到舒适的鞋子。在巴黎的商店看上去则好像还在等待设计师的到来，他会鼓动到访者在墙上随意作画，以此来表达他们的感受和创造力。

旗下还有看步酒店、餐馆等。巴塞罗那市中心的营地之家可以提供 25 间简易但风格独具的睡房，而且每个房间都有免费网络和 DVD 播放设备。它会提供自助服务、24 小时的快餐厨房、垂直花园、回收中心和探索这座美丽城市的免费自行车。沿街，你可以去有名的 FoodBall 主题餐厅、看步素食餐厅尽情享受美食。你也可以坐在地垫上，一边听着音乐，一边喝当地的有机啤酒。

你可以去网站，在虚拟世界中做上面提到的任何事情。"走一走"栏目可以让你穿着看步的鞋子，走在巴塞罗那大街上；或许你会路过"齐看步"商店，然后急急地走进 FoodBall 餐厅就为了看看新的菜谱，接着回到营地之家酒店，办理住店手续，顺便给新鞋子结账。

大部分品牌的设计是为了加速我们的生活节奏——比如电子产品对传统钟表的冲击力。但是体验与内在表达所带来的价值要远远超过金钱和物欲。当我们在无聊地等待下载网页时，看步会催促我们快速醒来，走过去闻闻花香，享受安静的片刻，而不是呆坐在星巴克里。

看步不是一个盲目跟进的品牌，他会按照自己的脚步慢慢走下去；他的目的是让人们享受生活，而不是任何用数字就能衡量的事物。塞巴斯蒂安·格拉齐亚在其著作《时间、工作和休闲》中捕捉到了看步带来的这种正面态度；书中这样说道："在人们什么事情都不做时——比如躺在床上消遣、毫无目标地散步、坐着喝咖啡，也许你能看出或判断他们的内在精神状态。谁都可以什么都不做，那么就让你的思想去远足吧。"

步骤八：优化——品牌组合创新

　　随着业务的增长，产品和服务的范围变得越来越多样化和复杂化。品牌组合需要聚焦点和基于顾客的品牌架构。

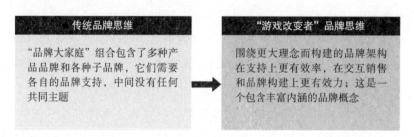

传统品牌思维	"游戏改变者"品牌思维
"品牌大家庭"组合包含了多种产品品牌和各种子品牌，它们需要各自的品牌支持，中间没有任何共同主题	围绕更大理念而构建的品牌架构在支持上更有效率，在交互销售和品牌构建上更有效力；这是一个包含丰富内涵的品牌概念

　　大公司需要与复杂性做抗争。这是因为公司长期通过多元化和一系列的并购实现成长，在原主旨基础上不断地添加新的实体。从顾客的角度，顾客会与很多个体品牌相关联，事实上顾客对这些品牌背后的公司极少有了解，甚至都不知道这些公司是做什么的。在一个透明化的时代，人们更想知道这些产品来自哪里。从商业的角度，建立100个产品品牌的成本和复杂性远远超过五个系列品牌或概念品牌。

　　像通用电气这些公司试图寻找一个"大而全"的方式，这样任何事物都在企业的大伞下形成各自的品牌。这里的难度在于公司品牌需要一个明确的立场和目的，但对于涉及多技术领域的企业来说，这并不容易。品牌故事和品牌主张对建立不同顾客群联系的重要性越来越突出。像联合利华这类消费品公司努力尝试提升品牌的认知度，这是对它们品牌的认可。像雀巢这类其他公司则试图创造一个平台，比如围绕健康饮食这一主旨就能汇集扩大谷物类早餐的范围。

　　当寻求品牌组合的优化时，这里有两类不同的任务。其一是优化产品组合——范围、产品、变量（最小库存单位）等。其二是优化品牌组合——命名、理念、商标、设计等。

　　第一个是优化产品组合。你通常会发现一个80∶20的规律——80%的收入来自20%的产品（90%的利润来自10%的产品）。一些企业将这些重要的产品标记为"能源品牌",并对它们进行大规模的投资。寻找众多品牌中的焦点意味着在某些品牌商投入更多,而其他品牌则投入更少。通常可以发现30%的产品是完全没有必要生产的。换句话说,当所有成本在组合中进行分配时,它们中有相当一部分是无利可图的,这类产品销售更多对公司更没有意义(见图3.11)。

图 3.11 品牌组合分析有助于企业优化组合来获得更好回报

当饮料公司帝亚吉欧(Diageo)评估其投资组合时,发现许多基于收入的大品牌事实上却在破坏价值(它们没有带来足够的资本回报)。其中一个品牌就是百利(Bailey),这要求企业从它的定位到瓶装过程,重新思考该品牌。他们发现将品牌重新定位于年轻人,把它设计成加冰的鸡尾酒,并用小瓶装在特殊渠道进行,就能改变该品牌的形象和经济性。

第二个是优化品牌组合。消费品公司通常拥有大量功能性品牌,并由不同的子品牌来支撑,而且在世界不同地方销售的品牌及具体执行都存在差异。这需要投入大量的成本,且容易造成混乱。那么这里的挑战就是找到聚焦点,并寻求一致性。不论是全球品牌还是本土品牌都要保证是好的,而且需要在同一个系统下运作。

将顾客群相同、目的相同的品牌汇聚在一起,这样就能产生最大差异。大众汽车组合——从布加迪、奥迪到西雅特、斯柯达——其实在技术上并不存在多样性,但这里涉及一项精心策划的品牌方案,专门针对不同的受众群体进行差异化刺激来实现组合效益。运作这些品牌的技术平台就能保证生产效率，并用不同的方式建立关联。

案例研究：让我们正确认识通用电气的复杂组合

汤米·李·琼斯是这么描述通用电气如何利用其技术来提供医院数据的：它将病人、护士、医生和医疗设施所有信息串联在一起，以此减少闲置时间，让空病房能有病人及时入住。通用电气俨然成为了一个说书人，它能帮人们把握随时出现的各种可能性，以及如何改变我们的生活并帮助我们来做某些事情。

通用电气首席营销官贝丝·康斯托克形容自己是一个"造市者"："要成为一名高效的营销人员，你必须走到任何地方去看看那里到底发生了什么，成为一名翻译者。你还必须沉浸其中，即便有时候可能会让你不那么舒服。"她与中国的很多乡村医生、非洲的很多农民交谈，在这个过程中，她看到了通用电气的未来，那就是创造更多的差异性及带来的财富。

她认为她的工作就是让人们参与到品牌中来，实现产品与商业的"点对点"联结。像"绿色创想"之类的品牌平台就能让通用电气实现更人性化、更有责任感的未来愿景。

点对点联结同样也意味着要看清楚快速变化的市场、寻找各种产品模式和机遇。她认为营销者就是需要这么做，并指出优秀的营销人员"能将观察行为提升为洞察力，并推动业务和产品的发展"。然而，这不仅是关于已有的品牌和沟通，"如今的营销是关于如何创造和开发新的市场；不仅是识别机遇，而是要把握机遇，实现各种可能"。

世界各地的客户创新中心不断推动着市场创新。例如在中国成都，当地和来自全球其他区域的商人、研究人员共同聚合在一起，来推动手机、廉价医疗、绿色能源等领域全新方案的实现。还有一些想法、理念则来自于开放型的伙伴关系以及创新性竞争。

以更人性化或直观方式进行的思想沟通至关重要，虽然广告仍然发挥着作用，我们知道现在的媒体已经越来越多样化，比如视频、社会媒介和社会性事件等，他们对人们的影响是非常深入的。脸书（Facebook）就是通用电气关键的社交平台，无论是业务上的客户还是终端消费者都被此吸引。目前已有 30 多个通用电气界面，包括社会保健和健身应用等。谷歌+（Google+）上也有很多视频和文章供技术人员或技术型观众收看；图片分享网站 Pinterest 则更聚焦于女性，她们可以将自己的生活照片和引用的内容链接上去。推特（Twitter）用户则更多地以商业为目的，通过故事讲述以吸引人们的关注。视频网站 YouTube 更像一个视频资料库，可以作为电视广告的补充渠道。

通用电气认为这些媒体就是趋同的。"作为单一实体，广告所传递的理念效应是会快速消失的。品牌才是内容的传递者，消费者同样也是"，康斯托克说道。通过相应指标的追踪，通用电气以此来评估每项新媒体渠道是否都是紧密相关、可拓展的。照片墙 Instagram（一款运行在移动端上的社交应用）就通过了它的测试，目前已有 15 万左右的大众在移动社交网络上传递通用电器引擎和动力模块的照片，吸引并得到那些科技极客和商业决策者的青睐。

公司最主要增长战略的其中一项就是基于"工业互联网"，或对我们大多数人来说，称为"物联网"；将数字和社会技术应用到设备机器上，比如风力涡轮发动机，从而提升联结的有效性。不断更新的数据有助于企业讲述更好的故事，就像能更好地操纵机器一样。其中的要点在于商业市场越来越像个体消费者，并逐步社会化。通用电气的新故事则主要围绕"智慧机器"展开，其广告中也可以出现超级跑车装备进行 21 世纪全新升级的场景。

步骤九：影响——品牌价值创新

品牌为顾客和股东创造价值，但同时也对社会和其他利益相关者产生影响。在当今，品牌的价值远超过其收入或者利润。

传统品牌思维	"游戏改变者"品牌思维
从规模来衡量品牌绩效，如市场份额、收入等，假设其越高越好。这是对品牌成功非常短视和危险的评价	从长期对顾客和企业的增值价值来衡量品牌绩效；并了解其为什么能带来正面影响

品牌权益是由戴维·阿克提出来的，并将其定义为"与品牌名称和符号相关联的品牌资产与负债"，根据提供的产品或服务的价值来增加或减少权益。这彻底改变了传统的营销职能：它能对业务整体产生直接的影响，而非仅仅是一个销售的支持功能。在某种意义上，它可以是品牌"积极性"的程度体现，并使产品和业务超出作为商品本身应有的价值。

当然，品牌能为顾客和企业创造价值。这需要一个平衡，有时候看上去是一种妥协。事实是品牌构建需要时间，与顾客建立的权益关系能逐步放大到与企业的权益关系。

对企业来说，品牌权益受到意识（有多少人知道它）、观念（对它的感觉如何，是否准备购买）、偏好（它多么与众不同，人们喜欢它吗？会坚持用吗？）和敏捷性（它能延伸和发展到什么程度）的驱动。

对顾客来说，品牌权益受到相关性（无论是功能还是期望，它是为我准备的吗？）、信任（我相信它吗？用它感觉好吗？）、连接性（它让我和其他人产生关联了吗？）和可实施性（因为它，我能获得更多吗？）的驱动。

虽然这听起来可能很明显，那么有多少企业和品牌机构仍然将品牌视为体现差异的一种标志性策略，这里的答案也是很出人意料的。品牌定位通常被描述为你的直观外形和差异，而不是关注在顾客心目中基于感知的相关性和内在价值的品牌地位。

品牌价值通常被引用为品牌构建所产生的权益的财务产出。企业领导喜欢告诉别人说他们有一个"十亿美元的品牌"。他们的意思可能是品牌的销售额，而这并不总是盈利的。

然而，当《商业周刊》宣布苹果为"世界上最有价值的品牌"［2013 年市值980 亿美元，高于谷歌市值（930 亿美元）、可口可乐市值（790 亿美元）］时；它们事实上试图以品牌提高企业市值（资本化）的金额进行衡量。换句话说，这就是品牌增加未来收益、人们愿意支付的价格溢价及他们购买可能性的一种方式。

企业价值是最重要的，它可以通过企业未来利润总和进行衡量。创造溢价能使品牌增加企业价值，同时让企业更有可能处于低风险的态势。通过了解品牌的价值驱动，更准确地说就是了解哪些品牌行为对企业价值有正向影响，然后我们就可以对品牌战略做出更好的选择（见图 3.12）。

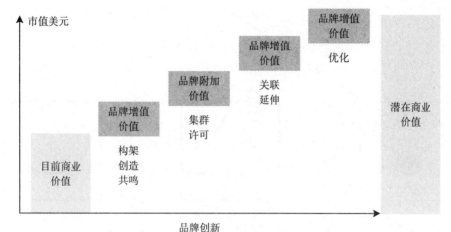

图 3.12　品牌创新可以将潜力向成功转型

品牌创新九个步骤中的每一步都是品牌为企业增值的机会。初步了解这些行为的价值潜力能够创造更强大的承诺力度，并获得一定的投资回报。同时，创新还能对关键点、企业未来的繁荣和价值产生巨大影响。

案例研究：入门：品牌创新路线图

每一阶段的创新都可以通过相似的进程最有效地实现，但其主体和使用的工具却不尽相同。这一进程通常是以工作组为基础的，在快速、协作的环境下将人和他们的思想聚合到一起。"钻石途径"包含打开（延伸、探索、挑战），然后闭合（联结、组合、过滤、聚焦）每项有可能的挑战。虽然品牌创新有九个步骤，但它们是有效地组合在一起的，进而相互依存、相互影响。在创新你的品牌时，这里通常会有五个阶段，将我们所说的"钻石途径"应用到各个阶段；加上所做的各种分析和直观判断、已有的创造力和条理性来制定正确的战略方案（见图 3.13）：

（1）意图：其出发点通常是商业性的，了解中长期内最大的市场机遇。随着时间的推移，其业务能最高效地创造和维持利润的增长率。这需要与企业战略保持一致。

（2）洞察力：在已确定市场对潜在顾客的深度理解可能是通过相互合作来实现的，这能使品牌目标和理念得以跟进、发展，通过把握机遇创新相应的解决方

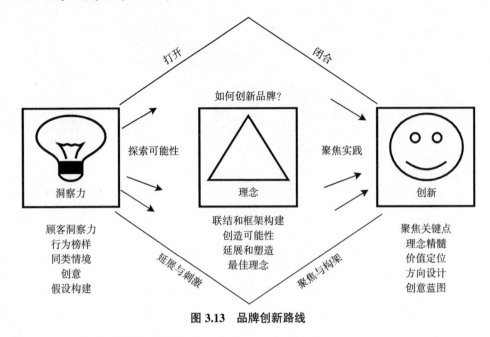

图 3.13　品牌创新路线

案、沟通、体验和组合的方式。

（3）构思：有创造力地表达品牌理念，并提出适当的解决方案，将新的和已有的产品、服务、合伙人、资源整合在一起，设计出吸引人的品牌体验。想法通常是直观的，能够被评估的。

（4）创新：在每个阶段做出相应的战略选择，无论是从品牌故事到品牌方案，还是品牌体验到品牌组合。通过快速有效的资源分配、整体化的文化和组织，强化这种创新能力。

（5）执行：结合多重视角和品牌在市场中的演变和成长规律，规划并执行已达成的战略。通过有效的领导、恰当的方式，保证其可行性和转型的灵活性。

其结果就是在正向积极的方式下，驱动每一阶段变革所带来的商业创造价值，从而实现正确战略下的优质品牌，最终不断推动企业的未来增长点。

作者简介

彼得·菲斯克是一位畅销书作家、励志演说家、咨询专家，帮助领导者制定企业和品牌的创新战略。

他是西班牙 IE 商学院战略、创新和营销领域的教授，也是天才工厂（GeniusWorks，总部位于伦敦的咨询公司）的首席执行官。他曾作为最优秀的新商业思想家之一入选全球首个管理思想家排行榜 Thinkers 50 "Guru Radar"。

在以核物理学家的身份接受培训时，彼得开始转向品牌管理，如帮助微软采用价值基础的营销方式及为维珍公司开发推出新市场等。他也曾是世界最大营销组织——特许市场研究协会的首席执行官。

天才工厂曾帮助像俄罗斯航空、可口可乐、马莎百货、红牛、桑坦德银行、Tata、维珍、沃达丰等多元化企业思考如何扩大规模、保证敏捷性，开发创新战略和大胆的品牌，实现快速增长。

彼得的畅销书《营销天才》（*Marketing Genius*）开发了成功的左右脑挑战，被翻译成 35 种文字在全球销售。其他还包括关于顾客核心的《顾客，天才》（*Customer Genius*）、有关持续创新的《人、生存、利益》（*People Planet Profit*）和介绍那些因素能造就 21 世纪的达·芬奇——《创意天才》（*Creative Genius*）。

他的新书《游戏改变者……你准备好改变世界了吗？》（*Gamechangers... Are you ready to change the world?*）是基于对 100 家企业的广泛调查撰写而成的，这些企业的共同特征都是处于快速变动的市场中，都在自身视野、创新战略与品牌、商业模式与营销等方面努力塑造着未来，都在思考竞争对手并赢得了胜利。

电子邮箱：peterfisk@peterfisk.com

网址：www.theGeniusWorks.com

推特：@geniusworks

04 飞速发展、具备确定性市场环境下，缩小品牌理念和品牌输出距离

调整传统品牌构建进程的原因

◎ 艾伦·亚当森（Allen Adamson）

第一部分：让我们来奠定基础

1995 年，皮克斯工作室创作了它们的第一部长篇电影《玩具总动员》（*Toy Story*）。这部电影获得了奥斯卡金像奖及其他三个奖项的提名。对于其他电影公司曾经向往的卡通片而言，这部电影正好为其提供了一个参考标准。随着这部电影的成功问世，公司又相继发布了两部续集，其中第二部续集也是皮克斯的第11 部作品——《玩具总动员Ⅲ》（2010），在当时创造了世界最高票房纪录［直到2014 年被《冰雪奇缘》（*Frozen*）超过］。

我说这段电影历史，并不是为了炫耀电影的技术，而是想说创建一个强大品牌所需的两项关键内容（这也是这本书所介绍的），并为本章的主题埋下伏笔：**在同时需要速度和确定性的市场中，创建品牌面临的新挑战**。您可以思考皮克斯的经历所包含的信息。

让我们区分一下**品牌和品牌化的关系**。某种程度上，品牌就是活在你的脑海中的某些事物，可以是维系产品或服务与消费者的一个故事、一个承诺、一个理念。品牌就是当你在考虑或者听到有关一款非常特别的汽车、一款相机、一家银行、一种饮料、一款应用、一个团体、一位名人甚至一个国家时产生的某种心理上的联系。当你跟别人对话时，一旦出现品牌信息，或你曾接触过这类品牌，

你与品牌间的心理关联就会体现出来。你的反应可能是正面的，也可能是负面的，而这取决于你对这一品牌产生的感觉。为了把握任何成功的机会，品牌构思必须非常独特且富有意义。作为品牌的负责人，他们必须在某些方面让自己的品牌真正地与众不同，这也是人们所关注的。是的，品牌理念也需清晰明了，而非模棱两可：一个能被轻易抓住并记住的聚焦式的理念。我将花 1 分钟时间解释其中的原因。

品牌化是指你如何在人们脑海中确立品牌相对差异化的内涵。这是一个信号，人们使用这个信号辨认出这是你的品牌。此外，这种品牌信号还能促成与顾客的关联。最有创造力且最具启发性的信号能够准确地传递着品牌意图。简单化、聚焦式的品牌理念是非常关键的，这会让对品牌产生反应的人准确定位传递的信息。正因为如此，它们才能被启发，被刺激。品牌化可以是宣传方式、促销方式及与公众保持的关系；品牌化可以是产品设计及其功能，也可以是你能说得出的社会媒体、网址、客服、店铺设计、具体事件、包装、商标、植入式广告。构建简单的、与众不同而又相关的品牌不仅能传递有效的品牌信息，还是品牌成功的关键。

我们再回到上述提及的皮克斯。皮克斯的工作人员在以下两方面会有深入见解。正因为如此，不仅让我们的生活越来越充满乐趣，还使自己成为创造优秀品牌和品牌化的典范。第一个见解是目前的孩子比以往年代的孩子更复杂微妙了：他们不再沉迷于可爱的老鼠和毛茸茸的兔子，而是被形象化、概念化的娱乐和数字所吸引，10 岁以下的孩子在电影选择上是看不出这种变化的。第二个见解是虽然 7 岁的小孩认为会跳舞的老鼠和兔子很酷，但他们不会选择去电影院看。那么这里包含着什么样的品牌理念呢？可以是父母希望孩子去看的、孩子自己想去看的、甚至成人也愿意去看的电影。皮克斯正是看到了市场中的这些选择缺口，并找到了如何用差异化来填补的方式。

关于品牌化，皮克斯始终向其聚焦的理念看齐，这在故事情节、角色设计、配音人员选择、先进的制作技术投资决策等方面有所体现。皮克斯知道站在人们的思维立场能够准确地传递品牌信号，并与不同年龄段的儿童和父母建立联系。甚至是 2016 年皮克斯与迪士尼建立合作关系，也是一个出色的品牌信号。众所周知，作为家庭娱乐品牌的代表，迪士尼已经融入千家万户，成为生活的一部分；皮克斯将为迪士尼注入新鲜元素。这是一场明智的合作。

总之，品牌是一个关于你的故事，关于你做什么，你是谁，为什么要这样做。品牌故事能否发挥有效作用则必须基于清晰、突出的构想或理念：皮克斯制作的能吸引整个家庭的动画电影；通用电气的"梦想启动未来"；联邦快递的"隔夜必达"，英国石油公司提出"让世界成为能源充足的星球"；Annie's 的有机儿童食品，既美味又有营养。品牌化就是如何讲述故事的过程。它所要做的就是帮助顾客理解和体验是什么让品牌更独特、更富有意义。品牌化是从不同方面带入生活的概念体现。这就是基础，让我们继续。

第二部分：问题是什么

品牌构建的成功需要一个简单且聚焦的构想理念，而这种聚焦理念不仅具有显著差异化和高度相关性，还能传递恰当的信号。这一观点在目前、在以后都肯定是正确的。这里面就存在一定的问题。实际上有一些问题是我们所熟知的，比如显而易见、易获取、全球性以及嘈杂性等。回到刚才提到的皮克斯，还记得他提出的"在市场中找到缺口"吗？然而，在市场中找到缺口变得越来越难。发现或识别出一些新颖的、不同且人们所关心的事物的能力可不容易。遥想当年，麦斯威尔咖啡可以说是"滴滴香浓，意犹未尽"而且不必担心有其他的咖啡厂商与它竞争。不同于美国另外两家电视广播公司（CBS 和 ABC），NBC 的高管根本不需要计划电脑网络上的秋季档节目安排。如果渴了，人们可以选择可口可乐或百事可乐，如果他们不喝可乐型饮料，他们还可以喝七喜。目前，洗发水、麦片、保险、汽车、玩具、在线购物网站、游戏网站、新闻网站、阅读网站，每一个应用程序等都在呈指数增加的趋势。对市场来说，每一个领域都处于高度混乱、高度竞争的局面，而这通常只是被轻描淡写了一下。

问题一：确定人们想要且能使用的崭新产品是一项艰巨任务。

对于当前的市场来说，第二个问题就是能够发展突破性品牌。在《广告狂人》（美国系列剧）时代中，唐·德雷珀和他的团队制作了一个 60 秒的电视广告，因为他们知道人们会在同样的时间段坐在沙发上观看网络电视，而且不需要远程控制就会观看这 60 秒的电视广告。同时，他们还会随手拿起一些报纸、杂志，看看附带的印刷广告——比如"给我一块 KitKat 巧克力吧"，上面还有一两张优惠券。绝大多数品牌故事就是这样被传递并被人们所接受的。我们都知道，现在有很多传递品牌信息的新媒体渠道，比如有线电视、网络资源等。当然还可以从社交媒体网站（了解产品的口碑）、产品服务审查网站、娱乐设施中看到植入式广告、客服和零售点等，通过很多其他方式来帮助消费者与品牌建立关联并接收品牌信息，然后了解品牌大致的情况。不仅是接触品牌的面广了，消费者还能自主地控制选择他们所看到、听到及后续的行为。

问题二：确定呈现品牌故事的突破性方式是一项艰巨任务。

问题三：营销人员认为可以通过一个长期的程式化方式（我将其称为输送带法）进行品牌构建，尽管这种方式可能与品牌没有相关性了。

事实上，这一线性过程就像传统制造装配线的形式展开的那样（比如福特 T 型车的制造），一个部门将其主动权移交给另一个部门。制定战略的人最先提出想法，并将其传递给研究部，研究部通过专门的小组来分析想法实践的可行性。一旦确定，就会建立相应的创新团队。他们会提出各种广告、商标及配套的调色方案。同时，还需要媒介部的参与，咨询并得到他们的建议和反馈，最后客户端环节是非常关键的，这可能会改变很多已有的内容设置。这时，该团队就要重新调整安排。线下的项目机构就会被告知如何调整营销模式，包括在 Facebook 和 YouTube 上的数字营销、众包、短期时尚商店（一种创意营销模式结合零售店面的新业态形式）及其他公关活动等。客服人员被告知目前市场所发生的变化，并要求熟练应对客服电话。零售人员要确保商品吊牌和店内材料的完整性。像这样，沿着线，一步接着一步。这些部分通过整体的形式与品牌理念保持高度的一致，得到期望的结果。

与此同时，客户活动也是阶段性呈现的。研发人员在开发一个新产品后，会选择工厂进行生产，选择包装团队来包装它（如果是一条航线、一种金融服务产品或其他经验品牌，也需要通过团队设计让其步入正轨）。随后，展示给营销团队并要求对这种产品进行销售。此外，由于很多大规模公司结构设置的层级性（你做你的工作，我做我的工作，当取得一定成绩时，也是在各自的部门得到认可和表扬），在下一个接替者出现前，你会陷入一个很被动的状态，因为你无法寻找新的机会。

但是，以今天的弹球游戏市场为例，消费者根本不会按照预设模式来体验品牌，根据自身的喜好和时间选择，他们会把专注力从一个品牌快速跳转到另一个品牌，这就是媒体的作用。在我们身边充斥了大量的媒体信息，正如我先前所说，事物的推移事实上比任何时候都要快得多，公司没有额外的精力去做大量市场调研。无论是一台技术设备、一辆汽车、一种谷类食品还是一袋洗衣粉，你可以确定其他公司正在做跟你同样的努力，期望来取得先机。正如俗话所说，"早起的鸟儿有虫吃"：一旦确定好全新目标，就要着手行动。而且你要在最短的时间内迅速思考可能碰到的实践问题，因为你的品牌正处于全新的、开放的市场环境下。另外，每个人都可能成为评论者。在品牌构建过程中，既要追求速度，又要追求确定性，而这两者本身就是矛盾的：有速度，确定性必然会受到影响；保证了确定性，速度就会延缓。无论你能提供什么，最好是正确的，是人们所需要的。

小结：世界千变万化。上述这种品牌构建时采用的"输送带式"方法不仅会阻碍创新思考，而且是不能与时俱进、欠缺灵活性的，同时还会浪费很多的时间和金钱。这可能在《广告狂人》剧集中是有效的，但在当前市场环境下是低效的。

第三部分：如何解决

如何快速推出一个品牌，并且确定人们的想法跟你的努力是保持一致的呢？如何快速推出一个品牌，并且确定知晓消费者是不会经常告诉你他们需要什么或者最终购买什么的呢？如何快速推出一个品牌，并且确定自己在品牌创造方面有很多选择，就像客户有很多类型、层级一样？如何快速推出一个品牌，并且确定了解消费者会在很短时间内权衡你的新产品？

简言之，上述问题的答案就是令实践品牌理念的行为与理念本身必须同步。你在思考讲一个什么样的品牌故事的同时，也要思考如何以最好的方式来讲述。在公司讨论会上，召集来自不同部门的人员，同时对理念和相应的突破性方式进行评估；确定品牌推广范围及应传递的信号，以此优化、放大最佳效应，也让人们留意到它们的不同。

就像从一本"商业技术"剧本中，以一定的方式为决策者展现产品和体验的原型。这样，人们就可以看到、触摸、体验这一产品，并确定这个品牌理念是否有意义，是否有成长的空间，是否可以参与竞争。当然，你也可以先在白板上把想法写下来，进行 PPT 演示，然后设计出一个能反映品牌信息的宣传广告。但这样做不会立即产生后续的反应及行动，还有快速的市场反馈。以维珍航空公司为例，其创始人理查德·布兰森本来可以将他的理念"让我们不普通"以印刷的方式进行展现，但恰恰相反，他和他的团队将这种理念体现在伦敦希斯罗机场的往返航班服务上，比如机舱时髦的设计、有趣的安全提示视频。这些视频曾在YouTube 视频网站获得了很高的点击量。品牌接触的快速切入使之快速建立起来。

多年来，原型化的方式正帮助消费者更好地整合品牌相关的信息，这种接近于真实交易信息能快速且准确地捕捉消费者的反应。以史蒂夫·乔布斯为例，他使用原型设计方法成功地发展和管理苹果品牌；评估电子产品的所有部件，从标志设计到用户界面。一个项目需要涉及多方面领域，比如负责电池的团队、研究设计团队、应用团队或者屏幕设计团队。以整体的形式共同确保所有的单独部件能有效组合在一起并运作，从而诞生出一款优秀的产品。（如果你不知道这个品牌是如何成长的，我可以推荐几本书给你）。

在各类品牌构建过程中使用这种原型化方式的想法具备一定合理性，因为推动品牌发展的要素是一样的：比如涉及大量的主体要素——人、很多的品牌体验、外在竞争因素、时间上的限制、公共的评论等。当然，我知道，并不是每一个品牌都是关于可触及、有形的产品实体。即便如此，它们却能给人们传递一种思维——那就是它们创造出最高效的品牌体验。

通过原型化方式构建和测试相应的品牌体验不可以太过程式化，而在于鼓励团队确定引出一个特色品牌理念的最佳方式。这要求他们识别出最好的品牌媒介或载体，如突破性的包装设计、一系列事件、差异化的零售方式或社交媒体上的活动等。（是的，这可以是一个电视广告，但还有其他更好的方式。）这里有一个关键词——"突破性"：不仅是品牌理念本身的突破，还涉及品牌是否具有足够的"突破性"从而让人们愿意谈论它。

设计品牌故事内容及讲述方式有助于团队评估理念的正确性及思考用户体验情境下的品牌相关性与潜在的成功因素。在评估一项可能的品牌定位时，同时明确该品牌在市场中的展现方式、投资的时间地点及基建成本等。这里有一个事例来自于我所在的的公司——朗涛。托马斯·奥达尔是我们公司的首席战略官，公司旗下的加油站遍布全国各地，公司目前正面临一项新产品的研发推广，其团队正面临着一项挑战：即想要创造一个自有品牌的包装食品，就像便利店食品供应一样。在每个加油站都可以看到这样的包装食品，而且可以随时取用，特别是针对一部分目标群体，如建筑工人、商人、蓝领和灰领工人，他们只是想要迅速吃饱，然后迅速回去工作而已。

"我们正在思考该如何进行定位，"托马斯告诉我：

不仅是价值定位方面，我们想要开发出真正的产品理念。所以除了定位本身，还指产品及其功能的演化。我们将重点围绕三个方面的想法来关注我们想要涉足的三个战略领域：第一个定位因素首先聚焦于便利性方面，要让顾客吃起来很方便，而且可以随手将食物放在车内杯架上，吃完也很容易扔掉的。你可以这么想象：对一个有急事的人来说，打开一包散乱的食物是一件多么痛苦的事情。

托马斯告诉我，另一个潜在定位因素就是食物本身。也许可以提供有特色性的食物，比如 7-ELEVEN 的思乐冰或签名三明治等。团队考虑的第三个定位因素是跟目标群体相关的事件驱动，比如专注于运动食品或下午点心等。

"当我们与客户讨论这个问题时，他们也在思考该如何做出选择，"托马斯解释说：

我们要做的就是为每个定位因素设计概念原型。它们实际上看上去是怎么样的，该给市场带去什么样的产品？基于便利性的定位，我们创建了一个产品理念，有点像日式便当盒，人们可以快速挑选所需的食物然后放在盒子中。这个盒子不仅便于取食和丢弃，还有助于保持简化的定价模型。第二个定位理念是围绕食品区域性和能够配送到关键区域的食物配送车。我们设计了一个应用程序，它可以告诉潜在顾客配送车的具体位置、是否属于配送范围、哪些食物是可以通过该程序预订的。对于第三个定位理念，我们设想并筹划了各种各样的活动，同时对活动目标群体设计了所需的素材。

在这一过程中，托马斯和他的团队首先研究了对食品趋势所做的分析及每个潜在理念包含的内容，然后设计了一个框架来评估理念的合理性和可实践性。"客户可以获得我们努力设计出的任何食物，"托马斯说，

他们不仅可以进行颜色上和外形上的选择，通过我们的原型化设计还能帮助他们理解产品所蕴含的理念，比如该品牌的市场举措、内在的财务和时间因素。他们会从其中的两个方面进行思考：便利性的定位是主导思想，原型设计是一个

非常有价值的过程。顾客会在投资方向和投资原因上有很清晰的把握和认识。

这个原型过程是如何运作的

将原型设计过程视为"现在一起来吧"这样的方式是非常重要的。比如一个乐队，每个演奏者都在表演自己的部分，但要演奏出优美音乐，乐队中的每个演奏者又是相互依赖的，互为整体的。如果你听不到其他演奏者的音乐旋律，那么就不可能演奏出高水平的音乐。以整体、综合的方式创造和评估品牌信号，可以让你快速了解你的故事是否容易被人理解并接纳，顾客体验是否与品牌理念一致，品牌故事激发了哪类人的兴趣和需求。

至于细节，下面是关于我所参与的具体过程：

● 我们通过"现在一起来吧"这样的方式，让所有战略决策者、分析师、调研团队成员、展示团队、视觉团队和行动组在一个房间里进行谈论，首先是关于品牌故事的设计——明确它的差异性，不仅简单而且聚焦。（对任何有写过广告文案、散文、文章或书的人来说，如果标题不够聚焦，写作过程就不会那么流畅，写作效率也不会高。）

● 当我们明确品牌故事，并确保它在某种程度上与人们所关注的存在差异时，我们会设计两种或三种备选方式来搭建故事框架，通过这样来观察哪种方式更能提供有效、丰富的顾客品牌体验。

● 接下来我们会对特定的品牌体验进行头脑风暴，这些品牌体验将设想的理念带入生活中，比如如何在市场中通过品牌故事展现品牌的特色，如何设置渠道让顾客有机会接触到这种品牌，如何设计商标、商店布局、客服、网上申请、特定事件、广告等。如果他们感受不到体验的真实性，那说明品牌及品牌故事本身所传递的信号是失效的、没有足够聚焦。

● 在明确品牌故事的同时，我们不仅需要将其与品牌体验相匹配，还要与品牌个性相对应。是否可以让人们感到这是真实的、可靠的？顾客会认同这一品牌吗？会意识到这一品牌的重要性吗？品牌体验或其他可接触的渠道是否发挥其真正的作用了呢？

● 明确已尝试并确认可行的接触渠道，后续还需不断找出新的接触点。此外，我们还需接触到那些在竞争中可能没有涉及的顾客群体，搜寻以前未出现过、未存在的事物。值得注意的是这里没有一套顾客体验的标准范式，每项体验都需要根据事前确定的品牌故事、品牌理念来设定。最终的目标是为了达到"阴阳统一"，而这种战略与执行完美共生的状态是线性过程无法实现的。

● 最后，我们会给团队成员分配相应的责任或任务，要求他们识别并确定原型化品牌信号的独有方式，这可以从两个方面体现：首先在于顾客易于感触的方面，比如商标、包装、商店设计、网站、Facebook 页面、YouTube 视频等；其次是顾客较难感触的方面，比如客户服务、预定处设计等。

为何原型流程比传统线性过程更好

这是个很好的问题，以下是问题的答案：

● 当人们对品牌相关的某些事物有所反应时，品牌方和顾客方之间才会发生微妙的关系。我不是说做个 PPT 展示或将品牌的定位陈述写在白板上就可以，而是需要一些能够明确品牌故事内容、更能接近现实的品牌化事物，我更倾向于留有余地地去描述，若询问一位消费者或客户"'和谐、现代化、创新化'的保险公司对你意味着什么"，你会得到各式各样的回答。向消费者和客户准确地展示或阐述"你所谈论的事物"，你才会得到更多有意义的回复。

● 一旦你明确了理念，并有效地通过客户体验展示了这一理念，这时就有助于你更容易地进行品牌方自身和客户方等多层次的管理，你也能获得更多明确的回复："我喜欢这个品牌"或者"我讨厌这个品牌"，以及相应的原因，这将促进后续更具开放式问题的沟通和交流，你也会清楚如何进行后续的系列调整。最后，这样做不仅能节约时间，还能为企业节省很多资金。简言之，原型化可以使你快速地切入正题。人们会通过不同方式收集和处理信息，当每个人都关注到品牌原型时，当其呈现在他们眼前时，对事物误解和错误预算的概率就会变得更小。

● 原型化可以让人们看到未来的事物。（很少有人能像史蒂夫·乔布斯那样能够预见、看到未来，并告诉我们爱它的原因。）这种原型能够帮助人们更清晰地理解业务内涵，理解执行计划 A 或计划 B 需要哪些要求，比如在人力、物力和财力上的投入。通过充分认识一个给定品牌涉及的多重含义，那么商业决策就更容易被指定并获得支持。所以当某些事物冲击市场时，你也不会觉得这是一个多大的惊喜。

尽管原型过程与传统线性过程相比有这么多有利之处，但同样需要注意其自身的一些局限。首先，过度关注执行过程中的细枝末节而忽略对核心观念的把控。不要为了几棵树而忽视整片树林，无论战略目标所设定的基本理念是对是错，无论颜色、用词还是细节的创意设计是对是错，必须明确聚焦点，将各方面的对话和沟通集中于理念本身固有的优劣势上是非常关键的。对某项创造性产出进行评估，并说"我不喜欢"时，通常这其中存在着一种自然倾向，那就是对某个无关紧要细节的一个主观好恶。在确定理念的价值和有效性上，不要因为执行过程中的烦琐要素而迷失方向。

另一个原型化存在的局限就是相比于品牌化传统方式，其前期财务投资可能巨大。通过使用创新资源，快速地发挥其价值，才能看到很多有创造性的想法。就像其他事物营销一样，这里面同样也存在着一种"此消彼长"的关系。长期高效的原型化进程不但能减少前期的相对投资，很多关键决策也可能在过程的早期阶段被快速地制定出来，从而加速了进入市场的营销速度，有确切的好处。

在线性过程中，消费者不能够有效体验他们所接触的品牌。传统品牌化方式就是线性的，全新的原型化方式考虑到了消费者在品牌化中的实际体验过程，品牌故事必须非常清晰、高效且具有巨大影响力这样的事实，这是一种新的运作方式，是的。这就是今天成功品牌的样子。

作者简介

艾伦·亚当森是战略品牌设计公司——朗涛公司（Landor Associates）的主席。他也是《品牌优势：领导品牌的 50 项建议》（*The Edge: 50 tips from brands that lead*）的作者。他以前的书还包括《品牌简单之道：最佳品牌如何保持简易性和成功性》（*BrandSimple: how the best brands keep it Simple and Succeed*）和

《品牌数字化：数字世界中领先品牌的简易方式》（*BrandDigital：Simple ways top brands succeed in the digital world*）。

他是品牌及宣传领域知名的专家。同时，也是一位非常受欢迎的行业评论员，为 Forbes.com 在商业趋势和对品牌影响方面撰写双月刊专栏。他曾出现在 ABC 新闻、BBC、CNBC、福克斯商业网络及 NBC 等媒体中。他在多部出版物中被提及，比如《广告时代》《美国商业周刊》《英国金融时报》《纽约时报》《今日美国》《华尔街日报》《华盛顿邮报》。他定期在国内的大学及商学院担任课程主讲。

在此前，艾伦是朗涛公司纽约办公室的主管，主要负责运营及企业、消费者品牌的监督，行业涉及技术、医疗保健、时尚等。

05 奢侈品牌

◎ 让-诺艾·卡普费雷（Jean-Noël Kapferer）

创立奢侈品牌意味着抛开大部分经典的营销规则，转而采用现在公认的营销反律法。当管理一个奢侈品牌而没有考虑奢侈品的关键特性（细节）时，会破坏奢侈品自身的认证信息，失去信誉和公正，进而丧失定价权，这在奢侈品牌中（忽略关键特性）是很常见的失误，巨大的压力使管理者忽略这些细节。一些奢侈品牌所有者急于得到良好的回报，宁愿通过给品牌亲民的定价、更广泛地普及品牌等方法来稀释它们的品牌，这一现象发生在捷豹还在福特旗下时。使用错误的品牌作为基准也会导致错误的决策制定，这个问题出现在涵盖蔻驰（一个高质量信誉品牌）和香奈儿（一个真正的奢侈品品牌）在内的一份调查中。

这一章节的目的是阐明如何创立奢侈品牌以决定其成功。在时尚的概括术语"奢侈品牌"背后，实际上存在很多种非常不同的商业模式。在某一极端情况下，有像蔻驰或拉夫·劳伦这样的品牌，这些品牌的管理就像FMCG（快节奏消费品）品牌的管理一样，它们的目标是销售大量品牌商标而不是获得卓越的品质。如果巡视一个品牌漂亮的旗舰店时，就会意识到其大部分的销售是通过折扣渠道、工厂直销且规律性削减价格来实现的，这些品牌也可以将生产移出本国并使用特许经营来扩展品牌。

另外，再看爱马仕或LV（根据国际品牌集团和华通明略机构的评估，世界排名第一的奢侈品牌，价值270亿美元）之类的品牌。LV仅通过直营店进行（商品）销售，它所销售的每一个产品，从未将品牌商标特许给别人，从不提供折扣，从未将工厂建在低成本国家等。这就叫作"奢侈品策略"，因为奢侈品并不在于营销而在于奉献。法拉利、劳斯莱斯、柏悦酒店、香奈儿都采用这一策略。

在重新讨论必要的、概念上的社会和经济问题时，我们将关注品牌如何自我管理，达到建立并被视作奢侈品牌的目的。

奢侈品问题：奢侈品定义困惑的终结

我们对奢侈品牌的定义有许多疑惑，事实上也对"奢侈"这个词本身存在诸多疑惑。在最近针对的一个全球性奢侈品调查中，LV 被称为"时尚品牌"，但这并非它本身的（想表达的）含义，而是奢侈的象征。另外，有人读到这样的话："星巴克咖啡是浪漫、放松和奢侈代名词。"(Taylor Clark，2008：94)。如果一杯四美元的拿铁咖啡是奢侈，那奢侈这个词就真的变得没有意义了！

有趣的是，就像一些宗教禁止提及上帝名讳一样，在爱马仕不能谈及"奢侈"。前爱马仕 CEO 让-路易·迪马曾说过：我们生产的是在精美商店中销售的精美商品。

另外，蔻驰的一个低价皮革制品竞争者在网站上用"奢侈"这个词来描述自己。为了解开这种（定义上的）困惑，区分奢侈品、奢侈品行业和奢侈品战略的概念是很重要的。

从语意上来看，"luxus"意为过盛、过度，这就是概念为什么有积极和消极的内涵。为了负担起奢侈品，我们要有能力支付过量提供的东西，超过合理的控制范围。塞思·戈丁说过：奢侈是不必要的昂贵。为什么要买一个 5000 欧元的爱马仕皮包？一个 700 欧元的蔻驰包还不够吗？答案当然是"不够"。原因在于，除了工艺、品质、传统和文化上的显著差异，奢侈品价格是差别对待的，将那些能够或准备好支付一些没有必要的昂贵的物品的人与其他人区别开来。事实上，自从古代开始奢侈品就存在了，因为并不是每个人都能负担得起。

为了更好地了解奢侈品，我们必须知道怎样识别奢侈品。有趣的是，奢侈品制造商不会以不买奢侈品的人的方式来定义奢侈品。制造商强调丰富的细节、极致的品质、罕见的工艺和文化渊源，这些都使得品牌所有权成为一种特权。在奢侈品中，一个包不仅是一个包：它是一件艺术品，表达了所有者的涵养深度以及欣赏产品内在价值的能力。

但是，不买奢侈品的人强调的是奢侈品那高度引人注目的品质、所要支付的用来传达重要地位和面貌的高价。事实上，这些否定了产品所体现的罕见的工艺和传统；对于奢侈品购买者来说，他们讨论的是一种嗜好，是对商品、必要附加的服务和放纵自我的一种感官的高度享乐主义的天性，这使得他们感到真正的特殊、优越。

奢侈品战略

法拉利、阿斯顿·马丁、丽娃（顶级豪华游艇品牌）、LV、香奈儿、卡地亚、爱马仕、劳力士、百达翡丽，为什么这些奢侈品会取得成功？它们是如何维持并不断提升定价和吸引力的？答案就是通过不断的试错，从中来学习，得到一个能经受各种考验的稳健性战略，而不与时尚品牌相混淆。

有人认为奢侈品牌是优质品牌的更高端形式，这其实是一个常见的错误。奢侈品是一个完全不同的领域，它更贴近于艺术并用艺术传达了对创造力的普遍崇拜，在其身上包含了精湛的技艺，所采用的则是罕见的原料，并涉及专有版权。尽管如今奢侈品很流行，但这并非是一种时尚。

奢侈品是一个创造性产业，销售的是文化进步和更高品质的生活，其产品是文化和美丽的象征。不像快消品牌和大众品牌，奢侈品并不是客户驱动的行业，这种行业需要调查和基于客户关系的管理技术。为了实现人们的梦想，我们需要特殊的天赋和预知潮流的能力。

奢侈品品牌战略不同于高端品牌，在高端品牌中，制造商以更高的价格销售性能更好的商品，但归根结底这些品牌还是追求客户的。奢侈品品牌需要的是顾客追求品牌，因为这一战略的核心是在供给中创造强烈的艺术需求。就像艺术品一样，奢侈品有一种永恒的品质，因为其价值延伸远远超出性能和功能价值。奢侈品战略的目标是创造不可比性，就像比较凡高和马奈会显得毫无意义一样，比较卡地亚和宝格丽同样没有意义，它们的起源、历史、传承、传统、艺术、专业技能和创意都大不相同，以至于做任何比较都是没有意义的。

奢侈品战略是要在品牌的所有方面都建立不可比性，从而保持与其他品牌的差距，因为这些品牌试图通过复制奢侈品品牌的外形来夺取市场份额。

图 5.1 给出了三个核心战略（奢侈品牌、时尚品牌、高端品牌）的关键词。

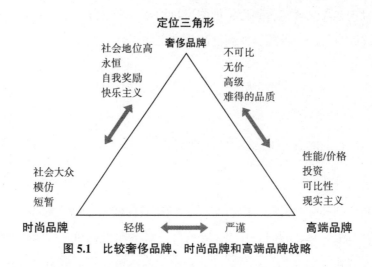

图 5.1　比较奢侈品牌、时尚品牌和高端品牌战略

时尚是使需求适应供给的过程，与市场（供给适应需求）正好相反。时尚销售的是变时髦所带来的益处。这是建立在持续更新基础之上的诱惑力；每一季都需要一个新的畅销品。那么由谁来决定一个品牌是否时尚呢？不是品牌本身，而是由时尚的生态系统、各种口碑、各种机构、《Vogue 杂志》和安娜·温图尔这类有时尚影响力的人来决定的。由于时尚的不可持续性，产品质量永远不会是商业模式的核心价值：这个夏天流行的东西在接下来的几个月里将不再流行。在短期商品质量上的投资是没有意义的，这就是为什么大多数时尚品牌将它们的生产外包给中国，就是为了尽可能低地控制制造费用。同样，当季节更替的需求较低时，时尚品牌不得不削减 70% 的价格。为了尽快售完，未售出的存货通常也会被送往折扣渠道、内部网站或是工厂直销点。

时尚需要通过名人效应来传递所谓的"时代气息"，并让其看起来更显时髦。时尚品牌通过使用授权许可来快速增加财务收入，而这也是这些品牌如何在几年内将投资组合活动从核心产品延伸到外围产品的主要方式。

无论这种战略对时尚品牌作用有多大，但对奢侈品牌是不会起作用的。有人见过法拉利或劳斯莱斯给折扣销售过吗？有人在折扣商店，甚至像 Net-a-porter.com 这样的网站见过销售香奈儿产品的吗？

LV 不使用任何授权许可，它不会将品质信誉委托给第三方。奢侈品品牌通过投资大量时间和金钱来学习如何制作眼镜和手表（甚至是香水）来扩大它的投资组合。

　　让我们来了解一下奢侈品品牌和商业模式的一些细节，这些细节使奢侈品品牌与大多传统品牌类型存在显著差异。图 5.2 对此进行了罗列。

```
● 崇尚创新和品质，对细节的热情，技艺
● 总是供不应求
● 价值链上游的严格控制，以确保最高质量（爱马仕拥有自己的鳄鱼养殖
  场，而大多数其他品牌则是从批发商处以最佳价格购买的动物皮毛；香
  奈儿也有专门的花圃专门用来制作香水）
● 下游产品质量的严格控制，以确保个性化的一对一服务，保持与终端客
  户的一对一联系
● 认识到奢侈品是建立在零售层面，从而有更高程度的选择性分配
● 高体验式的直营商店，在这里顾客不仅可以体验优质的服务，还有品牌
  文化
● 将罕见技术、工艺和对传统的尊重很好地进行了融合
● 无许可证
● 无回扣
● 意识到品牌起源、原产地的重要性
● 与艺术和当代先锋艺术家保持合作
● 将给慈善机构募捐作为义务
```

图 5.2　奢侈品商业模式的细节

　　这是一种由大多数成功品牌归纳出的需求性商业模式，并不是所有行业都能试着去遵循这些原则。比如，烈酒和葡萄酒都没有属于自己的分销网络，它们通过酒吧、酒店和餐馆来进行销售。它们无法与终端客户直接接触。香水、护肤品和手表制造商（尽管劳力士最近刚开了一些专卖店）也是这样。

　　奢侈品不是一项技术而是一系列规则、品质和艺术文化。从一个公司的门卫到首席执行官，从销售人员到手工艺者，他们都需要分享这种文化，对这一点的认识很重要。对工艺师傅打造的本地稀缺产品进行推销，这种方式持续了很长时间，而奢侈品传达的正是这种可持续发展的理念。

奢侈品不是高端产品更高价的版本，
而是一个完全不同的理念

威士忌和白兰地的比较揭示了奢侈品和顶级高端产品的不同。威士忌生产商遵从的是这样的高端产品战略：其定价由某些产品特性来进行调节。这会导致一种棘手情况的出现，例如，如果一瓶珍藏了8年的芝华士售价30欧元，那么一瓶售价为300欧元甚至3000欧元的威士忌应该珍藏多少年呢？问题就在于，超过21年的话，威士忌的品质会变坏，因此，对基于时间的产品优势只能使价格在一个特定范围内延伸。

白兰地生产商貌似更聪明，其价格也定得很高。首先，只有产于科涅克地区的酒可以使用"Cognac"这一名字，其他产地的酒都叫"Brandy"。此外，在名称上刻意保持产品年份的神秘性：XO意为"非常古老"的意思；VSOP意为"非常顶级、古老"。之所以没有量化的年份，是因为它是进行价格比较的依据，从而可以防止价格的大幅提升。白兰地还巧妙地利用了它的历史，比如"拿破仑"代表了一种特定的品质，"路易十三"则是代表另一种品质。

护肤品牌也展示了奢侈品品牌战略与高端品牌战略的区别。尽管大多数护肤品品牌也可以在高档百货商店里看到，看上去也具备奢侈品品牌的经典属性（高价、选择性分配、追求完美、非常细心的销售人员、细节、精美包装、向慈善机构募捐等），但实际上它们遵从的是高端品牌战略而非奢侈品牌战略。

在高端战略中，品牌基于证明品牌优势而竞争，并通过与其他品牌的比较，不断尝试成为世界上最好的产品。相反，奢侈品战略创建的则是不可比性和永久性，这主要建立在潜在优势的基础之上，甚至不会承认竞争性。品牌权威是基于信仰产生的，从而赋予品牌象征权威。

让我们分析一下真正的奢侈品牌（如莱伯妮、海蓝之谜、亚洲的SK-Ⅱ等）如何在自己的网站和商店里评价自己。它们的故事结构如下：

- 我有令人难以置信的"神奇成分"。
- 品牌背后有一个传奇故事。

- 相比预期，它能传递更多。
- 这是一个对抗衰老和死亡的神奇配方。
- 可以在明星产品和长期销售产品目录中找到。
- 以明星产品的命名来区分，不用进行比较（莱伯妮的"鲟鱼子亮肤系列"或是"白金珍藏版""海蓝之谜"面霜，SK-Ⅱ的"神奇活性精粹"）。

兰蔻、娇韵诗或碧欧泉这几个品牌背后都没有采用能够暗示神奇的美丽故事。为什么人们不会将娇韵诗认为是奢侈品品牌呢？事实上，它的品牌故事是以很谦逊的方式来讲述的，它将谦逊当作了一种美德。娇韵诗想要通过真诚的方式来描述，它没有表现得夸张或者给出过度的承诺。因此，这里没有真正的"娇韵诗梦"。但这并不意味着该品牌在全球范围内就不会有忠实的用户和粉丝，但其象征权威和定价优势相对会弱些。总之，与其他品牌的不可比因素——这种导致差距的神奇中间载体是不可能存在的。

在品牌中创造不可比性和价值

在创立奢侈品品牌时，常会犯两个经典错误。第一个错误就是相信品质是足够的。即使一个品牌有非凡的品质，正如那些初创企业的例子，这可能仅仅是保留了受人尊敬的工匠的一个品牌，而对成长来说是远远不够的。以印度为例，在当地有很多优秀的工匠师，但却鲜少有来自印度的奢侈品品牌。他们忘了奢侈品品牌是由缔造神话的顾客造就的：奥黛丽·赫本成就了蒂凡尼，就像格蕾丝·凯莉成就了爱马仕一样。凯莉包从明星身上汲取明星的形象，格蕾丝·凯莉使这款包成为高雅的永恒代名词。

第二个错误就是认为奢侈品仅仅涉及商标、沟通、有影响力的营销、公共关系以及尽可能快地建立电子商务网站等。爱马仕的凯莉包是限量供应的，因为每个包需要一个技艺高超的工匠花费18个工时进行制作，其中也融入了法国的精美工艺、文化及不可思议的魔力。世界上来自所有阶层和不同文化背景的女人只要一想到爱马仕凯莉包，都认为这是一种奢侈品，并非常希望自己也能拥有，至少在生命中能拥有一次。这正是奢侈品战略的运作方式，这种永恒的渴望是基于众多全球标志性品牌而产生的。奢侈品与时装不同，时装在每一个季度之后其产品的价值也就消失了，但是奢侈品给人的印象是不会受到时间的影响。人们常说："将来我会拥有一块劳力士蚝式恒动系列手表，或者一辆保时捷911，或者一块卡地亚坦克手表，或者是一块积家雷威索的手表。"当利润来自于不间断的单位库存（SKUs）时，品牌的利润是十分可观的。奢侈品品牌进入时装业只是为了崭露头角，它的作用也仅限于炒作。马可·雅各布斯设计的衣服在 LV 品牌店的销售量只占到了 1%，但却代表了 50% 的公关知名度。然而支撑 LV 成为世界第一大奢侈品牌的巨额利润来自于标志性的皮质包（如 Monogram 帆布系列、Epi 皮革包……）；它们都是人们长期渴求的对象，同时也标志着人们对生活中所取得成就的衡量与奖励。

以上提到的这些都解释了为何在价值创造中品牌的作用至关重要。顾客选择进入品牌商店。他们不仅只是想要皮质包而已，更多的是想要克里斯汀·迪奥的包。正如艺术家的名字能体现价值一样，奢侈品品牌也是由来自自身传统和基因、后期愿景、文化偏好等方面的价值整合。接下来我们可以看到：一个新品牌的创建需要花费足够的时间来明确其传承的路径。这就是为什么它们能无与伦比。你不可以比较柏图斯庄园和拉图尔酒庄，虽然这两种标志性的波尔多葡萄酒的售价均在 1000 欧元左右。同样地，你也不可以将兰博基尼和法拉利进行比较，因为这是两个不同的传奇。

传统的重要性

最近的研究证实，没有了传统，奢侈品品牌也就不复存在，梦想也会销声匿迹（详看下文第 99 页的"梦想方程"）。所有刚起步的奢侈品品牌都会有一个令人关注的问题，那就是这些品牌都没有花费足够多的时间来关注传统、价值观、文化，而这恰恰正是品牌拥有长期不可比性和一致性的根源所在。仅靠 SWOT 分析或者发现商机的市场调研报告是不能作为创立全新奢侈品品牌决策的依据。只有通过嵌入在更高的价值和文化中的目标的确立以及真挚和热情的渴求才能开启新品牌的创立。

因此，像柏莱士这类手表品牌看起来似乎存在了很长时间。事实上这一品牌是由两位年轻人在 25 年前创立的，他们一位是巴黎高等商学院的毕业生，另一位是设计师，当时的他们都对军事航空仪器有着共同的热情。他们并不关心行业间激烈竞争的现状，也不畏惧百年灵（Breitling）、宝玑（Breguet）、泰格豪雅（Tag Heuer）这类行业巨头。在奢侈品品牌中，热情与真挚是其内在要素，而这并不包含那些为了不同于其他品牌而产生的竞争的合理反应。正如奢侈品反法律条例中所陈述的那样："思考身份，忘记定位。"托德斯（Tod's）——最近的一个品牌，就准确地体现了经典的意大利式优雅的现代形象。

奢侈品并不取决于营销而在于如何上市：营销的违反法

奢侈品品牌的建立在于如何创造和让目标顾客保留梦想。同时，奢侈品品牌的建立也是关于如何维持与那些抄袭者的差距；这些抄袭者使用的是另外一种商业模式，那就是将奢华与平价风格融合在一起的混搭风，我们也将其称之为快速发展的奢侈品（FMLG）。他还与顾客选择相关。

奢侈品并不是工艺，它是一种文化。每一个品牌都应该致力于创建自身无可比拟的特性，无论是产品、商店、服务还是每一种沟通行为。

直到现在，奢侈品还一直仅限于富裕人群，但当前它们已经将目光转移到了中产阶级人群上；这些人也被成为"游客"，因为他们只是偶尔购买奢侈品。但有一点不能忘记，奢侈品品牌有两大主要的价值驱动力：奢侈品自身放纵的感知和对奢侈品供应相关的其他感知。没有了价值的第二大驱动因素，奢侈品品牌的产品和服务就仅仅是享乐至上的工艺品而已，这些产品和服务不能体现消费这些产品的人群来自哪个社会阶层，也不会成为精致品位和文化精英的缔造者。一份针对年轻的奢侈品品牌和企业的调查研究发现，许多品牌都陷入了这样的一个陷阱：它们过分关注产品，而忽略了奢侈品品牌在人们生活中的社会角色；这能提升购买者的阶层意识和优雅的外在形象。必须要明确的是，作为一个奢侈品品牌必须能够被他人感知到（这是一个奢侈品）。这一点解释了仿冒品为何也能提升品牌知名度的原因，而仿冒品有益于品牌声誉通常被认为是有悖常理的。

奢侈品不仅代表了一种产品，更代表了一种属于精英人群的品位。如今，社会上存在着各种不同的精英或杰出人物（如继承祖业的世家、暴发户、创造性精英、网络精英、体育精英、知识精英等），因此也就存在着各种不同的梦想。所以对奢侈品品牌来说，这里就会有很大的生存空间。自从奢侈品品牌从迎合少数群体转变为面向多数人时，就已经将从属于高端人士的普通品转型成了属于普通人群的高档品。因此，奢侈品品牌的挑战与日俱增：如何在成长的同时留住高端顾客群，同时保持他们对奢侈品的渴望。

为了解决以上提出的问题，奢侈品品牌必须在一些关键点上维持平衡：

（1）包括/排除：奢侈品品牌需要变得更易接触，从而实现更多的销售；但仅局限于部分特定产品。这解释了为何在网络上销售会是一个大问题，因为任何人都可以在网络上购买到这一品牌，但是在传统零售店品牌就可以对顾客进行挑选。

（2）可获得性/不可获得性：太多易获得的产品虽然会创造销量但同样也会削弱品牌价值、品牌所赋予梦想的效能和相应的定价权力。另外，如果需求不足，那么高价就可能会导致业务的失败。同时，那些支付得起过高价位的顾客也会失去"权力"欲望（这就是我们前面所说的：顾客造就了奢侈品的品牌形象）。

（3）开启过去/准备未来：尊重传统、基因等，尽管在如今看来可能是出格的。

（4）培养技术/提高销量（解决全世界不断增长的需求）。

（5）崇尚实体产品的稀缺性（如法拉利、阿斯顿马丁或者是凯莉包），而目前越来越多无形、虚拟的稀缺品开始出现（如艺术家签字的高价限量版）。

为了在保持优质客户的同时又扩大消费群体，奢侈品品牌必须使用凡勃伦法则，如永久性地抬高平均价格水平（消费者对一种商品需求的程度因其标价较高而不是较低而增加），特别是当它们引进了一些针对"游客"的奢侈品时（比如一年才去一次米其林三星餐厅）。

第二个解决办法就在于双重管理——创建自主生产、自主定价、自主分配的自有品牌（如乔治·阿玛尼商店、爱姆普里奥·阿玛尼商店以及阿玛尼牛仔裤）。这也解释了 LV 为何推出由设计师专门设计的独特的高端宝石项链（一条 100 万欧元的项链）或是由村上隆签字的限量款皮质包，这与主要针对中产阶级进行销售的大众品牌区分开来了。事实上，富人只关注于购买"艺术品"的乐趣而已。

为了解决之前提到的平衡性问题，成功的奢侈品品牌已经逐渐形成了与传统营销定律相悖的原则。这些原则被称之为营销反定律条例。奢侈品（的成功）不在于营销，而在于提供具有创造性、破坏力和高度实现可能的时机。我们明确了相应的条例，其中一部分已经在表5.1中提到。接下来我们将通过事例对一些违反定律条例进行详细阐述。

表5.1 一些市场营销的违反定律：如何打造一个奢侈品品牌同时又避免摧毁其价值

不要以顾客为起点，应对产品给予关注并从此开始

不要试图现代化，创造力和款式会使品牌兼具永恒和现代的特性

不要试图时尚化，时尚的另一面就是被时尚所淘汰

如果产品或者设计发展太快，那就中止

花大量的时间增加产品价值；花少量的时间减少产品成本

不要把产品的厂址迁移到低薪资的乡村

不要试图建立集团的协同效应

一个真正的奢侈品品牌，无论何时进入一个市场或一个城市都不会晚

忘记"定位"，奢侈品之间是无法进行比较的，因此将重点放在产品身份的思考上

永远都要记得追溯本源，不要以不可思议和兼具破坏性的方式来诠释品牌

做顾客的主宰者，不要一味地迎合客户需求

通过限制供应和分销，使客户较难获得产品

在网络上仅仅销售小量的产品

奢侈品决定价格，而非价格决定奢侈品

随着时间提升价格，从而提升需求

永远不要打折出售奢侈品，因为你出售的是永恒的价值

永远不要授权进行许可销售，将名誉委托给他人是很可怕的，因为这是你的长期财富

广告的作用不在于提高销量而在于燃烧梦想

使名流远离广告

培养与前卫派艺术家的亲密度

奢侈品品牌化是充斥着神奇的过程，而一味建立共识只会淡化这一过程的奇特性

对顾问保持警惕，他们经常通过标杆管理来推销一些危险的理念，如"做其他品牌所做的"

反定律：当某一产品销售过多，则中止出售

打造一个奢侈品品牌要求企业不要试图寻找"最佳卖家"而应寻找"长期卖家"，因为产品销售持续的周期较长。有时候，某一个特定的产品会出其不意变得非常流行，每一个人都想要拥有它。虽然这对于其他行业来说是一件幸事，但在奢侈品行业这可未必是好事，或者说喜忧参半，因为这意味着产品和品牌都"时尚化"了。正如法国人类学家勒内·基拉尔（2005）所证明的那样：欲望是会传染的，时尚的另一面就是将来有一天会不再流行，这一点对时尚品牌来说无关紧要，因为时尚品牌会持续不断地出现新的流行产品。但是，对于奢侈品品牌来说，将艺术品拿去竞争只会逐渐削弱其"永恒"的品牌形象。事实上，劳斯莱斯生产的75%的车目前都仍在使用，并且公司能够提供相应的修理，这是因为劳斯莱斯有意识地在让"艺术品"（车辆）不受时间影响，从而保持活力。奢侈品品牌通常不太想变得很时尚。爱马仕，可以说是利润最大的奢侈品公司，这就是证明反定律条例的典型事例。它每年都会生产新款设计的丝巾。如果某款设计销量过多，它会立即从专柜中被撤出。爱马仕清晰地意识到奢侈品不是关于销量的博弈，而是关于优越感的竞争，即便需要付出更高的销售成本，也需要保证这一原则。

奢侈品品牌追求的是能够决定定价权的价值战略，这解释了为何不同的品牌之间除了质量之外还存在着巨大的差异，比如爱马仕的价格是蔻驰的4倍。尽管在批发销售（如手表和香水）或通过多品牌零售商进行销售方面，爱马仕也会有例外。

这一项定律也解释了为何丰田的高端品牌有着清晰响亮的名字［雷克萨斯Lexus与"Luxus"很相似］，但它并非采取奢侈品战略。在美国，雷克萨斯总是重申其目标是成为品牌轿车中的销量第一。与此相反，劳斯莱斯2014年的目标是比2013年多卖出一辆车。追求的则是销售个性化梦想的定制战略。每辆出售的劳斯劳斯为顾客和企业创造了更多价值，而这是单纯注重销量所无法比拟的。

反定律：无法仅用价格界定奢侈品，而是用奢侈品界定价格

人们常犯的一个经典错误就是把奢侈品等同于过分的昂贵。奢侈品品牌也可以在比较平民的价格基础上采取严格的奢侈品战略。拿"香槟"举例来说，这是世界上最强大的奢侈品品牌之一。你可以在法国当地一些小规模的生产商那里以

12 欧元的价格购买到一瓶，这些生产商没有创建自己品牌的专门途径。但他们却能在"香槟"这一全球性的品牌下正常有序地经营；因为不同于其他汽泡酒，香槟代表了一种奢华、一种赞美。

数据研究表明香槟的消费与 GDP 的增长有关。所以这是一个很典型的奢侈品。经济增长创造了更多需要来庆祝的场合。香槟是一个任何公司都可以使用的共同品牌，只要这一公司所产酒的原料来于严格限定的地理区域。在盛产香槟酒的区域以东几百公里的地方，你会发现一款叫作"塞克特"（Sekt）的德国起泡酒（他们不使用"香槟"这一词），尝起来和香槟一模一样，售价在 120 欧元的塞克特起泡酒能成为奢侈品品牌吗？这个问题也同样适用于意大利蓝布鲁斯科（Lambrusco）或澳大利亚杰斯卡（Jacob's Creek）起泡酒，它们在英国的售价均在 100 英镑左右。

正如反定律条例所表达的那样，价格不足以决定一个品牌是否属于奢侈品。它可以让该产品称得上是高端商品，让一项普通战略成为高端的溢价策略。生产者们可以根据酒的成熟期（在木桶中的年份）、所用葡萄的质量、土壤、酿酒所采取的特殊技术以及像罗伯特·帕克那样的评论者给出的品级等方面来证明自己的葡萄酒品质，但这也导致了稀有葡萄酒的诞生。这就是典型的溢价策略，但这还不足以使产品成为奢侈品。

那么现在的问题就是为什么世界上只有"香槟"这个词才能代表奢侈品？答案很简单，那就是只有香槟酒可以唤醒梦想（或者说，它是梦想的代表）。消费者可以只花 12 欧元就能购买到一部分"梦想"。相反，虽然"塞克特"售价达到了 120 欧元一瓶，但它仅仅只是高档品的代表，并没有给顾客传达"梦想"。这对世界上其他新葡萄酒国家的起泡酒而言，也是相同的。它们只是提供了一种味觉上的体验，而跟梦想无关。

这就提出了一个疑问，香槟的梦想是由什么构成的？

正是由于香槟酒，宫廷联盟才得以形成，如称之为太阳王的路易十四、英国女皇和俄国沙皇。香槟能让人们记住世界上那些以历史、艺术、才干和文化闻名的地区。香槟以它独特性的内涵而闻名。品尝香槟的过程就像一场演出、一种仪式，而且需要带着神圣的热情。一想到香槟，就总是会想起庆典、成功、优秀的人才和关键性的时刻。香槟可以带来魔幻，它的制作过程似乎也是不可思议的，而这绝不只是高超的技术。香槟具有一种神奇的作用，那就是能把坏心情转换成好心情；作为各种无形和有形的附加值的微妙混合，香槟酒可以带来精神状态的愉悦、诱惑、新鲜度、精力和欢腾。

有趣的是当人们谈论起香槟酒的时候，总是最后才提及它的味道。或者说，人们很少谈起味道。因为最先感受的是对香槟酒的意象，就像所有梦想在一开始都会有视觉效果一样。这些视觉效果意味着一种特殊体验，所分享的一个传说，融入这个传说并享受它的神奇效果：一份关于只能属于自己的梦想。

反定律：超越常规从而固定品牌根基

虽然一类香槟会有一个共同的梦想，但每一个香槟品牌又会建造自己的专属梦想。品牌唐培里侬（Dom Perignon）更是这样。当然，这个品牌的名字（一个出生在 1638 年的修道士的名字）本身就是它传奇的一部分。这个品牌由玛喜尔（Maison Mercier）拥有，但这家公司并没有使用这个名字，而是将它卖给了酩悦（Moët & Chandon），酩悦在 20 世纪 50 年代伊丽莎白二世的加冕礼上发布了这个品牌。但是，当时它们的主要目标市场并不是在英国，而是在美国市场。该品牌所使用的特质玻璃酒器使香槟看上去非常独特，且具有浓厚的年代感，瓶身的标签看上去也很像是一个老式布拉松（Blason）。此外，还倡导香槟的传奇配方和发酵成熟的时间长度。唐培里侬只销售精制葡萄酒，因此在品质上就非常重要。

一个新的品牌必须在社会化和技术矛盾上进行资本化，这个规则对于奢侈品来说也是好的。为了渗透美国市场，唐培里侬旨在服务于美国正在兴起的统治阶级及"二战"后的有钱人。这曾经是精英们享受的香槟，卖出的价格是库克香槟（Krug）的两倍，而库克是当时顶级的香槟酒。这种定价相当符合当时的有钱人、资本家这一新阶级的心理。有趣的是，作为一个传奇，唐培里侬毫不犹豫地选择打破这个规则，正如"二战"后突然成为有钱的人一样，它没有选择个性化的交流方式，这种方式不是当时所有香槟品牌会选择的，而是选择了一种更显而易见的方式——通过赞助 1961 年詹姆斯·邦德的电影和当时一些其他电影。唐培里侬将这种方式延伸到了娱乐界和众多奢侈品公司。因此，它成为了传奇，并被很多人熟知并认可。讽刺的是，詹姆斯·邦德拍摄的电影却同时也给予了这个品牌暗示性的形象。

接下来是路易王妃水晶香槟（Cristal Roederer，以下简称"水晶香槟"），一个传递着与唐培里侬截然不同的梦想品牌。水晶香槟被装在一个带有传奇色彩的晶体瓶中。Roederer 以前是一家享有名气的香槟公司，并且专门供应给沙皇朝廷。据说，沙皇二世对于自己和他朝廷里的臣子享用同种香槟的想法很不满。因此，为了取悦沙皇二世，Roederer 开发了一种独特的并且罕见的混合口味香槟，将其装在一个晶体瓶里，最终沙皇政权的没落也意味着这家公司的衰败。和其他香槟公司一样，该公司决定效仿唐培里侬，并发布了特酿香槟，而且使用了人们可能已经忘记的晶体瓶，但这一招并没有取得预想成效。这种"我也一样"的战略在长期来看是不可持续的。人们为什么要喝缺乏声望和品牌吸引力的复制品呢？

美国本土的进口商们对于这样的结果十分失望，因此他们做了一个大胆的决定，将产品提价到每瓶 160 美元。这个价格比当时唐培里侬的价格高出 50%（其售价为每瓶 120 美元）。这个决定居然非常奏效，水晶香槟在美国立马火热起来。这个品牌在当时浮华享乐的富人阶级掀起了一轮社会冲击。水晶香槟在迈阿密取得了成功，同时也因为它独特的刺激性和传奇的身份标识，成功敲开了洛杉矶的市场大门。它的成功甚至改变了唐培里侬的"经典"香槟地位。

曾经的"沙皇选择"如今成为俄罗斯寡头的象征，在全球性的庆典节日中可以被消费许多许多。水晶香槟诱导着人们逐渐产生奢侈的心态。

反定律：谨慎对待名人

在浏览时尚杂志时，你很容易被所有称之为奢侈品品牌的广告中的名人所吸引。然而，奢侈品战略在名人使用这一点上要非常谨慎。在这种战略中，品牌才是核心，而非名人。

你或许会问，为什么好莱坞影星妮可·基德曼和布拉德·皮特会被雇用去代言具有神话色彩的香奈儿 5 号香水，而这款香水的年龄已经快有一个世纪了。

首先，香水市场不再是奢侈品市场了，大多数香水品牌已经认同了这一点。所有的市场引领者都采用了大众营销的方式。美国（目前的香奈儿总部就设在美国）的营销者一直坚信使用名人来进行营销，不管是力士的肥皂还是香奈儿的香水。它们将大众营销应用到了各个领域，这就可以解释为什么蔻驰和拉夫·劳伦这样的品牌在某种程度上其经营与快消公司相似。

人们在杂志上不可能看到爱马仕利用名人推销皮包的广告。正如前面提到的，在奢侈品战略里，品牌才是核心，而非名人。

标志性爱马仕包的名字叫作凯莉（是由格蕾丝·凯莉的名字命名的）和柏金

（由女演员简·柏金的名字命名的）。有趣的是，这两个"明星"都有爱马仕包包，而这表明名人是认可爱马仕包的质量、外形和其独特设计的。这点和雇用名人在媒体上推销产品的方式不一样。最后，这也并不意味着奢侈品品牌不可以雇用政府官员在正式场合展示品牌。

在体现 LV "核心价值"的广告中，我们可以看到一只 Keepall 手袋被放在戈尔巴乔夫的身旁，戈尔巴乔夫是苏联的前总统，广告中的他正在对柏林墙的拆除合作事宜进行游说。在另一个广告中，我们同样可以看到在 U2 乐队主唱 Bono 的私人飞机里有一款 LV 包包，当时他正飞往非洲去推广他自创的服装品牌 EDUN。一个共同点是，他们都是当今人们所熟知的"英雄"人物，是改变世界杰出人物的代表。这些品牌通过广告的形式让他们成为了品牌的象征和符号。

2013 年，当保时捷雇用玛利亚·莎拉波娃来担当它们的品牌大使时，它们不是利用她个人去销售品牌，而是利用她的魅力——ATP 世界第一女网选手的声誉，向全世界展示其在重大活动上的品牌价值。

回到香槟的案例中，进入 21 世纪后两大香槟品牌均在美国发布，而一些名人也纷纷持有这些公司的股份。

美国著名的 Rap 歌手 Jay Z 一直致力于新品牌黑桃 A 香槟（Armand de Brignac）的运营；玛丽亚·凯莉也推出了天使（Angel）香槟品牌。上述两种品牌的目标客户主要是美国新富人阶级——非裔美国人。天使香槟主要针对女性客户群体，是凯歌皇牌香槟（Veuve Clicquot）的潜在竞争者。

事实上，黑桃 A 香槟早在 20 世纪 50 年代就已创立，是一个较为古老的品牌，目前又因为非裔美国人阶级重新恢复了活力。价值 300 美元的香槟配上了库雷热（Courrèges）设计的定制金盘。而作为法国著名的设计师，库雷热被作为以艺术形式定位品牌的方式。此外，Jay Z 的个性符号、黑桃 A 也同样被用作品牌化的象征。这款饮料的原料则主要来自于昂贵原料之一的莫尼耶皮诺（Pinot Meunier）。

玛丽亚·凯莉品牌最开始定价为 960 欧元一瓶，但还有很多 12 年陈年窖藏（库克香槟只有 6 年时长），1.5 升大瓶装（限量库存）已经卖到 28.6 万欧元一瓶。而且每年都会发布一款新的产品。

这些名人的媒体曝光迅速给这两个品牌赋予了可识别的品牌意识。在美国这样一个大众极度热爱名人的市场上，选用名人代言是非常有效的战略；因而，其他区域也开始效仿美国市场的做法。在谷歌网站上，搜索"名人喜爱的香槟"，你会发现这两个品牌位于名单的前列。

这一积极的公关策略充分把握了人们对名人狂热崇拜的心理，尽管这些人并没有多少有关于香槟的常识，这也就解释了这些品牌之所以成功的原因。这两个有趣的品牌获得成功所使用的方式类似于时尚品牌利用明星效应并进行资本化，进而借助明星广泛的媒体资源进行曝光。这些品牌并没有关注如何创造一个可持续的品牌，所以除了一些经典的奢侈品外，如黄金、珠宝、限量品、高价品、限制性分配的物品等，并不具备其他奢侈品的发展战略。

奢侈品的本质是会在一段较长的时间内持续出现，但名人和他们所拥有的声望却是短暂的。尽管这并非奢侈品的战略，但当人们将商品成本与高昂的零售价格进行比较时，这却成为了一个利润可观的商业模式。

反定律：广告不是为了销售

对于任何一个年轻的 MBA 学员或者一个顽固的市场者来说，"广告不是为了销售"这条藐视了逻辑常规，但是这条仅仅适用于奢侈品。

正如前面章节提到的，奢侈品是在出售一种梦想。目前，基于 60 个奢侈品品牌的延伸统计工作（Kapferer and Valette-Florence，2014）已经证实了早前的研究观点：品牌意识促进品牌梦想；但是，销售量（利用品牌渗透测量）减少梦想；传承也同样促进梦想。

梦想方程

梦想的价值 = 0.3 品牌意识 - 0.4 品牌渗透 + 0.5 品牌传承

资料来源：J.N. Kapferer and P. Valette-Florence，2014.

也就是说，一个品牌越被扩散，品牌所传递的梦想就越被淡化。这就是为什么品牌梦想需要持续更新以及为什么奢侈品广告会充满神奇的原因。这些广告只是奢侈品品牌进行沟通交流的一种方式。广告中注入了象征奢侈品基因的各种要素，但这并不意味着需要在这方面进行大投入、大预算。奢侈品广告能够扩大与

普通商品间原本的距离，我们会看到奢侈品电视广告一般通常为 2 分钟而不是标准的 30 秒。在网络上并没有对时长和创意有所限制；即使在纸质广告中，奢侈品品牌通常会选择一次性购买《Vogue》杂志连续的 10 个版面，而这比在一页上刊登 10 个连续事件要好得多。当香奈儿花费 3000 万美元为香奈儿 5 号香水做广告时，事实上它已经创造了香奈儿在香水界的象征性权威。

结论：为了持续发展，奢侈品必须学习宗教和艺术

在当今社会，日常、标准化的目标和事物已经达到了饱和状态。然而奢侈品则是脱离常规的、特别的事物；通过对奢侈品的拥有获得与众不同的体验。为此支付的高昂价格并不能成为一种负担或是一种威慑，仅仅是进入美好世界的"费用"而已；在这个世界中到处充满着愉悦的氛围、高超的技艺、精美的艺术、和谐的文化，并在一定程度上划分了奢侈品和必需品的界限。

奢侈品由于宗教和艺术这两个驱动力体现出了更多的内涵；奢侈品管理必须与这两个因素保持紧密关联度。像任何宗教一样，奢侈品品牌为了使顾客达到生活的更高层次，而不局限于简单的物质层面，还需要开发：

- 神话和传奇。
- 英雄或者提倡者（一般是创始人，或者是有创造力的设计者）。
- 神秘、神话，不合理的解释。
- 符号、标记（每一个品牌应该开发自己的标记）。
- 节日（建立重要事件的场合）。
- 庙宇、教堂（旗舰店）。
- 培育信仰的社会群体管理以及社会网络的重要性。

简言之，为了将顾客提升到更高的生活层次，验证昂贵价格的合理性，奢侈品品牌需要学习一些艺术技巧，产品的定价也需要随着时间而递增。这就是为什么奢侈品品牌总是尽所有可能搜寻更多的创意、魅力、独特性、排外性和奇特之处的原因。

有才华的人是公司的关键、核心资产。奢侈品设计师和为公司创建长期品牌

利益的 CEO 一样重要，设计师们也必须得到和纯粹的艺术家们一样的重视，因为他们的签名随时会让任何事物成为价值连城的宝贝。

通过这些方式实现最终的奢侈品特性，让奢侈品品牌获得合法性，并且在一定程度上避免了因财富所产生的歧视方面的评论。通过像艺术品一样的定位，奢侈品品牌提升了顾客群体，并基于顾客评价艺术的能力来分割市场，而非以金钱为标准，从而理解该美好事物的真正价格。

作者简介

让-诺艾·卡普费雷是一位享誉全球的品牌管理专家。他在西北大学获得博士学位，在巴黎高等商学院获得理学硕士学位，并任教多年。卡普费雷教授在这个领域进行了很多创新，例如品牌身份、品牌识别棱镜、品牌结构重要性和品牌管理等观点。

作为《新战略品牌管理》（*The New Strategic Brand Management*）、《重塑品牌》（*Reinventing the Brand*）和谣言（*Rumors*）的独立作者和《奢侈品战略》（*The Luxury Strategy*）的合作作者，卡普费雷教授主要从事全球性的咨询工作，目前也是英赛克高等商学院（INSEEC）的战略顾问。

参考文献

Girard, R（2005）*Violence and the Sacred*, Bloomsbury Academic.

Kapferer, J-N and Bastien, V（2012）*The Luxury Strategy*, *Kogan Page*.

Kapferer, J-N and Valette-Florence, P（2014）The paths of the luxury dream, Research paper presented at the INSEEC/IUM Luxury Symposium, April 10th, Monte-Carlo

Taylor Clark（2008）*Starbucked*：*A double tale of caffeine, commerce and culture*, Back Bay Books

06 零售品牌管理
感知、性能和改进

◎ 杰斯科·珀雷 (Jesko Perrey)

托马斯·迈耶 (Thomas Meyer)

不论通过哪种形式，所有的消费群体或组织都必须参与到品牌中来。至少在一定程度上，企业要有适用于所有消费行业的品牌考虑。当涉及零售时，营销人员和品牌战略者还需要应对构成行业品牌建设，而且来自组织、消费者和竞争现状的一系列内外部因素，这是一个非常具有挑战性的议题。

● **品牌无边界**。零售业真的没有任何"幕后"部分。因此，它的很多因素是面向顾客的。品牌化开始于对顾客和市场的洞察，而这是形成品牌战略的基础，这时的品牌化就延伸到了多个领域，如产品分类和采购、形成策略、商店设计、消费者承诺以及（在很多情形下）私有商标产品的创造和供应。食品和其他零售行业私有商标的市场份额一直处于不断增长的趋势，同样，时尚行业的H&M和Zara也是产品和商店在顾客心目中关联性持续加强的代表性品牌。

● **忠诚是我们的目标**。一些行业或许想要侥幸说服消费者只购买它们的产品或服务。考虑到很多耐用消费品产业的结构，回头客是一种理想状态，但是也有很多成功的一次性购买。在零售业并非如此，客户忠诚才是主要的收入来源。强大的零售品牌同样需要实现顾客的重复购物，并以实现长期客户忠诚度为目的。

● **小的回旋余地**。零售商的利润管理通常非常严格。这意味着相比其他消费类别，零售预算通常在其净销售额中的份额比重更低。许多汽车、电信和电子品牌分配的净销售额占市场销售的5%，而一些快速消费品品牌的投资接近20%。与此形成鲜明对比的是，许多零售品牌则不到1%。简单地说，零售商必须在少资源的基础上建立自己的品牌，这意味着要充分利用广告以外的品牌渠道来建立和传达一个强有力的品牌信息。

- **竞争关注度**。零售品牌往往要与供应商品牌竞争关注度。例如，电子产品零售商经常面临的问题是它们是否应该推出最新的 iPhone 或者 iPad——从而利用其中一家供应商的品牌优势——或投资和推广自己的品牌。

- **大量员工作为品牌大使**。通常，员工是一个零售品牌最重要的接触点。比如，汽车代工生产（原始设备制造商）和消费电子公司会肯定员工力量的价值，但它们不依赖于这些员工给顾客积极强化公司品牌。零售业的员工必须在日常工作中不断展示自己的品牌承诺。零售商往往也是雇员很多的大型公司，沃尔玛和麦当劳都拥有100万以上的雇员数量，通常也位居"世界最大雇主"名单的榜首——这种规模明显增加了让员工作为品牌大使的重要性和挑战性。

- **运营为主的文化**。从表面看，零售是关于从供应商购买商品，然后销售给顾客的行为。因此，在这个行业很少能看到专利保护；因此，没有这方面的保护，对操作细节的强烈关注就显得尤为重要。这为创建一个强大的品牌思维和管理体系提供了更为艰难的环境。零售商要实现用"一流销售"规划为客户创设"品牌体验"的目标，观念和行为转换是第一步。

- **全方位渠道和互联网中断**。零售比互联网给消费者行业带来转变的影响更大。最早成功的电子商务就是零售商——亚马逊和易趣——今天，几乎所有零售品牌都需要借助在线和移动渠道来保证自己的竞争性。这种范式的转变使实体商店从所有品牌建设的焦点到仅仅是顾客消费的渠道之一的角色转变，而且要求品牌经理引入多种渠道。

零售商和产品之间的界限模糊，消费者越来越关注的不只是他们所购买的是什么，还有从哪里购买。价格仍然是重要的因素——在紧缩的时候，消费者对价格仍然敏感，并且会寻找让金钱真正发挥价值的交易——但真正使消费者花费更多的是那些抓住他们想象力和注意力的事物。被展示在全食超市（Whole Foods）过道的"美食家天堂"列表，苹果专营店特有的体验式店面布局，一位友好的约翰·刘易斯（John Lewis）百货商店的助理或霍利斯特（Hollister）推出的夜总会风格的商店体验，这些都在说明差异化的关键性。今天的零售商——尽管（甚至因为）是行业的独特品牌渠道——需要一些有吸引力和特色之处来标新立异，而并不仅局限于是销售商品而已。

零售新品牌的优先性

组织对品牌的重视程度会因行业而异。这通常是对组织中有贡献的"品牌"的感知价值所起的作用。传统上，许多零售行业的首席执行官对品牌的重视程度不高，很少有人将其作为首要任务。

从超市到电子商店，这些零售公司因在传单和广告宣传的战场上所进行的价格战而闻名，通常以高折扣来吸引顾客，并强调这是"最佳交易"信息的传递。然而，对组织品牌在时间和精力方面有意识和系统化的投资，往往是少之又少的，因为大多数关注的是产品零售商，而非商店本身。然而，最近的趋势促使零售首席执行官开始以新的方式去思考他们的品牌。

这些趋势呈现了垂直化的状态，垂直化就是在整个价值链上具有更多的控制权，而大多数情况下，品牌所拥有的零售网络是这一主题的关键部分。这不仅允许品牌在零售商处有更多的控制权，同时它也可以防止品牌与传统的多品牌零售商之间潜在矛盾目标的出现。为了营造更具凝聚力的品牌形象，这一大型"品牌聚集地"已向零售商们敞开了大门。根据客户满意度的提升，产品商品化也使零售差异化的重要性不断提升。星巴克、阿贝克隆比 & 费奇（A&F）和亚马逊已经成为拥有极好的客户购物体验平台的全球知名零售品牌。

在零售业建立和维持一个强大的品牌

就像其他类别一样，建立一个强大的、持久的成功品牌必须从三个方面立即着手：艺术性、科学性和技艺性。

艺术性是赋予品牌相关、可靠且独特的价值主张，这一价值主张在执行过程中必须与时俱进，并保持一致性和创造性。零售品牌必须采用正确的方式吸引消费者，从而产生需求。它们需要在情感上与顾客建立密切关系——通常对聚焦于运营的零售商来说，这是个巨大挑战——它们的主张也必须是可信和可靠的。强大的品牌总能做到这两者，虽然需要平衡两者。强大的产品或服务至少在竞争和对实际受益的感知方面的表现是非常好的，而当涉及消费者确定的特征和属性时，它们表现得更好。同时，像宜家、H&M、雀巢和苹果等这些真正的品牌冠军，因为它们的情绪感染力而脱颖而出。虽然它们提供的产品不会在所有情况下都优于竞争对手的替代品，但却能让消费者感受到与其他品牌的差异之处。

但艺术元素的重要性不能被误解为可以任意疯狂地行事。不断变化一个品牌的定位、目标群体或沟通方式终将毁灭其原本应有的价值。事实上，一致性是艺术化品牌的重要因素——鉴于其渠道的多样性，这在零售业更为明显。一致性涉及创新与品牌传承的创造性之间的平衡。一个有名的例子就是关于"博柏利（Burberry）如何在十年间重新恢复活力"。1998 年，博柏利推出了用传统面料制作衬里的风衣款，而这被大规模用在了服装和配饰上。这种博柏利风格——仅仅作为一项功能性的要素——却成为目前品牌最知名的特征。公司将隐蔽资产转化为品牌差异的这种方法具有一定的创造性，且完全符合品牌的传承理念。博柏利的成功有两个主要因素：一方面，该公司设法给其产品组合增加更时尚和年轻的优势，同时坚持品牌的根基，保持并将其标志性的格子衬里作为设计的核心；另一方面，该公司通过创新的渠道和现有的标准传递这一信息，比如 Facebook 这样的数字平台。此外，"风衣艺术"活动也极具冲击性地展现了穿着风衣的城市年轻人，这为品牌带来了更大的吸引力。

科学性涉及对相关消费者需求的理解和衡量，以及在目标顾客群体中的品牌绩效。许多零售营销经理和代理机构仍然使用品牌知名度和广告记忆度作为品牌绩效的主要或唯一指标。虽然这些指标本身没有什么问题，但它们不足以准确体现品牌的具体优劣势，更不用说对其作为绩效驱动因素的理解。在某些情况下，聚焦于意识和记忆度可能会形成"健康品牌"的错觉。事实上，该品牌是处于困境中的，如 20 世纪 80 年代末 90 年代初的 C&A 案例。C&A 的品牌知名度很高，但其并没有迎合顾客不断变化的服装需求，而其他竞争对手都在根据顾客期望设计出符合各种生活方式的产品，并进行着相关的多渠道沟通。C&A 的这种冷漠态势在市场中被放大，顾客也逐渐疏远这一品牌。因此，零售商必须调整传统以品牌知名度和广告记忆度为指标的方式；扩大品牌管理范畴，综合性地在品牌管理决策中提升受益空间。

知名品牌与真正强大的品牌的区分要求了解顾客是否知晓产品或服务上的品牌理念，以及在购买决策中是否更倾向于对品牌的选择。换句话说，强大的品牌通过整体的购买路径来发挥绩效，这不仅涉及从产生购买意识到决定购买、重复购买的过程，还包括其中的品牌忠诚度。并不是说所有强大的品牌在购买过程的每个阶段中都表现出色；大多数品牌通常会在某个阶段表现略微薄弱。无论什么情况下，对品牌在目标群体购买选择过程中相对优势的准确测量是事实品牌管理的起点。

技艺性涉及在整个组织层面及所有顾客接触渠道中品牌各方面的严格管理。将品牌定位仅仅写在纸上是一回事，但让它成为消费者生活中的真实表现就又是另外一回事了：不论是电视广告、印刷广告、传单，还是通过时事通信、商店展示、人际沟通、一系列的"忠诚"计划等。强大品牌的零售商会竭尽全力来确保所有品牌渠道中顾客品牌体验的优越性和一致性。

很多人会同意苹果设定的标准：在所有接触渠道中要让品牌定位发挥整体作用。该公司将其时尚设计、创意和独特性转化成了品牌价值，比如 iPod、iPhone 或 iPad 等。此外，还有 300 多家遍布全球且可以获得独特体验的苹果商店，有些甚至赢得了建筑相关的奖项。

出色的展示不一定局限于有形、外在的接触，如商店的设计。对折扣零售商——阿尔迪超市（Aldi）来说，价格是关键。公司主要从事物有所值商品的供应，而顾客在这方面的认知使得阿尔迪成为了强大的品牌，而低价格是其竞争优势的重要来源（其自有品牌产品仍然定位于 A 类品质价格）。从一开始，阿尔迪就强调：店内出售的每样商品都比其他商店便宜。在此前提下，它将简易性设定为公司的一项指导原则，比如简洁的商店、750 种产品在聚光灯下的精确分类、物流和劳动力成本的严格控制。

正如例子所示，许多零售商在有效品牌管理的艺术性、科学性和技艺性这三个方面中分别取得了成功，但很少有企业能在这三个方面同时保持平衡。不可避免的是，公司可以用不同的方法来管理品牌，每个公司也有不同的优劣势。然而，零售商可能较为精通某一方面，但公司在其他两个方面都没有达到最低标准，那么这也是毫无意义的。

零售品牌认知的要素

为了从经过精心构思并有效执行了的品牌中获得充分利益，零售商就要像其他营销人员一样需要清楚了解顾客是如何看待它们的品牌的，这种看法如何影响公司业务；面对没有达到服务最优的状态，零售商还要了解相关品牌要素识别和改进的必要步骤。接下来对如何做到这些进行概述。

在顾客心目中，零售品牌是对零售商产生广泛认知的聚焦点。实践者和学者们已经对零售品牌认知与消费者行为间的关系进行了系统的研究。为了明白品牌如何以及为什么会影响顾客，零售商首先需要对当前的品牌形象进行深入了解。事实上，品牌形象是非常复杂的，它是建立在抽象与具体、属性与益处这几方面的消费者认知上的（图6.1总结了这四个维度，会在后续进一步讨论）。

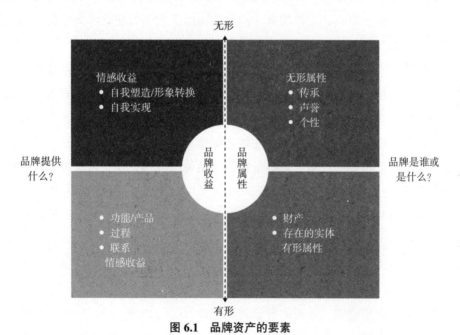

图 6.1 品牌资产的要素

正如 Mazzu、Meyer 和 Weissgerber（2012）所描述的：那些能够被消费者的感官所感知到的品牌特征被称之为**有形属性**。在零售领域，这种属性通常可以被细分为四个类别。商店及其位置属于一个类别，包括奥特莱斯（Outlets）的数量、店内销售、商店布局以及停车状况等。另一类别是价格和促销，它会告诉顾客该产品定价的一般水平、促销方式及相应的折扣数量。分类意味着同一类别中可供选择的范围，顾客通过对特定商店中库存单位总量的估计以及对外来品牌和自有品牌相对份额的比较来进行购买决策。服务属于最后一类，包括商店开放的时间、员工人数、顾客奖励计划或退货政策等。

无形属性是那些综合在一起体现零售品牌身份的特征；从传统或惯例到独特的声音，这些都属于特征的范畴。作为世界上最古老的零售连锁店之一，梅西（Macy）本身就是伟大的继承者。A&F 店内赤裸上身的男性接待员也已成为公司身份的一部分。

品牌的有形属性构成了**理性收益**的支柱，它能为消费者提供充分的购买理由，比如从特定零售商（阿尔迪超市）那里购买能帮消费者省钱，从全食超市里购买食物能够保持健康，从 A&F 店里购买的衣服看起来更时尚？在哈罗斯百货商店和苹果店的购物体验是否特别愉快？乐购快递是否提供了一站式的购物便利？服务水平是否特别，就像雀巢一样，收回顾客家中有缺陷的咖啡机，而在修理期间为顾客提供一台替代机器？

虽然消费者理性品牌选择是非常重要的，**但情感收益**同样不可以被低估。不是每个人在任何时候都是理性的，顾客经常对影响他们个人的事物做出情绪化的决定。零售商往往忽略了消费者的多重动机——感觉被接受的需要，做出有关他们的陈述的需要等。零售商过于关注顾客理性方面，因为这是更容易控制的，但它们忽略了两个重要的问题，那就是它们的品牌可以提供什么以及决定品牌成功的关键因素是什么。

许多奢侈品品牌的顾客，购买这些品牌不仅是因为产品的精细设计，而是因为品牌所做出的针对他们的陈述，这样就足够了。美国女孩之家（American Girl Place）的青少年购物在很大程度上就是出于对自我实现的追求，这就是纯粹和简单的"购物"。

为品牌开发出清晰、全面的形象需要识别所有的品牌元素。精心识别所有品牌属性是发挥作用的一个关键部分。不要认为品牌优势是理所当然，或故意避开本身的弱点，这是非常重要的。此外，还要考虑与品牌相关的其他方面，如消费者动机或感知，尽管它们不是零售商品牌身份的一部分。这么多因素需要思考，市场研究也变得非常复杂。沿着上述四个维度预测品牌知觉，其最根本的作用在于为市场研究的开发设计提供了一个很好的结构。

通常，在深入市场调研之前需要带领一个专门的品牌工作团队或讨论小组，产生一系列的想法或理念陈述，然后将其数量缩减至 30~50 个。

选择这些陈述的窍门是确保涵盖所有四个品牌维度，而且通过充分的陈述，无须市场调研就能提供深度的见解。

根据属性和收益列出的表项能为后续的消费者和市场调查提供基础，这也包括商店本身及关键竞争对手的顾客群。

这里需要提到的是，不仅需要对自己品牌的顾客进行研究，还要关注竞争对手的顾客，这是非常重要的。因为这有助于对市场前景的真正把握，并评估市场上所有关键品牌的优缺点。

最后，在设计研究时，跨区域感知差异的识别也是至关重要的。特别是在零售领域，这些差异很可能会发生，因为这是一个具有高度服务和场所依赖性的产业。

标杆管理品牌绩效

"品牌如何以自己的方式被外部认知"，通过这方面的充分了解可以为品牌定位尝试提供基础，它们可以从调研中获得更多信息。该品牌在顾客决策过程中的各个步骤可以为识别改善品牌形象提供宝贵的线索。

因此，对零售商来说最有用的工具就是品牌购买漏斗（或品牌漏斗）。这个工具可以为零售商提供有关竞争对手表现的认识和见解。像其他工具一样，品牌漏斗也是基于关注度（Attention）、兴趣（Interest）、欲望（Desire）、行动（Action）（简称 AIDA 模型）四个方面的。

考虑到位置是零售成功非常重要的一个方面，这对比较同一位置或相近区域的零售商是必不可少的关键因素。只有包含了进入过所有竞争者商店或住在商店附近的参与者，才能保证研究样本的无偏差性。如果在研究设计时没有考虑到这种情况，那么具体过程中就会偏向对附近没有竞争者的商店的观察，这样就会导致结果的不准确，或者说这种研究就被扭曲了。

Mazzu、Meyer 和 Weissgerber（2012）解释道：大多数漏斗阶段都可以进一步细分，这有助于提高洞察力，图 6.2 为零售商的品牌漏斗示例。提供高价格、低购买率产品（如汽车或房地产）的零售商会在购买前的阶段寻找更多细节，如顾客是如何考虑特定品牌的。但零售商通常也很重视购买后续阶段的行为，比如"回购""最喜爱的零售品牌"或"长期忠诚"，因为这些因素是"不成则败"局面的关键因素。

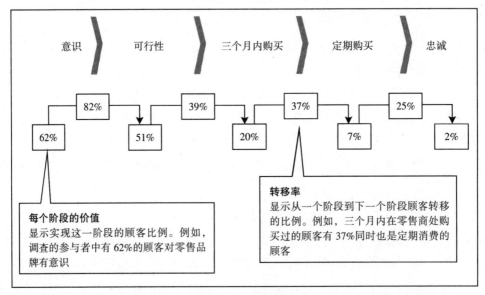

图 6.2　零售品牌漏斗

在每一阶段，价值产生依赖于样本顾客在连续阶段间的转移。因此，在图 6.2 中，62% 的调查参与者知道这一品牌。然后就是转移率，显示从一个阶段转移到下一个阶段的顾客比重。在这个例子中，过去三个月内在零售商处购买过的顾客仍有 37% 也是定期购买者。

图 6.3 提供了来自 2012 年品牌漏斗研究所比较的两个真实品牌案例，该研究主要集中在德国药店市场。如该图所示，dm 和 Rossmann 在早期阶段实现了大致相同的品牌实力，顾客从对品牌的初步认识一直到偶尔的购买行为。然而，接下来，dm 与其竞争对手 Rossmann 的距离逐渐拉大。dm 是 1/3 样本顾客经常光顾的药店；与此相比，Rossmann 则仅仅位列默认药店的第五位。这个差距之所

以显著是由于当时 Rossmann 药店网络的范围更广，其涵盖了约 1600 家经销店，而 dm 只有约 1250 家。为了弥补这一差距，Rossmann 需要更加关注营销方面的活动，从而建立顾客忠诚度而非意识。

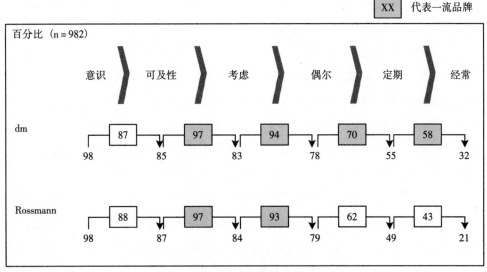

图 6.3　品牌漏斗——德国药店市场的例子

可以使用漏斗数据来完成一个有趣的分析，那就是对前后阶段转移率增加所带来的增量收入的估计。这可以通过将顾客的平均交易规模乘以购买频率（"顾客转换价值"）来计算。这项分析是非常令人兴奋的，因为它有助于估算通过品牌认知和后续品牌绩效提升可能带来的收益。但也不能不重视缩小差距的效用。例如，在 2012 年德国药店的事例中，Rossmann 就需要明确该如何提高转移率，从"偶尔购买"到"定期购买"，甚至"经常购买"，从而缩小与其竞争对手 dm 的差距。

建设品牌、促进业务

在根据消费者决策过程依次识别了不同阶段的品牌优劣势后，零售商可以开始采取某些方式对品牌进行管理，从而改善绩效。理想的方式就是利用品牌认知提供的诊断性洞察，确定零售商预期在营销组合中所设定的特殊属性，从而提高购买阶段的绩效。

进行品牌驱动分析有助于确定消费者决策过程中的最相关要素，从而确定每一阶段消费者行为的根本原因。回到 Rossmann 的问题上来：如何提高品牌在后期阶段的绩效，以此缩小与公司主要竞争对手 dm 间的差距？从概念上说，品牌驱动因素是那些最能影响消费者购买行为的因素（属性或利益）。因此，为了回答这个问题，Rossmann 的领导首先需要了解如何将顾客偶尔的行为变成定期行为，并将每个特定的零售商店设定为一个团体。

这里有很多方法可以用来识别品牌要素的行为相关性。直接的方法就是将问题抛给顾客，问他们在购买决策中零售品牌的哪些关键因素是他们会考虑的。虽然这种方法很简单、也很常见，但答案却五花八门，有时候甚至产生误导，因为这些参与者通常不会优先考虑他们实际所重视的要素，也无法进行详细的说明，因此，也无法精准地确定那些对消费者行为有影响的因素。此外，顾客所说的和实际想要的，通常存在差异。比如，当顾客被问到他们想要什么样的汽车时，他们的反应往往是先考虑安全性和燃料的经济性。然而，通过更深入的市场调研发现，顾客在选择汽车时实际寻求的只是品牌形象和外观设计而已。

为了克服由于对消费者实际需求信息的缺失而造成的误差，最好的品牌驱动因素不应该来自消费者的描述，而是来源于对品牌的认知和对实际消费者行为的统计分析。

因此，这需要在品牌各阶段绩效的基础上考察品牌的认知优势，以及确认消费者是否真的购买了该品牌的产品。

图 6.4 显示了上述药店示例中驱动分析的结果，并根据他们的行为相关性对关键购买驱动因素进行了排序。"信任"成为了最重要的驱动因素，但是在可及性方面，如"很容易到达"和价格相关的属性，如"该商店商品物有所值"，被证明在推动顾客向下一阶段的转移上同样很重要。进行品牌驱动因素的优劣势评估是该过程的下一步骤，目的在于允许零售商评估关键品牌驱动的绩效、市场均值和主要竞争对手。

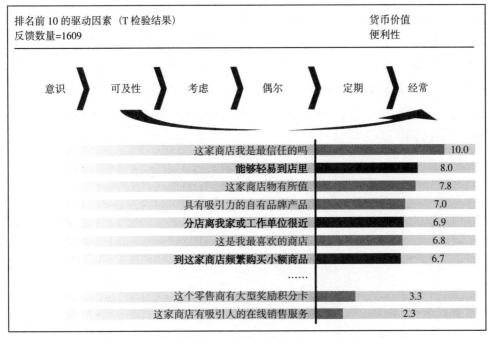

图 6.4 德国药店市场的品牌驱动因素——信任和可及性

最后，零售商可以使用品牌驱动相关性分析以及优劣势分析来导出二维选择矩阵，并用于识别明确的行为来提高品牌绩效：

- **缩小高相关性和弱认知关键领域的差距**。在高相关性市场驱动中，品牌却表现出一定的弱势，但这往往也为提高品牌绩效和形象提供了一个自然的起点。为了让品牌发展更好，零售商需要努力缩小这些关键差距，提高在这些方面的分值。
- **在高相关性和强认知驱动力间扩大竞争差异化**。差异化是品牌基石之一。结合高度的行为相关性，在这些领域构建优势有助于品牌增强其差异特性。
- **行使无须聚焦相关性要素的权力**。如果行为相关性较低的领域已经表现出令人满意的绩效水平，那在这些领域通常就不需要采取任何行动。例如，消费者可能认为充足的停车位是"必须"的，但这不可能成为区分不同品牌的决定因素。

虽然在每个购买阶段中都会出现一个完整的选择矩阵，但我们建议从战略上聚焦于最有可能提升品牌绩效的要素。在多个阶段均表现突出的事例中，可以通过选择矩阵来支持优先级排序操作。图 6.5 中药店的例子就证明了这样的矩阵。

其中，纵轴代表品牌驱动因素如何与消费者行为相关，横轴代表在认知上与 dm（关键竞争对手）相比，Rossmann 所具有的品牌特征。矩阵表明，Rossmann 作为品牌被顾客所认知，其商店可以轻易到达，它也会提供有吸引力的促销活动和在线报价。左上角显示的是相对于关键竞争对手 dm，Rossmann 品牌在关键领域表现出来的众多弱点。例如，Rossmann 在可信赖、自有品牌提供和商店设计等方面都很落后。

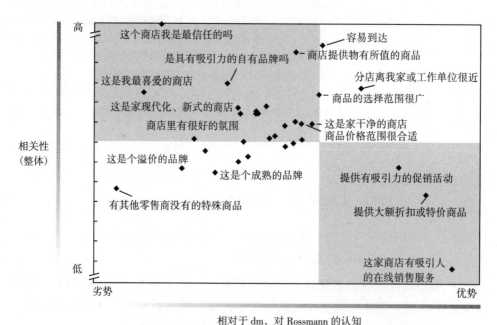

图 6.5　德国药店市场的选择矩阵——相对于主要竞争对手的品牌绩效

品牌承诺和零售的组织方向

这里所描述的大部分属于诊断性质。但是，建立品牌不仅是针对单一品牌要素的改进——还需要战略方向设定。以简单的表达方式将品牌特点综合在一起，这是一种较为理想的方式。

任何品牌（零售或其他）的实质及与其他品牌的区别构成了品牌承诺的内容。目前品牌绩效与认知是构成品牌承诺的关键因素，然而还有其他战略方面的因素需要考虑。品牌承诺不是漫长、曲折的，而应该是清晰、全面的。但是，概括所有因素成一个简单的承诺，做起来却很难。人们经常看到零售商的品牌承诺同样适用于许多竞争对手。这消除了品牌的差异化特性。零售商同样需要注意，品牌承诺不可以包含太多内容，一个明确、聚焦的承诺可以让品牌难以被复制。

品牌承诺要达到综合和区分品牌的责任需明确满足五个标准：

- **独特性**。能够区分品牌的方面因素至关重要，因为它们能使品牌脱颖而出，品牌在差异层面而非相同层面竞争。因此，品牌承诺的重点在于将品牌与其他品牌区分开来。

- **相关性**。品牌需要单一、明确的聚焦点。通过品牌驱动分析，公司就可以掌握消费者行为的主要原因。所有不能引起消费者兴趣的驱动因素都应该从品牌承诺中剔除。

- **可靠性**。承诺必须是可信的，不然就会缺乏公信度。品牌承诺必须是合理的，在某种程度上也需要符合顾客体验和认知。借助品牌认知优势，将其作为其承诺的支撑是非常明智的，这使承诺更可信。

- **一致性**。品牌之所以能够提供二次保证，就是因为一致性。确保品牌立足于传统的根基，有助于保持品牌一致性。

- **可行性**。可行性与可靠性密切相关。一个关键问题就是随着时间的推移，承诺是否有助于品牌的持续可行？只有既可持续又可行的承诺才可以被使用；品牌的生命周期很长，而且这种承诺不会被轻易改变。

零售商品牌承诺可以围绕品牌在价格、分类、服务、位置和店内体验方面的合理收益来确立——然后根据上述标准进行检查。鉴于很多零售商都会在这些领域进行竞争，因此最重要的是关注那些与其他品牌相比真正独特的领域。同时注重两个以上的领域只会削弱承诺的效能，甚至无效。

为了快速浏览品牌承诺的实际行为，图 6.6 给出了 Lowe 公司在这五个领域表现的实例，这家公司是北美最大的装修产品零售商之一。作为零售品牌，Lowe 在传达其价值主张方面是非常好的典型案例。其主张侧重于分类与店内体验，其动态分类远优于大多数自助商店，加上其有趣的商店布局，这使 Lowe 成为了一个可供参观的好地方。价值主张与成功执行相结合，使它成为女性群体顾客光顾最多的地方。创建和提供品牌承诺的另一个事例是关于在线零售鞋店美捷步。创始人谢家华说道："我们整个组织都只围绕一个使命，那就是提供最好的客户服务。"从社会媒体到线上宣传活动，这一品牌承诺得到有效传递。美捷步希望在所有的品牌接触点都能为顾客提供世界一流的服务，而这也受到了顾客的广泛认可和赞赏。公司网站显示，75%的购买行为都属于重复购买。

Lowe 公司——"改善居家环境""以……而闻名"
- 优越的店内体验
- 商品品类众多、极具创新性和独特性，允许顾客进行 DIY 设计

分类
- 根据"生活中心"的定位调整商品分类
- 商品众多的种类吸引着女性顾客群体
- 可以选择家具及电子产品等高价物品
- 独家经营特定的品牌商品

店内体验
- 商店光线充足又整洁，且具有宽阔的长廊、低位的货架设计
- 店内特色标记及专业的顾客流量管理
- 以特殊体验为目标，特别吸引女性顾客
- 遍布 50 个州、拥有 1700 家门店的强大网络

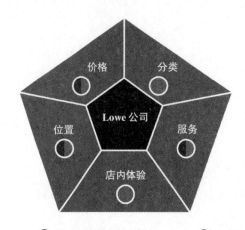

● 相对于竞争者的劣势   ● 与竞争者同水平   ● 相对于竞争者的优势

图 6.6　零售五边形的应用——以 Lowe 公司为例

　　一旦品牌承诺被清晰地表达，零售商就需要寻求组织上的协调和一致性。只有当心态和行为都沿着品牌承诺的方向时，公司才能确保该承诺在所有接触点（从报纸、互联网广告，到商店和售后的服务）得到持续传递，就像其他心态一样，品牌心态不容易形成，它需要关注以及组织对其持续有意义的支持。以下的四个过程有助于员工品牌心态的发展，这会使他们更有意识，并最终更好地在任何时间传递品牌承诺：

　　● **告知**。有许多方式可以用来向员工传递品牌承诺——有一些还是很有创造性的。但最需要考虑的则是在有效性上。以亚马逊的首席执行官杰夫·贝佐斯为例，该公司的目标是成为世界上最以客户为中心的公司。贝佐斯从来不肯错过展示他对服务质量痴迷程度的机会，他会把座椅带到公司会议上，像顾客一样询问他的员工（"会议中最重要的参与者"）。

　　● **接纳**。品牌承诺只反映在广告中，而不会在实际执行中运作。员工需要

理解并培养对品牌承诺的鉴赏力。向员工解释品牌承诺是什么，并让他们相信这种承诺是至关重要的。让新员工认识并认可品牌承诺的过程只能通过全面的沟通和培训来完成。鼓励内部讨论和解决困惑是帮助员工理解品牌承诺的重要方式。许多公司还会使用"品牌手册"来帮助员工了解品牌是什么。

约翰·刘易斯合伙人公司（John Lewis Partnership）经营着英国最大的连锁百货，它有一份内部杂志，目前来看仍是英国出版的最古老的杂志。这本杂志增强了管理层和员工间的双向沟通，公司允许员工撰写有关管理责任的文章。显然，这种合作制结构更有助于对员工的培养，因为员工也是公司的合作伙伴。然而，其他零售商也同样可以建立循环的反馈路径来获得员工的支持。

● **恪守承诺**。当员工了解品牌所代表的意义并认可他们在传递品牌承诺中所发挥的作用时，他们为客户提供符合品牌承诺的优越体验的能力将大大增强。高层管理者需要扮演榜样的角色，并意识到前台员工为客户提供强大品牌体验的重要性。他们要确保这些员工掌握适当的技巧并接受培训，让他们成为真正的品牌大使。简约风格的日本零售商无印良品（Muji）就是"恪守承诺"的典范。矛盾的是，公司打造的"无品牌"品牌理念及品牌承诺被严格地执行着，以至于被广泛认为是品牌传递的榜样。另一个例子是关于亚马逊的传统"行走"项目：他们让所有员工（无论资历或级别）在电话服务中心待上两天，并将此作为年度培训计划的一部分。其目的是为每个人提供面对顾客问题所产生的第一感觉的机会，从而进一步推动亚马逊以客户为中心的目标。

● **推广承诺**。公司中每个人的工作都是为了推广品牌，但是这样的文化需要时间来建立和传播。将公司的政策和流程与品牌相匹配是一种创造与品牌同步文化的好方法。激励和奖励品牌导向的行为有助于员工养成持续品牌导向的习惯。再次以美捷步为例——其品牌承诺是为了让顾客满意，所以公司需要首先确保员工是快乐的。美捷步为员工提供的好处之一是提供现场目标和生活导师。员工可以通过报名约见教练，他们将一起制定一个30天的、更现实的个人目标或职业目标。设定并去实现细小目标，从而让员工设定更大的目标。

领先的零售品牌需要定期采用各种方式进行品牌承诺的更新，包括内部沟通、培训和高层领导者计划等。人力资源职能必须深度参与其中，因为它是员工的雇主品牌计划（当前和未来）的一个重要方面。招聘那些能本能地与品牌产生共鸣的员工并对他们进行培训，这样才能从组织内部发展出强大的品牌。因此，人力资源在零售品牌方面发挥着至关重要的作用，因为品牌与服务和体验高度相关。

然而，仅有好的意图是远远不够的。麦肯锡的一项调查显示，60%的品牌转型被认为是失败的，其原因往往是由于高级管理层对这些转型的努力缺乏承诺。对首席执行官而言，要强调、重视零售业务各方面转型的能力及其价值是非常重要的。

霍华德·舒尔茨对星巴克的转型就是首席执行官直接参与的一个典型案例。2008年，在被重新任命为该咖啡连锁店的掌舵人之后，他不但撰写了关于品牌如何因为增长太快而失去吸引力的内部文章，还邀请员工和顾客直接给他发送邮件，并打电话亲自了解商定运营状况。

品牌目前仍然是许多零售商未被充分利用的杠杆。然而，在日益趋于差异化的零售和媒体环境中，品牌形象成为吸引消费者、持续性发展的关键因素。以一个系统化且基于事实的方式来衡量和管理品牌将有助于零售商充分发挥其杠杆作用，从而获得竞争优势。

作者简介

杰斯科·珀雷是麦肯锡公司杜塞尔多夫办事处和公司营销实践部门的主任。他帮助客户应对各行各业的营销挑战。他主要从事品牌传播和体系设计、客户关系管理、品牌建设和品牌组合优化及营销投资回报率方案的工作。杰斯科是许多顶级杂志文章的作者，同时他也会撰写一些关于品牌、营销投资回报等主题的纲要短文。他具有明斯特大学的营销学博士学位。

托马斯·迈耶是麦肯锡伦敦办事处的高级营销专家，也是该公司营销和品牌战略服务专线的负责人。他从事各行各业的组织营销工作，并侧重于品牌、品牌组合策略及营销支出有效性等方面。托马斯在营销领域也出版了很多著作，包括合著的德语原版书《大能量品牌》（*Mega-Macht Marke*）。他具有布伦瑞克大学的国际管理博士学位。

参考文献

Mazzu, M, Meyer, T and Weissgerber, A (2012) A guide to excellence in retail brand management, in *Retail Marketing and Branding*: *A definitive guide to maximizing ROI*, 2nd edn, eds J Perrey and D Spillecke, John Wiley & Sons Inc, Hoboken, NJ

07　为何品牌在 B2B 中如此重要

◎ 迈克尔·德·埃索波 〔Michael D'Esopo〕
西蒙·格林 〔Simon Glynn〕

想象你在市场里购置平板电脑，你会根据什么做出选择？价格还是品牌？不同价位的平板电脑有各自不同的特性。这里就需要作出权衡，比如在同样的基本技术规格下，三星 Galaxy 比谷歌 Nexus 价格就会更高，花费也会更多。但不管怎样，你或许会选择三星，不是因为基础的技术规格，而是因为你相信三星的质量、设计、售后或其升级特性。

作为世界最大的个人电脑生产商之一，我们专门为该公司（作为客户）在这方面做了调研，其中涉及消费者和 B2B 买家。根据不同的模拟选择序列，我们要求调查对象选择他们想要买的电脑；从而调查出真正的影响因素，而非个人感觉或者偏爱。

数据结果显示，影响购买决策的相关因素包括特性、价格和品牌三个方面。消费者选择所购买的电脑时 34% 取决于其特性，39% 取决于其价格，27% 取决于其品牌。对企业买家来说，特性仍然占到 34% 的比重，但另外两个因素的影响比重则刚好相反：27% 取决于价格，39% 取决于品牌。

我们对这一结果感到很惊讶，正如大部分人所看到的那样。那我们应该是这样选择的吗？对消费者来说，购买电脑并不是经常性的行为，电脑在技术规格方面的性能（技术规格方面）也是显而易见的。那为何还要在那些性能远超出你需求的电脑上花费更多金钱呢？因此相比品牌，消费者对价格更为关注。

对一家企业来讲，技术的选择远超过对特性和价格的考虑。一个公司可能已经有或者将要购置其他配置或规格的电脑。但同类型电脑购置得越多，企业效率也会更高。同时，在购买决策时还须考虑其潜在的未来产品。技术支持也是其中的一个关键要素。企业买家将更看重电脑生产商本身，因为在关于设备本身性能及长期支持这两方面它们会更有优势。所以，它们对品牌的关注要超过价格。

这些考虑因素已经无法解释下面的这种说法："从来没有人因为购买 IBM 而被开除。"这是 1980 年 IBM 有名的广告词。这句话隐含着一定的畏惧感、不确定性和怀疑，或者是对潜在负面结果的一种回避。今天的 B2B 品牌迎来一个更积极的时代，它们会意识到企业买家的真正需求，并会对此做出回应，这已经超越了对产品技术规格的关注。

B2B 品牌能在很多方面影响顾客的选择，它们都能被具体地管理。品牌通过以下方式对 B2B 进行直接支持：

- 始终站在比消费者更前沿的位置，并让他们主动产生对新事物的需求。
- 在关键时刻赢得胜利——让消费者更容易、快速地予以认可。
- 一旦与消费者建立关系，就能取得更大收益并占据市场有利位置。

除了这些直接的影响外，B2B 品牌还有助于为公司准确定位，从而赢得未来业务：

- 进入相邻产业，扮演更高增值角色。例如，史丹利工具（Stanley Tools）已经将其业务范围从仅出售手用工具拓展到提供安全解决方案上了，这里还伴随着大量的重叠顾客群。
- 使新市场进入更有效率和效力。
- 在竞争产业中设置商品化壁垒。

所有这些都是基于顾客如何看待 B2B 品牌。但在顾客眼里，品牌的力量要超过直接的客户影响。B2B 品牌也通过对以下几方面的影响来创造价值：

- 公司领导——与整个业务单位的目标和宗旨相匹配。
- 投资者——通过制造优越性能的有形资产，增加股票市盈率。
- 现在及未来的员工——通过创造有吸引力的文化吸引并留住人才。

B2B 品牌可以很强大。特别是有些 B2B 技术品牌，甚至成为了全世界最有价值的品牌之一——IBM、微软、通用电气、思科、惠普、甲骨文以及 SAP，还可以列举出许多。

尽管具备这种潜力，许多 B2B 公司没有像那些面向消费者的公司那样去管理和投资它们的品牌。专业的市场化和品牌化在生活消费品的快速流动下形成，而这会一直影响市场化和品牌化如何被实践和更新的方式。

许多主管（特别是那些与营销无关的主管）认为建构一个品牌需要很多的预算。事实是，在 B2B 行业中投资通常集中在业务的其他部分，比如产品开发、销售支持、客户服务等。

好消息是改变品牌不需要大量的广告预算。一些领先的 B2B 组织开始将品牌设定为一个更大的理念———一个超越沟通且能让不同顾客进行体验的整体。

B2B 的营销人员需要把焦点转到组织影响上来。如果品牌代表了组织体验的承诺，那么品牌应该成为所有员工的责任，而不仅是一个营销活动。

在下面几节中，我们会进一步探索 B2B 品牌如何吸引购买者，并对一些具体事例进行分享，包括 3M 公司在创新传承中如何重建活力，以及 CA 科技公司在云计算领域如何进行更有意义的演变等。

在 B2B 中品牌需要做什么

基于不同业务领域的工作，我们看到形成 B2B 公司品牌认知的四个因素。

1. 承诺客户关系

就像前面提到的平板电脑例子一样，B2B 品牌力量的一部分来自于其对未来的客户关系承诺了什么。相比在消费者市场中，为什么这在 B2B 中显得更为重要呢？

首先，消费者是多变的，他们在更换品牌时只需付出很小的成本代价。不同牙膏或不同电视存在着很大的相似性，但对企业来说，调整品牌是一件相当复杂且极耗成本的事情，企业或许不得再次培训员工或想尽办法使其重新适应新的供应商。

其次，在今天高度整合的供应链环境下，企业必须对它们的商业伙伴具有高度的信任。因为产品运输需要依赖对方。当面临挑战时，企业需要知道它们的合作伙伴是可以可靠交付的。

营销人员经常讨论的话题主要是关于"客户关系"，有时顾客会对消费品牌形成一定的情感纽带，但很少有消费品牌会与顾客保持着经常性的联系，B2B 企业却做到了。

作为网络及移动宽带解决方案的世界级专家，诺基亚网络（NSN）曾被销售给了全球大约 600 家电信运营商。诺基亚雇用的员工数量达到了 6 万，其中超过 2 万人是和电信客户直接互动沟通的。NSN 这一网络品牌或许是因为核心营销团队的努力造就的，但是该品牌之所以能强化主要是因为员工和客户之间建立起来的强大关系。

我们最近调研了两家来自能源和化工行业的全球性企业，专门研究大型 B2B 买家中的优先性问题。我们要求顾客来评价一组相互竞争的供应商，并对 50 个不同特性进行打分，从中我们可以确定顾客对供应商总体看法最相关的特性。比如 "行业的思想领袖"，或者 "一个不断成长且雄心勃勃的企业"，这些公司经常宣传的特性对顾客来说其重要性反倒表现一般。位于列表顶端的则是 "我喜欢和这家公司做生意" 和 "长期着眼于客户关系" 这两类特性。

所以你会如何授权代理，从而与顾客建立良好的品牌关系呢？在 3M 公司，有一种方法就是把关于 3M 创新的实践事例写入品牌指南中，并将其提供给直接面向顾客的代理方。这些代理不仅要熟悉品牌的创新主题，并且还要在出售商品时将其中蕴含的有趣故事分享给顾客——这一品牌理念出自哪里，以及技术怎样运用。这些意想不到的细节会激起客户的好奇心，加强品牌认知并且建立更紧密的纽带关系。

2. 预示从供应商向合作伙伴的战略转变

这个主题涉及大部分行业的 B2B 品牌化运作。越来越多的企业开始通过品牌来重新定位与顾客的关系。在交易时，他们不希望仅仅被视为供应商或卖主，它们想成为顾客真正意义上的战略伙伴，双方能保持长期的互利、双赢合作关系，这种转变在 B2B 领域正在悄然发生着，经历转变的企业也必须采取必要的措施来保证它们被外界所正确认知。

曾经 NSN 也仅仅被视为一个卖主或者说电子机械装置的供应商而已。但从企业实际运营的方式来看，这种认知是不正确的。企业提供的解决方案经常与技术有关。同时，这些方案还涉及网络设计、系统整合、外包经营和管理等方面。NSN 的业务依赖于深入、长期的合作关系。作为一个战略伙伴所体现的价值和企业创新技术的价值是同等重要的。

今天，NSN 根据电信客户所面临的挑战来塑造和定义自己的业务内容，而这些挑战来自于电信运营商作为实现全球连通的服务主体本身。这一信息也可以从其品牌特性"移动世界"（For a world in motion™）中获取到。

作为世界上最大的软件开发公司之一，CA 科技曾经的业务范围主要是销售一些特定种类的产品。但随后公司意识到其 IT 客户不得不在现有 IT 系统的基础上对业务优先性进行调整。为了应对这类顾客的需求，公司迅速改变了原有的销售模式。如今，CA 科技的业务内容已调整为：为客户提供传统主机的全面解决方案，并实现新兴云计算技术的基础软件建设。这已经替代了原来所从事的单一特种产品销售模式。

通过"灵敏创造可能"（Agility made possible™）的品牌定位，这一战略转变所带来的效应被迅速放大。它充分捕捉到了公司在提供相关专业知识和灵活解决方案等方面的能力，同时对 IT 及相关业务领先者不断实现战略目标提供了有力的推进作用。

同样的故事还发生在江森自控（Johnson Controls）这家公司。其命名源于120 多年前恒温器的发明者。如今该公司已实现多元化的经营模式，并且能够提供诸如汽车内部设计或智能建筑系统的制作与管理等方面的多种解决方案。

随着时间的推移，其品牌承诺也经历着不断的演化。我们极少提及江森自控销售的是什么产品，而更多的是关注其中存在的收益——比如这种智能环境下的舒适性、安全性和可持续性等。

品牌重心从单一的产品特性向有助于扩大消费者利益的功能性方面的转变在其他领域也是正面的。投资者过去普遍认为江森自控只是单一从事汽车组件提供的供应商而已。目前该公司作为环境平台/内部设计公司的重新定位直接导致投资者们将其与通用电气和霍尼韦尔国际这类公司进行对比，事实上后两家公司具有更高的市盈率和更强大的投资前景。

3. 到达终端消费者

NSN 这些品牌就是纯粹的 B2B 业务。每天世界上近 1/4 的人口并没有意识到自己就是使用 NSN 网络技术保持联络的。其他的 B2B 品牌也同样直接或间接地吸引着消费群体。大部分人肯定知道 3M 公司发明的能够乱写乱画的便利贴。但很少有消费者会知道 3M 公司还能制造可以使手机屏幕变亮的产品，以及能连接飞机主体与尾翼的特殊黏合剂。

在保持与终端消费者的可见性方面，英特尔（Intel Inside®）可以说仍然是一个最典型的例子。它的品牌标语不仅实现了对 B2B 客户的承诺，同时也产生了一定的吸引力和影响力。

自 1991 年以来，英特尔已经与近 200 家设备制造商在内置英特尔（Intel Inside）项目的营销活动中建立了合作关系。这些努力使消费者对该品牌的认知水平从 1991 年的 24%上升到了 1995 年的 94%，直到今天，英特尔品牌仍是一个家喻户晓的名字，但成功必然伴随着高昂的成本。最初的 6 年，公司在这项业务上就花费了近 40 亿美元。我们经常会听到这样的声音：它们非常渴望在同样的领域创造自己的品牌，实现相同的驱动力；而事实是它们很少为此付出。

另外，在其他公司的产品供应中品牌可能仅仅作为一个组成要素。这种商业模式同样被视为 B2B 的原因是因为公司把产品卖给中间商，而中间商的存在会影响产品最终呈现给个体消费者的方式。这种情况通常会出现在投资管理和医疗服务供应的案例中。大家会发现消费者经常面对众多无显著差异的 B2B 品牌。这会增加他们对中间商推荐的依赖程度。即使不是终端消费者，但这些品牌设法让中间商来极力推广它们的品牌，以此吸引终端消费者。同时，它们还会努力创造更多能与消费者直接面对面的机会。

贝莱德（BlackRock）是一个通过第三方机构来销售投资产品的投资管理公司。尽管大多数的公司业务属于 B2B 业务，但贝莱德仍然进行了大量面向终端群体的广告宣传。这意味着贝莱德向理财顾问提供投资产品，理财顾问再把产品呈现给个体投资者，这些投资者在理财顾问推荐的投资组合中更倾向于选择一个熟悉的品牌。同样的逻辑也适用于公司来决定哪项可供员工做投资选择，并将其作为员工退休账户的一部分。

像信诺（Cigna）这类医疗服务供应商也同样处于类似的局面。信诺同时提供两种产品：健康保险及医疗保健。保险主要销售给企业，医疗保健主要针对个体顾客。公司可以为员工提供一系列的医疗选择。如果信诺作为医疗保健提供者能够赢得人们的信任，那么公司则更有可能选择信诺来为它们提供相关保险服务。这么来看，B2B 和 B2C 业务就实现了相互互补。

4. 使得 B2B 品牌和企业品牌达成一致

"供应商提供给消费者的品牌信息和消费者真正想知道的品牌信息之间存在着巨大的差距。"这是将 B2B 消息传递和 B2B 买家最关心的主题进行比较后得出的研究结论（在全球高管调查中）[1]。

这份报告解释道：

众多 B2B 公司认为社会责任、可持续发展和开拓国际市场的能力等方面的主题在品牌形象中发挥着主导作用，而事实上这些主题似乎在品牌实力的消费者感知方面影响甚微。逆向趋势的确存在，例如在品牌实力的消费者感知中有两个最重要的主题——有效的供应链管理和专业的市场知识——这很少被 B2B 供应商提到。"坦诚对话"也是消费者认为最重要的，但同样没有被强调。

通过对 B2B 品牌的观察，我们明确了这一差距的存在，并对其进行了简单的解释：这种差距并不存在于公司说了什么和客户关心什么之间，而是存在于"B2B 品牌"的角色和"企业品牌"的角色之间。

"B2B 品牌"需要将消费者需求与优先权连接起来，并设置成为消费者服务的公司使命。"企业品牌"涉及的范围则更广泛。它必须阐明公司作为一个机构的使命——信任、合作、跟随、欣赏和原谅。它必须围绕投资者；当地及全球的大众；现在、未来和以前的员工；政府和民间群体；现有和潜在顾客来展开对话。

"企业品牌"似乎超出了营销的范围。它不仅符合公司的愿景和使命，同时也符合企业文化和相应的价值观；它能够为公司发展和所做的具体业务内容提供一个航向标的作用。

为什么通用电气是一个受人尊敬的品牌呢？那是因为通用电气擅长通过展示如何改变世界，而将科技工作变得人性化。公司在日常的沟通、生产、领导和实践中无时不在强调这一点；同时将技术与可以实现预期收益和有形影响的科技成果联系在了一起。每个业务单元都在发挥自身专长，同时公司品牌也专注于"工作中的想象力"（Imagination at Work）这一理念。这个理念将所有线上的业务和员工整合在了一起，并且加强了业务合作伙伴和消费者对品牌的认知度。

尽管我们的生活消费品正处于快速变化的世界中，但很多企业品牌往往完全独立于消费品牌。沃尔玛、乐购和联合利华等企业努力尝试着在产品的基础上来推广公司品牌，从而带来"自由标签"品牌的崛起，这会改变上述不利的现状。

大多数 B2B 品牌就是企业品牌。可能你会觉得有点困惑，因为"企业品牌"和"B2B 品牌"其实是同一个品牌，并且对一些公司来说两种品牌是完全一样的。相同的品牌必须同时扮演两个角色并联系着不同的用户，这可以做到，但需小心谨慎。3M 公司专注于客户真正需要的，它是这样向其 B2B 客户描述自身的：

3M 公司是一家创新公司，它永远不会停止发明创造的脚步，因为我们对"实现进步"充满热情。我们通过文化合作提供无限的创新思想和技术，解决最关键的核心问题，从而保持我们在顾客中的竞争性。

最后，B2B 品牌建设的成功实际上源自于一种能力，它能够使企业在现有和未来的客户通过培养合作伙伴而非单纯的供应商交易来建立真正关系。它需要与顾客坦诚对话，同时还要考虑到顾客的顾客。这种关系建立经常与 B2C 品牌相关，这对 B2B 品牌来说则是一种更有效的模式。

让品牌在 B2B 中有效运作

想让 B2B 取得成功，品牌需要对客户关系做出承诺，但这不是直接命题。它可能还需要一定的战略转变，这样公司就会被视为是值得信任的合作伙伴，而非单纯的供应商。品牌就能通过直接顾客扩大影响范围，与更远的顾客建立关联。

同时，它还必须执行企业品牌的角色，构建起维系各种利益相关者的公司声誉，这是一个艰巨的任务。那么构建一个强大的 B2B 品牌又意味着什么呢？

实际上在做 B2B 品牌构建时，我们所考虑的事项会与更进一步的 B2C 品牌存在相似之处——因为 B2C 营销也已远远超出了"消费者—产品"这一根源。相比传统的产品营销，消费者—服务经济中的很大部分与 B2B 有着更多的共同点。这些行业包括银行、通信、旅游和零售等。品牌在这些领域通常关注于对未来顾客关系和体验的承诺，而非局限于直接价值。它们也倾向于把面向客户与企业品牌整合成为一体。在这个新环境中成长起来的品牌已经超越了传统的营销重心，并通过以下三种不同的方式成功地扩展自身的品牌。

1. 超越沟通——讲述真实的故事，创造鼓舞人心的经历

和以前一样，在打造品牌的过程中故事是最重要的，无论是 B2B，还是 B2C。公司故事对消费者的启发早就超越了故事本身的事实和包含的数据。

目前很多成功的故事不需要润色，不需要编排故事结构，就能在电视广告或公司宣传视频上激昂地呈现出来。通过不同的人用自己的方式进行复述，会给年轻人灌输独特的文化和价值观。这些故事明确了体验的内容和成效——B2B 的品牌体验要多于 B2C 的品牌体验——而这些品牌体验又塑造了品牌认知。

品牌不仅是营销所传播的信息，问题就在于品牌是否能够以一种托管或非托管的方式来构建。除非公司每一环节和每一系列的运作能相互扶持补充，否则单靠日常互动来传递品牌的方式是不会有成效的。"展示出来，而不是说出来。"

以 3M 公司为例，企业品牌故事并不会与产品营销故事产生竞争或发生冲突：因为它提供了讲述营销故事的方式。同时它也为营销人员补充了产品相关的直接信息——包括产品的特点和优点，以及如何不同于竞争对手的产品或其他可替代的产品。

3M 公司的品牌故事并不是关于创新"是什么"而是"如何"创新——这是该公司推动创新的独特方式。"3M 公司解决了其他公司无法有效利用内部协同力和消费者参与的外部协同力的问题。"

许多 3M 公司的创新就源于之前一连串的创新成果，比如在不同行业和应用程序中，使用同样的基础技术平台，从而产生不同的想法。例如"微复制"技术，3M 公司在 20 世纪 60 年代为高射投影仪进行漫射屏蚀刻时就已出现，随后又衍生到在红绿灯镜头、电脑隐私屏幕上，以及能够进行光线聚焦的手机屏幕层和通过感知亮度实现电池节能的相关技术等。

个体的想法可能来自于自身洞察力和创造力所带来的火花，但促成这些火花的体系是被特定设计好的。创新故事的讲述看起来好像是从产品故事中分离出来的，但创新故事却构建起了产品故事的框架。以下就是 3M 公司所做的"通过轻质保温层使汽车内部免受发动机噪声的干扰，也就是达到隔音的效果"的创新解释。3M 公司将其称之为"好奇心的连接"：

在寒冷的时节，你如何实现静音的坐车环境？

我们不断开发轻质保温层这类产品，其基本功能是能让人保暖。我们采用

3M™ 新雪丽 ™（Thinsulate™）保温棉，并将其应用到不同行业、不同功能中进行完善，从而解决更多的顾客问题：从冬季的寒服外套、职业工作装、鞋类、床上用品、军事避难所，甚至在汽车和船的隔音问题上。这样的连贯设计思维并不常见，但也没有结束。通过顾客的参与，我们试图让每个想法都能帮助到他们，并为他们实现更多的需求。

直接与顾客进行互动会产生什么样的效果？不仅是简单的交流，更多的可以在会议、对话和关系维系的场合中。另外，品牌如何渗透进这些场合——没有营销人员的参与也可以吗？

答案很明确，那就是将出发点落在提升品牌理念上：不仅是让整个组织理解品牌的含义，还要每个人明白品牌对各自角色的意义。

沙特基础工业公司（SABIC）是世界上第二大多元化的化学品公司。于20世纪70年代在利雅得（沙特阿拉伯首都）创建成立，最开始它主要从事商品塑料的制造和当地烃原料资源的开采业务。而目前，它已成为市值500亿美元的全球企业，并在四大洲保持着业务发展的势头。该公司的品牌愿景是利用其在材料方面的专长和定制化的解决方案，帮助客户实现业绩目标。这种从供应商到合作伙伴的业务发展就是战略转型的典型案例。

从了解公司客户的目标开始，从而提供相应的承诺。公司强调要把顾客体验作为品牌运作的一部分，发现顾客目标，然后帮助实现顾客目标。例如，在涉及材料供应方面，公司会授权给销售团队，让他们了解客户使用特定材料的用途，并根据客户需求提供一系列的材料选择和战略解决方案，这替代了原来以客户订单为依据进行材料产品编号的做法。

品牌团队需要与公司内各个战略业务单元一起合作——比如设计理想化的消费体验，并提供相应的品牌承诺等。这个方法正是来源于跟客户的交流，客户能够对公司如何倾听客户需求提出建议。这就是 B2B 品牌的构建：通过销售和服务相关的讨论，客户能够清楚地明白该如何与沙特公司保持业务联系。

2. 超越一致性——创建真实有效的品牌个性

要确保公司传达品牌的一致性——在全球不同的品牌区域，面对不同的顾客，要做出一致的响应是非常艰难的。这对公司品牌团队来说是个巨大的挑战。这种困难还不止于此。

强大的品牌只有被赋予了真实和富有活力的个性，品牌才能茁壮成长。一致性的展现方式能够提升品牌的真实性。很明显，这就是为什么品牌需要与众不同，但又能保持内部一致性的原因。

这样的话，顾客就能了解到他们在做什么，并确信自己在业务不同部分的体验能够与其他部分的期望值相匹配。尽管许多 B2B 品牌有着丰富、漫长的历史，但过于关注历史也是不可取的。如果历史不能准确地反映当前和未来顾客的需求，那么这仅仅是在炫耀公司过去的辉煌。

品牌需要适应当地的市场、客户利益以及全球趋势。为了对外部变化做出响应，CA 技术将业务内容从大型基础设施转移到了云计算，3M 公司与印象笔记（Evernote）建立合作伙伴关系，并将传统便利贴实现了数字化的转变。B2B 品牌以关系构建为基础，所以对关系维系所需的给予和索取也要充分认同。一致性品牌会表现出其优越性，但也可能出现新的问题和困境。

一致性始终是品牌的口头语。一致性和新鲜度会冲突吗？如果我们不考虑内部的一致性问题，那么价值和行为就是我们所能看到的。我们更深层的一致性其实就是我们所提及的真实性问题。

MFS 投资管理公司是美国的一家全球性资产管理公司，它以创造了共同基金而闻名。公司以其本土的专业知识、持久的人际关系和员工满意度（许多员工在公司长期任职）而被大众所认知。MFS 的品牌个性就集中在真诚、协作、可靠和激情这几个方面。

这些特性为 MFS 在公司呈现方式上提供了一致的引导，也让公司在形象和行动方面更加灵活了。同时，品牌的个性也为如何保持更好的服务关系和在销售中所采用全新数字化方式提供了指导。

3. 超越顾客——激发基于目的的内在信念，具备采取真实行动的能力

希望从上面的例子中我们可以清晰地得出结论：让员工参与到品牌中来才是成功的关键。这意味着并不仅是员工对品牌有好感而已，而是要得到员工的支持。因此，根据品牌目的招聘相应的员工并鼓励他们把品牌意识带入到工作中来，这两方面还需要企业做更多努力。

亿康先达（Egon Zehnder）是一家专门从事猎头和领导咨询的专业服务公司。

在这些专业服务领域，各授权顾问并使其成为相应品牌的支持者是非常关键的。因此，亿康先达为员工定制了一系列的准则，帮助他们将品牌融入生活。这包括：促进交流实现知识、网络共享，简化内部流程以确保对顾客的快速响应，提供定制素材创造更多与顾客个体的互动。

根据品牌目的招聘相应的员工能够促进品牌发展的转型。在 B2B 和 B2C 中，一些很受关注的品牌，它们都有一位魅力型的领导者（通常是创始人）在掌控整个企业。这些领导者能为企业提供方向，并通过共同的努力使企业实现统一、达到目标。但是很多经营年龄较长且非常成功的企业却并没有这种领导风格，对于它们来说，品牌扮演着类似的领导角色，既能起到引领的作用又能团结内部。

即便如此，企业的高管也必须要对品牌进行管理。单独的人力资源和营销部门不可能让企业朝着明确的方向统一起来，因为它们不具备这样的能力。内部品牌管理需要共同的努力，而当领导团队中的每位成员都能在自己的业务领域努力时，这会更有效。

在沙特基础工业公司，当团队都在相互协作，为品牌化做出努力时，公司的 CEO 和 15 位执行委员会成员此时就要发挥领导的效力。事实上，这些成员都曾被公开采访并问及他们所扮演的角色和品牌对各个部门的意义等问题。

沙特基础工业公司还有专门的工作坊/研讨会惯例，公司的品牌团队通过这一平台与公司各个部门的员工共事，并了解了这类被品牌带动的员工的亲身经历：从加入公司到接受领导和被管理，从被考核到接受奖励——总之，他们会根据自身的方式和经历参与到工作中来。

在每个阶段他们都会问到一个问题：公司给予了品牌所代表的内涵，那么员工是如何实现品牌带动的？这可以从他们提出的想法中看到。事实上，这就是品牌所需的全球管理文化，内部员工的想法对品牌发展的重要性。不仅如此，公司的研讨平台还会对品牌的具体事项提出专门的建议，但是如果没有来自执行委员会的支持，这是不可能实现的。

同样，在 3M 公司也经常可以看到员工日常工作中的合作创新。在谷歌实行对员工创新的鼓励政策之前，3M 公司就允许员工可以将 15% 的工作时间投入到自身感兴趣的项目中去。公司的"科技俱乐部"就是伴随着这种合作文化而产生的；在众多突破性的创新成果中，员工总是对便利贴的发展津津乐道，并很自豪地谈及这段历史。[2] 此外，员工如果主动分享他们的想法，还会受到额外奖励。

根据想法被他人所采纳的频率，公司还为这些杰出员工设立了终生成就奖。

在很多公司，员工参与从招聘阶段其实就开始了。当雪佛龙（Chevron）可以和谷歌、微软等科技巨头合作时，它就面临着如何吸引擅长石油、天然气领域的年轻工程师的挑战。通过调研，公司随后创造了"人类能量"的全新品牌。它不仅有助于推动公司的进步，还能支持公司长期的人力资源发展。

这对 B2B 公司首席营销官所要发挥的作用来说，意味着什么？——那就是建立成功的长期需要的不仅是一个引人入胜的故事。他们发现品牌管理已经远远超出了原有"分内事务"的范畴。这就是目前 B2B 公司的现状。他们逐步意识到自己必须成为组织内部变革的推动者。大部分 B2B 公司都缺少一位能发挥主导作用的首席营销官，但是正如我们所描述的，CMO 必须驱动组织，帮助组织克服内部障碍。

品牌对 B2B 公司和它们的顾客来说都是非常有价值的，因为它预示了未来关系的建立，而这远远超出了立即购买的行为。致力于真实关系的建立、战略伙伴的提供和对 B2B 品牌及公司内不同角色的管理，只有这样的 B2B 公司才是可以信任的。为了将品牌带入到生活中，B2B 公司还需要不断识别、强化、放大品牌所认可的经验。

作者简介

迈克尔·德·埃索波是利平科特（Lippincott，品牌战略及设计公司）的高级合伙人兼品牌战略总监。他在专业领域拥有 20 多年的经验，包括品牌战略和定位、客户分析、体验创新和品牌活化。他为众多客户处理过市场和品牌问题，包括美铝公司（Alcoa）、Ameriprise、花旗银行、惠普公司、凯悦酒店、现代信用卡公司、英格索兰公司、英特尔公司、财捷（Intuit）、铁山公司（Iron Mountain）、纽文投资公司、必胜客、三星、永明金融、美国泰科（Tyco）、维萨公司（Visa）和雅虎。

迈克尔经常在 ANA 和世界大企业联合会上发言，并经常在关于品牌的商业新闻中被引用。加入利平科特之前，他是奥纬咨询（前身是美世管理咨询）战略公司的负责人，专门为客户在技术和金融业务领域进行企业和营销战略的指导。

迈克尔在宾夕法尼亚州的沃顿商学院获得经济学学士，在麻省理工学院斯隆管理学院获得 MBA 学位。

西蒙·格林也是品牌战略总监，同时也是利平科特在欧洲和中东的负责人。他有 23 年的咨询经验，客户遍布 40 多个国家。在伦敦，他的工作包括产品再聚焦和服务战略、在市场中驱动需求实现品牌合作、开发新的品牌定位、通过顾客体现实现组织转型等方面。

西蒙的客户包括 3M、保富集团、巴克莱银行、英国天然气公司、迪士尼、迪拜环球港务集团、爱思唯尔、汇丰银行、宜家家居、江森自控、伦敦交响乐团、诺基亚、诺基亚通信、Orange 通信、苏格兰皇家银行、英国皇家海军、沙特基础工业公司、Sainsbury's 超市、沙特石油公司和渣打银行等。

加入利平科特之前，西蒙在奥纬咨询（前身是美世管理咨询）担任负责人。他之前曾在理特咨询公司、英国大东电报和英国电信任职。他拥有剑桥大学物理学硕士学位。

注　释

［1］Tjark Freundt, Philipp Hillenbrand and Sascha Lehmann（2013）"How B2B companies talk past their customers", *McKinsey Quarterly*, October.

［2］Hal Weitzman（2011）"Man who turns Post-it notes into banknotes", *Financial Times*, 27 February.

08 像品牌一样管理媒体

案例研究——新闻组织品牌化

◎ 沃尔特·S. 麦克道威尔博士

（Walter S. McDowell，PhD）

第一部分：媒体品牌

品牌管理研究是关于品牌对消费者思维、感觉和行为的影响力研究。以真实媒体为例，一个人若想获知电视直播体育比赛的最终分数，他可以在随后通过观看视频集锦了解。

问题：在哪里能找到比赛视频？

答案：任何地方。

一种方法是人们可以利用网上资源对比赛信息进行简单的谷歌搜索。另一种方法就是找一个自己较为熟悉且充分信任的渠道，比如体育网络平台。很多媒体都会发布即时的比赛结果、最终的比赛分数和视频集锦。但是如果这个球迷需要获取更多信息，那他可以将全球最大的体育电视网（ESPN）上"体育中心"栏目的比赛视频录制下来。即便他是从别的渠道得知比赛分数，他也会花时间去观看已经录制下来的比赛。很明显，ESPN 网络和旗下的"体育中心"栏目共同创造出了更多的附加价值，这就是成功的媒体品牌。

为了应对前所未有的竞争现状，创造出上述成功诸如电视、有线网络、广播、报纸、杂志和互联网等媒体公司创造非凡的媒体品牌，纷纷关注同样高度竞争的消费品行业。如今，各种媒体产品都通过品牌化的方式展现自己，比如美国网络刷新品牌与《摩登家庭》和《海军犯罪调查：洛杉矶》这两档节目的合作，"辛普森"电视品牌与 All Time 频道的合作等。

传统零售品牌管理可以根据媒体行业的特殊经历进行灵活的调整。例如，"消费者"一词可以改为"观众"，零售业的"购买行为"可以等同于媒体行业的"看""听"和"读"，因此，我们可以将零售品牌的许多概念进行转换，并为媒体品牌管理提供借鉴。这一章将简要介绍媒体品牌的特性，并对新闻业面临的品牌挑战进行相关的案例研究。

媒体品牌和商业模式

本章关注于对媒体品牌的研究，其中涉及了一些关键的媒体经济学内容。归根结底，企业存在的根本目的就是为了获取利润。而已创媒体公司和新创媒体公司工作的品牌管理"专家"却经常忽略这一目标。吸引观众至关重要，但如何成功将此进行相应的货币化，这才是更大的品牌挑战。过去，媒体的收入来源主要依赖广告，而这已持续了近两个世纪。这一长期商业模式通常是先通过免费或低价的内容来吸引观众，然后通过客户消息（比如广告、产品推广、赞助信息等）嵌入的方式将观众推向这类广告商。这种两步式商业模式涉及两类"顾客"品牌管理策略：一是吸引观众，二是吸引广告商。例如，赫芬顿邮报（*The Huffington Post*）就是先使用"观众"品牌战略吸引访客浏览网站的，随后使用 B2B 品牌战略把观众"销售"给通用汽车公司。显然，不同阶段对媒体品牌的期望值是不一样的。

另一种方法是对使用相关媒体产品的观众进行收费。比如去影院看电影，每月订阅 Netflix（在线影片租赁提供商）视频和支付有限点播的电影等。通常，这些媒体公司都会综合使用各种方法，不仅要求观众支付适量订阅费，同时也推销部分广告。近年来，类似 Hulu Plus 订阅服务等这类在线项目都会对同一产品提供两个版本：包含商业广告的免费版本和无商业广告的收费版本。

市场上有很多免费使用的商品（不论是合法还是非法），而基于收费的商业模式必须为消费者提供特定的个性化价值。品牌独一性是促使消费者购买产品的关键因素。换句话说，顾客必须感受到产品内容的独特，独特到值得他们购买。这种需求推动了最初只从事发行业务的媒体公司在独家原创节目上的发展。Net-flix、YouTube 和亚马逊仅仅是其中的几家公司而已，如今它们纷纷推出各种形式的增值订阅服务和收费项目。

媒体公司通常借助品牌名称来凸显自己的身份，但直到目前，这些公司很少愿意在品牌管理战略方面投入人力、物力、财力，而它们的广告客户却在这方面做了很多年了。突破性技术导致全面竞争局面的产生，而这种竞争对媒体经济产生了深远影响，因此媒体公司需要依赖于品牌管理理论和实践才能获得生存和繁荣。

进入 21 世纪，互联网催生了大量的音频、视频产品。在过去的 20 多年里，美国人口增长缓慢，而媒体选择的数量以指数形式呈现出爆发式增长趋势，并且还在持续增加。相比之前，如今的数字技术孕育出了更多的媒体，而竞争是实现产品分配的主要驱动因素，从平台到设施，通过竞争的方式来满足更多顾客群体的需要。

品牌承诺与数字困境

数字技术不仅为当前各类媒体品牌带来了好处，但也同时伴随着一些负面影响，即机遇与挑战并存。数字技术带来的品牌承诺以机遇为基础。换句话说，进入市场的经济障碍会大大减少，越来越多的公司将有机会进入那些曾经禁止进入或代价高昂而不敢考虑的市场。这些变化大多数是源于政府对管制的放松和互联网这一数字技术衍生物的引入。数十年来，诸如报纸、杂志、图书、广播节目、电视节目、电影和录音等传统媒体所涉及的技术就千差万别，同时也因此产生了不同的客户行为和品牌市场策略。然而，随着数字技术的兴起，传统媒体的区别正逐步消失。媒体界限的模糊性导致了"媒体融合"概念的产生。此外，人们都能拥有很多电子产品和相应的软件产品，比如电脑和配件之类。事实上，任何人都可以建立以互联网为基础的媒体公司。媒体的融合性和成本效率性不断吸引着创业者去迎合少数观众群（如利基群体）。

ESPN 品牌就是依赖媒体融合发展的品牌案例。它整合了当时的很多新媒体，并成为美国历史上最赚钱的电视网络公司之一。《彭博商业周刊》有一篇报道这么说道："ESPN 公司勇敢地踏入了新媒体和新平台领域，而不顾及对旧世界会带来哪些消极影响。这一战略使公司的每项活动都能获取很多收益。"

另外，那些一度流行的媒体品牌被后起的竞争者所赶超。以百事通视频（Blockbuster Video）为例，它曾是知名的 DVD 出租公司，但却未能适应新技术的发展。所有 9000 家实体店现已关闭，因为很多影片出租可以从有线平台和网络平台获得。百事通本可以相应地做出转变，但它没有。相反，基于互联网发展起来的 Netflix 公司抓住了这一市场。当然，Netflix 也同样受到了融合竞争所带来的影响。康卡斯特（Comcast）有线电视就是通过置顶盒和 Xfinity 电视网站在电影下载和流媒体领域与 Netflix 展开竞争。

机遇的产生同时还会伴随更多的挑战。数字技术使顾客能更方便地接触竞争的各类品牌，而这对顾客提出了更高的要求。与以前相比，人们在对媒体品牌做出选择时更多的是受预期品牌满意度的驱使，而非便利性。当前竞争加剧的事实说明了这一点，尽管近年来可供使用的媒体数量迅速增加，但顾客群体实际使用的媒体数量并没有同步增加。一个显著的事例就是观看有线电视观众的数量。根据《尼尔森媒体研究》的描述，在可以接收超过 200 个电视频道的家庭中，美国家庭每周实际观看的频道数量居然少于 20 个。这是符合收益递减规律的一个典型案例，也就是说更多的产品选择并没有带来更大的产品使用量。

与十几年前相比，人们花在媒体上的时间还是一样的。虽然媒体使用的状况有很大改变，比如利用数字录音机延时观看（比如定时移位录像），通过笔记本电脑和手机户外选择视频观看，但一天仍然是 24 小时，人们还要上班、上学、修剪草坪、睡觉。如果不考虑可用媒体品牌的数量，使用媒体还是非常耗时的。

零和市场的品牌挑战

想象一下你在一个小镇的主街上开了家比萨店，而且是唯一的比萨店。然而过了一段时间后，竞争者开始陆续出现，其他比萨店也提供了一样的比萨菜单和价格。假设来此地消费的消费者也增加了许多，竞争会有所改善吗？情况并非如此。尽管方圆三公里的比萨店从一家增加到十家，但消费者（潜在想吃比萨的客户）的数量还是停留在原来的水平。这样你就进入了零和市场。

"零和"意味着进入市场的品牌数量增加了，但潜在的消费者数量并无变化或增长速度是"零"。那么企业在如此严峻的市场环境中如何生存？它需要采取措施让顾客远离其他同类竞争对手。那么，跟上述提到的比萨店一样，当前媒体公司所要做的就是增加市场份额，将竞争对手踢出去。对于增加实时新闻网络的方式是不可能增加特定时段观看有线电视的家庭数量的。然而，这种新网络能够吸引那些想看其他东西的顾客。零和市场中的媒体公司都面临着如何吸引有限顾客群的激烈竞争。零和市场的另一弊端就是在竞争中存活下来的品牌，其相对规模（比如市场占有率）往往很小。80/20法则证实了这一点：在竞争的市场环境中，20%的公司占有市场全部80%的收益。回到我们的比萨案例中，即使有10家店继续运营，大概只有2~3家比萨店能占据大部分市场。这种商业法则适用于包括广播、电视、有线、出版和在线媒体在内的大部分媒体市场。换言之，不管市场（纽约、法戈还是北达科他州）的规模多大，抑或是市场内竞争者的数量有多少，20%的媒体品牌一般都占有着80%的消费者，也就是占有着80%的收入。其他公司就成为了"拾荒者"，它们愿意通过降价的方式来留住市场上剩余的广告商或订阅商。

品牌实力的衡量工具：价格敏感性

品牌学者使用了一系列的衡量工具，比如对实验群体进行皮肤电流反应和大脑成像检测等来评估消费者态度，但通常最有效的测量方式却是最简单的。因为本章的核心主题是竞争经济下的媒体品牌战略，所以我们关注的重点是对货币的度量。一些学者认为价格敏感性或支付意愿（WTP）是衡量媒体产品品牌实力最直接且简练的方法。不论是处理广告费、订阅费、支付或是零售商采购上，知名品牌都比弱势品牌定价更高。当客户对所有品牌的满意度基本相同时，市场环境就不可避免地出现了"恶性竞争"，市场变得容易受到凯洛格商学院的戴维·德雷诺夫教授和索尼娅·马西娅诺教授称之为"竞争的癌症"的驱使，这完全是通过在整个市场上传播的定价战争，如恶性循环竞争在不刺激行业需求的情况下破坏盈利能力，价格战会席卷整个市场。然而，有效的品牌管理原则能成为抵御无意义降价竞争的良药。

强大的媒体品牌"与平台无关"

数年前，美国《纽约时报》董事长亚瑟·苏兹贝格注意到"相比传统纸媒，越来越多的人选择在线阅读"，他指出：新闻媒体的未来不在于独特的发行模式，而在于其品牌声誉；公司的未来与平台无关。这一理念同样也被其他媒体公司所强调，特别是主体广播网络公司，它们拥有有线、卫星和网络等多种发行平台的许可协议（有时称为转播同意协议）。

很多智能媒体公司认为新技术对公司来说是必要的，但不足以为媒体品牌带来比竞争对手更有可持续性的竞争优势。所有媒体公司具备的设备条件、电脑软件、商业模式、组织结构或传播平台都可能被竞争对手所模仿。另外，媒体公司在内容上的独特性也可能被强化，这可以通过"知识产权"将其合法保护起来。不管传播和接收设备如何，吸引和留住顾客的是产品本身的内容。全国电视和节目主管协会（NATPE）就强调了这一要点，最近他还提出了"内容第一"的口号，以此来提醒顾客不要关注毫无内容的产品。

强大的媒体品牌需要意识到消费者的力量

技术能对顾客的态度和行为产生深远影响。媒体不能实时关注顾客什么时候、在哪个地点购买其产品。此外，在线媒体具备交互属性，这能使顾客立即和媒体公司及其他顾客群体取得联系。公司在制定执行品牌战略时必须认识到这一现状，并合理利用这一属性。特别是，传统的新闻媒体公司不得应对目前顾客具有自主权这一现状。著名的媒体学者罗伯特·皮卡德说过：

传统新闻业是基于固定的结构化关系建立起来的，比如个人隐私、财产所有权、层次结构、内部控制和正式化等。但是数字时代是以无组织的关系为根基的，比如透明化、共享、合作、授权和非正式化等。因此，在数字时代中，如何与公众保持联系成为了很多新闻组织的难题，它们正努力适应这种变革。

媒体品牌的另一挑战来自于人口差异。例如，年轻人希望他们关注的产品内容能在每个全新的数字平台进行展示，特别是在手机上。此外，研究表明年轻顾客往往喜欢符合自身需求且能定制的产品。老年顾客仍会在电视或网络上花费较长的时间观看内容。很多大型媒体公司认识到它们不仅要锁定某类顾客群体，而是要满足多种顾客的喜好。比如将电视节目和社交媒体整合在一起就会转变年轻人看电视的方式。《尼尔森媒体研究》的调查显示电视节目的观众数量与推特（Twitter）围绕同一节目的话题程度有直接的双向关系。节目制作人正尝试通过线上对话参与，来扩大顾客行为表现的范围。

强大的媒体品牌依赖于"业务的不断重复"

品牌管理极为重要，特别是对常规购买的产品服务来说。培养顾客的品牌购买习惯就是提升品牌忠诚度的主要方式。尽管前面提到了数字技术对顾客行为的影响，但是研究者们也发现大多数的媒体经验都具有习惯性。从顾客登录自己偏爱的网站，搜索最新的新闻、比赛分数、天气预报，到每周定期播出的情景喜剧、戏剧、综艺节目等，他们的行为是可以预测的。可预测性对企业来说是件非常好的事情。已有研究专门对时间进行了调查，并且再次证明了随着时间的演进，强大的媒体品牌会为广告商提供极其稳定且具有高度可预测性的顾客群体。事实上，常识也可以说明这一点：相比吸引一位新顾客，留住一位老顾客则显得更加容易，投入也相对较少，特别是在零和博弈市场中。当然，对于仍处于搜寻顾客阶段的媒体品牌来说，这是毫无意义的。从顾客那里获得的"回头生意"使广告商和用户的对外业务能够不断重复。

培养顾客的重复购买行为是一项非常复杂的系统工程，因为人们有两种需求：①体验新事物；②同时仍体验熟悉的事物。成功的媒体品牌既不能停滞不前，又不能为了改变而改变。《今夜秀》(*Tonight Show*) 节目可以一直视为品牌一致性的典例。几十年来，《今夜秀》始终是午夜时段人们最关注的节目，而且不断吸引着习惯性顾客群体；年复一年，日复一日，他们期待看到新的笑点，而非带着短剧或名人专访的开场白。然而，2010 年公司决定重整该节目并把其安排在黄金时段播出，这个极具破坏性的决定简直就是一个收视率炸弹。《电视指南》声称："这是电视历史上最大的一个错误。"

当然，更新一个长期品牌对留住顾客也是非常有必要的。比如音乐电视网（MTV）必须面对一直变化着的年轻群体，因为一旦他们不再年轻，就不是公司的客户群体了。音乐电视网的主席斯蒂芬·弗里德曼曾说："不像其他品牌，能够锁定顾客并一直追随着他们，我们则需要不断地蜕去旧壳，彻底改造自己。"强调天气学的气象预报节目一直对其多平台的展示进行着升级改造。该频道的主席戴维·克拉克坦言称："作为最大的天气怪才，对我们来说，沉迷于如何介绍和分享各种天气故事是非常自然的事情。"

强大的媒体品牌需要培养一个可持续的利基市场

差别化是所有品牌管理的核心。大众传播领域已经流行了几十年的基本假设正在逐渐解体，目前企业认为更需要做的是如何满足专业化或小众（利基群体）的需求。开发出强大且极具差异化的品牌，它的最大优势在于能防止消费者去考虑其他竞争品牌。差别化的缺乏会导致一个我们不愿看到的情况——品牌研究人员称之为"等效替代"，即顾客发现同一产品的很多品牌都能同时满足他们的需求，因而很容易找到替代商品。换句话说，在消费者和广告商眼里，这是一件日用品，而不是附带超常价值的特殊品牌。对优秀的品牌来说，最忌讳的就是这种感知的相似性。

这里有个关于奥普拉·温弗瑞网络（OWN）的事例，而令人吃惊的是，这一品牌尚未实现显著的差异化。它的名字来源于美国当地一位非常有名的脱口秀主持人。其电缆网络在 2010 年 1 月 1 日的首次公演上就造成了轰动；尽管经过几次管理和内容上的重大调整，但该品牌仍然在死亡的边缘徘徊，到目前为止，其损失已超过三亿美元。作为一个优秀的个体品牌，虽然也曾取得过成功，但 OWN 并不能实现 24 小时网络在线，而这也成为不能与其他女性频道竞争的重要原因。人们发现除了奥普拉自己主持的节目外，OWN 上的其他节目都和 WE 频道、Lifetime 女性电视频道和 Oxygen 卫星电视频道上的节目很相似。

正如后面章节中所描述的一样，如今很多新闻媒体组织都在这一行业中挣扎着艰难地前行。因为观众并不关心新闻渠道的选择。

新闻所反映的基本事实可以在任何渠道获知，这就跟日用品一样。

强大的媒体品牌需要理解"无形"的力量

过于聚焦产品的功能属性就无法实现对顾客心理需求的满足，这就使产品与顾客之间产生了代沟，正如一些学者所说的——产品不迷人。基于消费者品牌理论的众多研究发现强大且最具持久力的品牌不是基于实用性因素，而在于其无形性，如情绪满足。建立可持续的小众市场，必须深入了解顾客的预期。而仅仅意识到顾客的"娱乐性"是远远不够的。

经过几十年的实证研究和主观评价指出，要预测人们如何对媒体内容做出反应仍然是一项艰巨的任务。其主要原因来自于"不同人对同样的媒体体验会做出不同的反应"。年龄、性别、教育背景、家庭、种族及众多的文化、生活方式等，从个人爱好到宗教信仰，上述因素都会影响到人们对媒体展示的反应。此外，研究发现媒体品牌所提供的益处通常会深深嵌入到人们的需求中来，比如觉悟、友情、安心、自尊、宣泄、逃避，甚至社交等。情绪满足的方式是各不相同的，就像目前小众市场的多样化一样。相比零售商品，许多媒体品牌在创造情感依附上具备了明显的优势，因为，媒体的"产品"中还包含有实在的人。选择节目组成员是成功的关键因素，这在媒体行业中已然不是秘密了。即便是针对非娱乐内容，也需要认真谨慎地选择人员。大家可以了解下电视和有线新闻主播的薪酬，事实上这跟他/她的新闻工作技巧并没有太大关系。例如，美国国家广播公司（NBC）的晚间新闻主持人布莱恩·威廉姆斯（Brian Williams）每年能够赚取 1300 万美元。为什么？因为他是一位具有影响力的主持人，不但在播报时能产生鼓舞人心的效果，而且还很平易近人。另外，最重要的一点那就是他非常可爱。

要揭开潜在观众情绪化倾向的面纱是一项艰巨的挑战，通常需要进行大量高质量的研究。单纯依靠传闻轶事或者其他更差的信息来源所作出的商业决策只会给企业带来灾难。美国 "Bravo!" 电视网络是有线网络领域的一个成功事例，它在兼具复杂性和持续性的观众反馈项目上投入了大量资本，每周的反馈信息能够帮助企业进行内容上的调整。其《家庭主妇》真人秀节目对很多现实生活中的女性产生了极大的影响，而这一节目的想法正是源自于人们在观看电视肥皂剧时所体现的情感特色。

人们不愿意暴露或被他人意识到自己真实的情感动机。比如，观众可能被特定品牌的新闻平台所吸引，因为这使他们在其他人面前显得消息更灵通、更有经验，但有多少人会将这些隐私告诉给相关的研究人员呢？相反，这其中包含的调查和访谈需要进行认真的结构化设计，进而利用那些隐藏的说客（hidden persuaders）去完成这些任务。作为发展迅速但极具争议的研究领域，"神经营销学" 指出他能够通过脑电波和生化活动的分析来探索个体的潜意识。

由于媒体创始人并不理解 "为何观众会喜欢这件产品"，从而出现了接下来要提到的这个失败案例——2011 年短暂复出的电视剧《查理天使》（Charlie's Angels），这部电视剧曾在 20 世纪七八十年代甚为流行。新的制作人并不了解当时流行的原因，以至于他没有意识到当前观众的喜好。一个评论员这么说道："这是一个极其严重而又可怕的错误，他完全没有为人们带来预期从这一品牌中所要获得的乐趣。" 另外，来自同一年代的犯罪剧《夏威夷 5-0 特勤组》（Hawaii 5-0）就取得了惊人的成功，不仅直接在夏威夷取景拍摄，还选用了一些时尚的演员，这就是在强调自身产品的特殊性，同时也成为观众所喜爱的原因。

品牌延伸

许多公司会利用消费者对已有品牌市场的熟悉程度和舒适性，开发出一条新的产品线，这就是品牌延伸的一种方式。这里有一个例子，那就是在黄金时段播出的电视剧《犯罪现场调查》（CSI），最早是《CSI：拉斯维加斯》，后面又陆续推出了几部延伸电视剧系列《CSI：迈阿密》《CSI：纽约》和《CSI：洛杉矶》。并不是所有品牌的延伸都能取得成功。几年前曾在美国国家广播公司（NBC）播出的《花花公子俱乐部》（*The Playboy Club*），就受到了来自保守家庭监督群体及女权主义者们的广泛谴责。最近，另一个例子是著名的男性杂志品牌《时尚先生》（*Esquire*）也推出了自己的有线网络，对此大众也是褒贬不一。

另一种媒体品牌延伸的方式就是公司投资组合，即一个大的媒体公司同时管理几个不同的子品牌，但它们可以共享一个标识身份。迪士尼就是一个很好的例子，它是全球最大的媒体集团之一，无论是收益上，还是其所属的知名品牌，如ABC 广播网和包含迪士尼频道、娱乐体育节目电视网（ESPN）、A&E 网络，Lifetime 及 ABC 家庭频道等在内的有线电视网络，再加上电影制作、出版、商品销售，当然还有在全球多处运营的迪士尼主题公园等。在进行产品营销时，比如新的动画电影的推广介绍，就可以利用迪士尼这一品牌作为战略营销工具，用来吸引以家庭为单位的受众群体；但诸如 ESPN 网上播出的《周一足球之夜》等产品推广就可以忽略迪士尼的品牌效应。这并不是对迪士尼品牌不重视，而是在理解"大众如何感知迪士尼品牌所涉足的小众市场"这一前提下所做出的战略决策。

谨防过于小众的利基品牌

一个媒体品牌想要生存下来并繁荣发展，规模非常重要。过度开发小众（利基）品牌将会导致收益递减的临界点，因为特定受众群会变小，而这往往不能弥补经营的高成本。美国高尔夫频道理解到了这一点，那么谁来投资国际象棋频道呢？

为了吸引更多的观众，通常的做法是扩大利基市场，但这又伴随着一定的风险。我们来看看历史频道的观众增长这一例子，它很少强调传统的历史主题，比如乔治·华盛顿的生活和当时的年代，相反它拓展了很多非历史性的节目，比如《美国发掘者》（*American Pickers*）、《典当明星》（*Pawn Stars*）等。随后 AMC 有线频道也重磅推出了讲述一位高中化学老师沉溺于非法药物制作和高级犯罪的系列剧《绝命毒师》（*Breaking Bad*），但显然这种发展模式已经偏离了传统的好莱坞电影网络。

然而，小众市场的扩大会影响到品牌的清晰度，因为品牌的意义和形象会被淡化，观众也不再相信品牌到底代表着什么。

几年前，体育节目品牌 ESPN 尝试揭露运动员如何涉足影视圈，推出了

《ESPN 好莱坞》节目，但它意识到这已经超越了原有品牌的界限；这一尝试是为了意识到它越过了品牌的界限。粉丝的反应非常激烈，因而节目也迅速被叫停了。

观众们未必喜欢包罗万象的网络品牌，但他们也可能被特别的节目所吸引。从商业环境来看，这不见得是坏事。很多广播品牌（美国广播公司、哥伦比亚广播公司、福克斯广播公司和美国国家广播公司即 ABC、CDS、FOX 和 NBC）为人们提供了众多的流行节目，从情景喜剧到真人秀、体育节目，在这里我们并没有看到网络品牌凝聚力的特性。

网络媒体的高管试图对整体品牌识别进行界定，这在行业领域听上去是一个非常明智的做法，但观众通常不会意识到。最近美国的一项国家研究调查发现：大约一半的参与者不能够准确地识别他们喜爱的节目隶属于哪个品牌网络。有人认为这不是一个成功的企业品牌，那是因为相比整体品牌战略，来自具体节目的销售压力更为重要。换句话说，网络销售部门想要获得更大范围的受众群体，而这是以牺牲企业品牌身份的认同为代价的。观众也声称要找到喜欢的节目轻而易举，因为他们不会特意去寻找某一品牌。由有线系统或者在线资源比如 TV Guide.com 这类节目指南能够帮助观众快速浏览节目表，从而节约选择的时间。

虽然有些媒体市场在逐步扩大，但也有些在逐步收缩。美国 FX 有线电视就是一个例子。最初 FX 的业务仅仅是重复播放 FOX 广播公司的节目而已，但从 2000 年初起，它开始侧重播放一些惊悚、刺激且极具成人个性的连续剧，比如《混乱之子》（*Sons of Anarchy*）、《盾牌》（*The Shield*）、《火线救援》（*Rescue Me*）和《冰血暴》（*Fargo*）等。正如一位电视评论员所说的："FX 上线的系列剧体现了全方位性，这本身是没有问题的。"

利基市场营销是很昂贵的

媒体公司的最终目标应该是培养一个稳定发展的利基市场，而不需要耗尽精力与竞争对手争夺有限的资源。但一些媒体行业的企业家并没有深入地理解：如果观众不知道，那么这些新开发的利基仍然是没有价值的。

对于传统的"离线"媒体，比如电视，它们完全依赖于免费宣传，缺乏足够的驱动力来展开新的业务。相反，大多数媒体公司会从其他品牌的媒体公司那里购买广告。以开展全新电视季所需的资源为例，美国广播公司（ABC）的一位主管抱怨道："这太耗费精力，太昂贵了……我们不能阻止顾客使用照片、户外广告、收音机等传统媒体，但我们也需要购买全新的移动体验或数字网络。"社交媒体正在成为可行的广告平台。人们往往没有意识到商业模式背后的社交媒体，像在推特（Twitter）、脸书（Facebook）和领英（LinkedIn）等网站平台的展示实际上就是付费广告的一种形式。

除了付费广告的嵌入外，社交媒体还为媒体公司提供了与顾客建立直接关系的能力。例如由有线新闻频道 MSNBC 播出的《雷切尔·玛多秀》（*The Rachel Maddow Show*），这是一档涉及每日新闻和舆论的电视节目，它通过利用社交媒体，特别是脸书网站来吸引顾客。每天早上制片人为了获得话题和故事的素材，会选择让观众参与到编辑决策中来。一项学术研究曾提出这样的观点：节目内容的深度与社交媒体的贡献高度相关。

一些基于互联网的品牌，尤其是新闻品牌，比如 TouchVision、Fusion、Vice 和 Now This News 并没有进行广告宣传就成功地将自己推向了世界。它们则是有效利用"免费的"社交媒体来创建网上聊天，聊天的方式和内容逐渐演变成该新闻品牌对产品的抽样，然后再引出更多样化的聊天。

不论是免费还是有偿付费，总之，在每年的特定时间段，大家会发现消费投入最高的广告客户中，电视网络和电影发行商等媒体品牌仍然占据主体。这一现象需要我们对 B2B 品牌管理的科学性与艺术性有一个简单的了解。

强大的媒体品牌需要对 B2B 媒体的品牌化进行投资

到目前为止，我们尚未提及与其他媒体业务进行交易相关的主题。这通常会涉及广告的商业模式，交易过程中真正的付款者事实上就是以广告代理或专业媒体买家为代表的广告客户。对媒体企业来说，基于广告客户的品牌期望通常与基于观众的品牌期望有所不同，这是因为广告客户在媒体上的付费投放是为了实现其产品和服务的潜在消费者，而媒体品牌名称则是媒体公司强有力的广告销售工具。

精明的媒体买家需要的不仅是收视率和人口相关的统计数据，它们还想看看自己的产品是否能让观众在生理上感到舒适，这就是我们所说的无形性。媒体买家和卖家都积极地投资于一些研究上，这些研究旨在揭示消费者的态度和情绪状态。有了这些信息，媒体买家通常愿意向高度参与的观众支付一定溢价，而这远超通常的 CPM 指标（即千人成本，是指一种媒体或媒体排期表送达 1000 人或"家庭"的成本计算单位，它是衡量广告投入成本的实际效用的方法）。在政治上，虽然几乎所有美国媒体都会声称自己的新闻报道是客观中立的，且没有政治属性的，但它们实际上不可避免地通过各种报道和评论显示出各自的立场。福克斯新闻是右派的支持者，因此也一直是左派批评主义的"避雷区域"，但这种立场也给予了一定的品牌鼓励。克雷格·莫菲特，一位长期关注有线电视的财务分析师，坚持认为福克斯新闻具有持续财务优势的关键在于他能激起观众的热情和参与度。

为了不被认为是一个容易被替代的受众商品，媒体品牌必须将自己与其他品牌区分开来，否则就会成为同行竞争的牺牲品。但即使是极具特色的媒体品牌也可能不适合某些广告客户。例如，一个电锯制造商可能不会在非常流行但仅面向女性的"Bravo！"或 Oxygen 有线电视上做广告。根据定义，品牌化即意味着独占性，也涉及包容性。

第二部分　案例研究——新闻组织品牌化

在过去的十年里，由于订阅者和广告客户数量的减少，新闻机构在收入上遭受了巨大的损失，因此新闻机构只能做出诸如削减支出、裁员、并购和破产的消极应对措施。实质上，具有颠覆性影响的电子技术已经改变了传统的新闻商业模式。从长期来看，大幅的成本削减对于一个陷入困境的媒体组织来说并不是最好的解决办法。更讽刺的是，虽然如此多的新闻机构遭遇到了财政危机，但调查结果显示目前对于新闻的需求仍然是空前高涨的。

然而，为了生存和发展，许多公司纷纷采取了新的收入增长业务战略，但令人遗憾的是，效果并不显著。其中一部分原因在于，新闻工作者一直都不屑于通过吸引读者提高收入。

在经历了完全开放的市场选择后，观众仍然保留了传统的新闻组织，当然还有那些能更好地满足他们需求的新媒体公司。许多新闻媒体品牌并没有充分利用互联网带来的内容上的灵活性、即时性和互动性。到目前为止，大多数印刷出版商通过数字化就能简单地将报纸形式的内容传输到网络和电子设备上。这种"炒冷饭"式的电子革新依旧令人失望，尤其是对于那些年轻的、精通技术的观众而言，大约有一半的脸书和推特用户从这些网站上获取新闻，但是我们必须记住的是这些网站仅仅是在线的新闻聚合器（如谷歌新闻）而已，它们并没有创造新闻内容，也并非新闻报道者。相反，它们只是将观众与其他新闻机构创建的新闻内容联系起来而已。

但即使是新的在线新闻媒体也在努力说服使用者和广告客户为此付费。为了弥补减少的广告收入，一些优秀的传统报业公司也在尝试混合结构模式或"免费增值"的读者定价结构模式；这种模式仍然会提供一部分免费的新闻消息，但随后阅读会受到限制，我们称之为"收费墙"，这要求读者订阅或支付短期的使用费用。当然，像《经济学人》《纽约时报》《华尔街日报》这些资历雄厚的品牌是可以这样做的，但小品牌如果这么做可能会出现问题。

除了期望看到优质的新闻报道外，观众还经常寻求知名的专栏作家和熟悉品牌的博客并发表相应评论。这种来自熟悉的"名人"独家报道有助于塑造新闻品牌的声望，并将其与其他竞争品牌区分开来。

虽然一些专家、学者、评论员会极力要求可供替代的商业模式，但是他们很少呼吁品牌名称的重要性。事实上，品牌竞争的理念几乎不会被直接提及。大多数对话是关于如何挽救新闻业务。他们没有意识到商业模式和品牌管理是相互依存的。

根据定义，商品是指可交换的且能提供相同满意度的产品的集合。遗憾的是，调查发现目前大部分观众和广告客户将新闻视为一件商品，它可以从多种渠道获得——通常是免费的。此外，只有35%的美国人明确自己有最喜欢的在线新闻网站，并且其中超过80%的人表示如果这个网站需要收费，他们会找到另外一个新闻源。从品牌管理的角度来看，我们可以认为观众和广告客户不愿意为某一新闻产品支付额外费用，因为其内容缺乏高度差异化的附加价值。由于大多数竞争者都在讲同样的故事，使用相似的新闻采集技术，所以创造出一个切实可行的利基品牌是一项艰巨的挑战。

提高运营效能，比如开发由用户生成的内容，设计平板电脑和智能手机使用的应用程序，更新过时的广播设备等都值得努力，但这些都很容易被竞争对手模仿。这一窘迫的事实使新闻机构原有的可持续竞争性品牌优势逐渐被弱化。

强大的新闻品牌需要应对来自编辑、销售和品牌化的混合性需求

几十年来，具有威望的媒体企业一直坚持着新闻内容与广告的差异化，且两者独立经营，但事实是它们的界限越来越不明显，或者说正在被打破。今天，很多新闻组织在广告宣传上选择采取一些备受争议的做法，比如让其看起来像杂志或新闻节目出现的常规内容一样。目前广为流行的"原生广告"（它是一种让广告作为内容的一部分植入到实际页面设计中的广告形式）和一些著名的新闻品牌，如《福布斯》《纽约时报》和微软全国广播公司节目（MSNBC），均涉足过这一领域。有些新闻企业甚至提供专门的内部作家和美工设计师来完成这类广告创意。美国联邦贸易委员会甚至在最近主办了一场关于原生广告的研讨会，题为"模糊的界限：广告还是内容？"。

品牌营销专家也关注到原生广告可能会影响观众对新闻产品的看法。其中的核心问题就是观众是否真正意识到书刊或广播上的广告与其他常规内容是不同的。2013 年具有广泛知名度的《大西洋杂志》一度激怒了读者，因为刊登了一则关于某边缘教派未来的原生"社论式广告"（指常作为杂志中心插页的正式广告文字）。随后，这家杂志试图删除相关的负面评论反而让事情变得更加糟糕。本·康茨是一家媒体代理机构的战略规划副总裁，他说："原生广告不会掩盖消息来源来误导用户——这正是原生形式的特点。但如果出版商和营销商随意使用，它们就有可能失去顾客的信任，影响数字广告传播的发展。"

严峻的新闻产业还能幸存吗

互联网为新闻和信息行业创造了前所未有的繁盛时期。同时，它也让传统商业模式根基动摇了，而这种商业模式数十年来一直是优质新闻产生的支柱。一些优秀的新闻工作者要么面临失业，要么正在努力调整自己以适应另一个截然不同的新闻环境。如此严峻的新闻产业能够在数字媒体背景下幸存吗？答案当然是"能的"。我们会简要地对五个事例进行介绍，每个事例都有不同的品牌战略，但它们都认识到"多平台的事实呈现"仅仅是个开始。

《经济学人》杂志

尽管新闻周刊业务普遍受挫，但《经济学人》仍然维持着固有的高订阅费、高广告费和高发行量。从品牌管理的角度看，《经济学人》充分显露了自己在大众

面前的声望，这让读者感觉到他们就是精英群体中的一员，而且每个人都可以加入。正如一位主管所说的，"品牌地位能让买家感觉良好"。这些人希望被其他人看到他们在阅读《经济学人》。品牌使命能体现出品牌想象。"智慧的竞赛是永无止境的，但无知却会阻碍我们的进步。"

政论网站 Politico

《经济学人》成立已有 150 多年，并且是一家全球发行的杂志公司；美国的这家政论网站 Politico 起步于 2007 年，仅关注华盛顿地区的政治新闻。严格来说，它是一家非营利组织，但也会承接一些广告业务。为了与众多久负盛名的大品牌竞争，Politico 迅速成为政治信息的关键来源。它将其使命设定为：通过"驱动性对话"将政府思想提炼成一小时新闻。很多读者表示他们非常愿意阅读这类新闻，因为它能提供与政治有关的独家内幕。对这些人来说，这些新闻是非常吸引人的。

《赫芬顿邮报》

《赫芬顿邮报》是一家非常流行的在线新闻网站，由阿里安娜·赫芬顿于 2005 年创建。这一网站主要提供当地政治、娱乐、时尚、科技、全球新闻等信息。除此之外，它还有另一项业务板块——博客，通常由政治家、名人、学者或政策专家等撰写，他们撰写的大量原创内容为企业赢得了不少好评和声誉。网站还搜寻被各领域所公认的专家，继而推出相应的专栏。《赫芬顿邮报》还设置了高端的计算机内容管理系统（CMS）用于持续监控可能出现病毒的网络活动。人们会在第二天讨论的轰动新闻通常今天就会出现在《赫芬顿邮报》上。一位主编这样描述自己的角色："想得快，走得快。"一句话，《赫芬顿邮报》的品牌形象就是此刻最热门的那些话题。

福克斯新闻频道

虽然饱受争议，但总能占据第一，至少在过去的几十年中，福克斯新闻频道这么定位自己：坚持保守的政治态度，24 小时全天候可供选择的新闻网络。在有线新闻领域，美国有线电视新闻网（CNN）一直处于垄断地位，并且持续了近20 年；1996 年，福克斯甚至被认为是新闻界完全没有声誉的一家媒体企业。正如《福克斯新闻》前董事长罗杰·艾尔斯所说的："我们没有演播室，没有节目，没有天赋，没有思想，没有新闻搜集的能力……没有新闻史……没有发行量。"在新型网络面前，CNN 的竞争对手们都变得过于乏味、过于传统，甚至无法激发读者的热情。事实上，福克斯并没有用这些贬义词来形容自己，但它迅速将自己定位为"漏网之鱼"以应对所谓的"精英"主流媒体。当然，后续的事情就众所周知了。

娱乐体育节目电视网

本章一开始，我们就引出了娱乐体育节目电视网（ESPN）这一例子，虽然体育不一定能界定为常规意义上"严肃的新闻"，但 ESPN 确实能为观众提供非常想了解的信息。除了提供具有独家版权的体育赛事之外，ESPN 也因大胆地展示运动员、球队及其他相关体育产业而享有盛名。网络吸引了众多的体坛名人，他们在讲述运动赛事或相关体育时事时也不忌讳用幽默诙谐的方式。这些特性赋予了 ESPN 更多无形的附加价值，这是其他体育媒体所不具备的。罗伯特·西吉尔和詹姆斯·安德鲁·米勒曾合作出版了一本著作，叫作《ESPN 世界里，乐趣无处不在》（*Those Guys Have All the Fun：Inside the World of ESPN*）。书中这么说道："ESPN 改变了一切，无论是从本质上还是在格调上。是的，我们迷恋体育，但它真的不是那么重要。我们只是在告诉你的同时享受乐趣。"

管理媒体品牌是一项特殊挑战

目前大多数媒体企业是在一个高度竞争的零和市场下运转，而很多以科技为基础的创新可以轻易地被竞争对手复制。跟消费品销售（如杂货店、餐馆等）不同，消费者只需要按下电视遥控器、鼠标或是用手指点下平板电脑就可以很容易地体验到各种媒体品牌。几分钟后，他/她就已经有了对这些媒体品牌的心理评估，并知道在什么地点、什么时间获得自己想要的信息。他们不是只会盯着屏幕的"木头人"，而是对如何满足自身理性和非理性需求的内容进行努力思考和搜寻的人。作为媒体企业，不应该盲目地进行信息、产品轰炸，而是选择超越技术的限制、造就不可模仿的特性，同时让观众和广告客户都能参与进来。

作者简介

沃尔特·S. 麦克道威尔是美国迈阿密大学一位已退休的副教授。进入学术领域之前，他曾在商业电视和媒体咨询公司工作了 20 多年。1998 年从佛罗里达州立大学获得博士学位，并在南伊利诺伊大学任教了几年后，他进入迈阿密大学工作，研究方向为媒体管理和经济学。他在一系列的学术期刊发表文章，包括《媒体经济学期刊》《国际媒体管理期刊》和《媒体商业研究期刊》等。此外，他还自己出版了一些专著，包括 《广播在美国：电子媒体的调查》(*Broadcasting in America: A survey of electronic media*)、《电视行业指南》(*The Television Industry: A complete guide*)、《打造品牌电视：原则与实践》(*Branding TV: Principles and practices*) 和《纷争解决研究》(*Troubleshooting Audience Research*) 等；还有一部分是与他人合作出版的专著，如 《了解"直播和有线"的财经学：非财务经理入门》(*Understanding Broadcast and Cable Finance: A primer for the non-financial manager*)。美国新闻与大众传播教育协会（AEJMC）授予麦克道威尔教授在媒体管理与经济学教育领域的年度卓越与创新奖。

09 品牌不单调

金融服务的挑战

◎ 迈克·赛姆斯〔Mike Symes〕

乍看起来，金融服务产业本身就像是个悖论：一方面，它是所有产业中最独特的产业，因而备受瞩目；另一方面，它又面临完全商品化的危险。

本章将重点关注金融服务品牌，引用一本名为《少有人走的路》（*The Road Less Travelled*）的书，确实如此。这些企业不再满足于简单的模仿，而是有自己独树一帜之处，并会为此引以为豪。这是有思想、有目标的企业；这也是有态度、有作风的机构。

在我们看这些打破常规品牌的个体企业之前，我们可以先思考一下：是什么导致这个产业与众不同，以及当前金融格局所带来的挑战。

"金融"与实体产品不同，它是无形的；你也无法触摸到它，它不同于其他产业，它具有改变宏微观经济格局的能力。从全球经济基础的建设到保障我们的居住环境，金融服务的作用无处不在，因此也是至关重要的。

我们的市场也非常多元化。这时金融服务已不仅是其中的一个类别，而融入了很多独特且明确界定的内容，可以从零售、商业广告、批发、银行抵押到证券、资本市场、保险、投资、资产管理、经纪、房地产等，这里只是列举一二。

每项内容/每个部分都有自己独特的利益矩阵和渠道，有自己可识别的顾客群体，以及众所周知但又差异化的行为方式。

也正是因为金融服务这种绝对多元化的特性，有一个词可以很贴切地用来形容这一产业"博而不精"，或者说，有广度，却不一定有深度。

目前的金融市场已经出现明显的两极分化：一是涉足多重领域和产品的玩家，对这类企业来说规模就是一切；二是利基市场的运作者，它们通过更细化的方式，结合专长来满足特定顾客的需求。

金融交易通常是一项基于风险的差异化动态行为。因此，金融家们会在销售上花费更多的时间和精力来判断风险的高低，比如从事贷款业务的企业在签订贷款合约前会对贷款者进行彻底的企业经营评估。

是否可以寄希望于声誉

目前的金融产业不再是曾经成功的仲裁者，也没有了被大众广泛认可的区分度。英国北岩银行（英国五大抵押贷款银行之一，其前身是北岩建屋互助会）成立于 1965 年，雷曼兄弟（一家全球性多元化的投资银行）成立于 1850 年，华盛顿互惠银行（全美第四大居民住房抵押服务供应商，也是一家区域性金融服务公司）成立于 1889 年。除此之外，其余的都已成为历史。

我们的金融系统是以信任和承诺的交付为基础的。然而，目前需面临的挑战正影响着很多金融企业范式的调整——其根本变化主要是在公司运营和业务竞争等方面。

2013 年"年度信托及信誉调查报告"（Edelman Trust Barometer，2013）显示：虽然消费者信心有所提高，但还是存在着很多对金融机构的不信任因素。

爱德曼英国（Edelman UK）的 CEO 罗伯特·菲利普说："信任没有反映在银行的资产负债表上；作为一项重要资产，或许应该视为一条账目列上去。"

因此，2013 年 Ipsos MORI 民调显示：来自英国、德国、法国和美国几乎一半的消费者认为银行并不重视他们。

从收银员到董事长，每一个金融机构都要有恪守信念、重获信任的责任。然而，它们秉承的价值理念却高度相似。我们询问了 10 位金融产品的销售人员，关于所在公司的销售见解，至少一半的人表述相同，比如"他们坚信培养长期顾客关系的重要性"或者"为了满足顾客需求，通过量身定制强化灵活性"等。

美国第一曼哈顿财务咨询公司的总裁詹姆斯·M. 麦考密克曾对银行一线员工做了一项暗地调查，他发现这种情况在金融行业是真实存在的。研究人员也是问了一个简单的问题："作为一名消费者，我为何要在这么多银行中选择你们银行？"

他注意到在 2/3 的时间里，这些员工没给出具体答案，他们要么什么也不说，要么说一些无关紧要、敷衍的话。

即便金融产业存在一定的内在多样性和复杂性，但金融企业的做法通常是相同的。

难怪有家银行的 CEO 这么形容：我和我的主要竞争者之间的差异太小了，如果是两个人的话，那也仅仅是放下一张信用卡的距离。

正如弗兰克·卡佩克所观察到的：挑战主要来自于银行长期以产品为核心的历史观念和"每个人即是一切"的思维方式。在决策和资源承诺时，极力追求"更为相似"的结果，而不关心是否存在差异化。

这里就曾提出过这一问题。他认为这种"服务"不过是入场筹码而已，或者说是市场准入的价格。

科技仍然是创新的强大推动器，无论是金融领域早期的企业，还是喜欢接受挑战的企业。这足以帮助企业长期占据领导的位置或始终走在前沿吗？这有助于实现更多类型的差异化需求吗？

市场准入的低成本和快速复制的特性是不可取的，这意味着在时装周新品发布时，新产品不仅在商业街上出现，同时也会在假冒品牌的工厂出现。

在金融服务市场，它们需要的不仅是产品和科技，更重要的是品牌。

遵从但不遵守

人们可能会这么想：如果要求必须严格按照规章、流程进行"产品"预测，那只会扼杀品牌的创造性。同时，也会使金融服务品牌更加没有生机。一味强调资金充足率、透明度，注重高度隐私、安全性，甚至迎合外部报道需求，这种逻辑的结果就是遏制品牌创新。

但事实远非如此。

避免雷同的故事

"再创造"运动的兴起让市场参与者有了更多样化的改变，让已建立的参与者更想要重获信任和市场信心。这种迹象正在逐渐蔓延。

不仅是追求"弹性"和"定制服务"，金融服务品牌必须明确具有自身特色的启发性目标，从而激发消费者。

传统观点告诉我们：成功营销和沟通的秘诀是发动一场思想上的运动。少数大胆的企业组织已经开始酝酿大脑里的各种构思，准备发动一场这样的运动。

目前的金融产业是创新型新企业进入和改变现状的最好时机，对于进入的创新型新公司来说是成熟的，并且冲击了它的重要地位。是时候经历这些了。

有氧金融：在新鲜空气里呼吸

你脑子里偶尔会闪过一个这样的想法：它非常具有破坏性但又极具潜力，以至于你不经意间就将其应用到了企业实务进程中来。

"有氧金融"（Oxygen Finance）就是这样的一项业务。

它正处于创造世界最大的 B2B（企业与企业之间通过专用网络或 Internet，进行数据信息的交换、传递，开展交易活动的商业模式）支付网络的进程中。

为什么？因为它是基于变革的核心原则而产生的，这一原则强调：支出才是组织蕴藏的最大资产。新品牌通常会凸显消费的重要性，并让消费者意识到；同时，新品牌的产生也意味着其塑造的全新企业形象是为了满足新一代人群的需求。

在"有氧金融"出现之前，首席财务官认为产生收益的最好方式来自于企业应付款项。因此，如何通过现金流负债实现转换成企业产生收益的资产行为就跟一场游戏一样。

但今天，"有氧金融"确实解决了企业正面临的许多关键问题——比如逾期付款、新收入渠道和低效的供应链。

"有氧金融"早期的支付程序就创造了一种更佳的商业模式：通过折扣，不仅使供应商能更早收到企业所应支付的款项，同时作为买方，也让企业获得了一定收益。

"有氧金融"品牌以创造了买方和供应商之间的双赢关系而知名，这是以双方均实现积极的财务结果为基础的——而不只是鼓励性的话语。

其结果是：超过 60% 的领先供应商采用了这种方式，而这也推动了更紧密的供应链关系的发展。

供应商能够欣然接受"有氧金融"方案，是因为它们珍惜能够提升它们资金流动性（企业成功的关键）的任何机会，这也有助于稳定和发展相关业务。

供应链中流动性的提升能带来更大的市场自信和业务稳定性，促进供应商的财务优势，确保供应链的有效性。

马克·霍夫曼总裁是美国第一商务公司（Commerce One）和美国赛贝斯公司（Sybase）的创始人之一，这两家公司都是非常具有创造性的电子商务公司，在 20 世纪 90 年代一度成为最大的软件公司之一。

他这样评论道：

"未来任何市场的领导者都将是那些能认清"供应商关系"和"网络参与能创造持续竞争优势"等事实的人。股东价值不再是建立在延期支付的短期现金收益上，而是通过紧密的工作联系和价值链驱动价值来构建的。"

First Direct：意想不到的银行

在银行业有几个引发了根本性改变的关键时刻。作为同一行业的先锋者，迈克·哈里斯同时发起 First Direct 和 Egg 两家银行也绝非巧合。

迈克创造了世界上第一家没有分支机构的银行——First Direct，主要集中于全天候为顾客提供电话回复服务。他随后发起的 Egg 公司也具备这种特征，这是一家开拓性的网络银行，专门为想要存钱、投资、在网上购买保险的人群设计的。

作为激进式的创新典型，媒体曾质疑 First Direct "永远在线"的业务理念。一份主流报刊曾将它定位为是"提供给无聊失眠者的服务"。当然，那是在顾客成群结队签约之前的观点。

为何顾客会留下来，并向其他人介绍这家银行的原因不仅是因为他们看重银行全天候服务的理念，而是因为银行最想让顾客知道：它们所提供的客户服务，能让每位顾客都被照顾到。

First Direct 被广泛认为是全世界最具发展潜力的金融服务商；出于对顾客的照顾及他在处理问题的能力上所取得的高分（84 分），它因此被列为全球顶级的金融品牌。

公司最新的宣传词"意想不到的银行"，加强了 First Direct 作为挑战者品牌的外部形象，这对众多传统银行来说是个极大的威胁。

在对外宣传方面，First Direct 选用鸭嘴兽作为银行品牌的象征，代表自己是"与众不同的"，这能让人回想起它在成立之初就建立起来的品牌特性："离奇古怪""玩世不恭"（针对传统来说）。

正如电影宣传中所描述的：它们做事的方式非常与众不同。不要把它看作是简单的聊天记录——而是你能接通一个友好的人的电话。

First Direct 认为：如果没有真正体验过这种服务，你很难想象是什么让 First Direct 的银行业务如此特殊。它的网站也极具特色，整体上采用了简洁且个性化的黑白配色。网站上有这么一句话："有多少银行能给你一个满意的保证？如果你喜欢我们，我们会给你 100 元；如果你不喜欢我们，我们也会给你 100 元。"

所以 First Direct 的服务显然是优于行业内其他银行的。如果六个月后你不愿意把钱存在它们银行，它们就会帮你转到其他你喜欢的银行，并会因为给你带来麻烦而补偿你 100 元钱。

First Direct 在线创新实验室利用众包（crowdsourcing）来获取对客户的深入认知，从而实现产品路线的微调和品牌意识的构建："First Direct 实验室强调顾客参与。顾客可以参与 First Direct 的问卷调查、评论某一新产品或参与某一正在研发产品的设计，可以提出关于银行新项目和热点的任何想法和建议：我们可能需要一个新的版本或产品测试，或许会有迫切需要解答的问题。"

就跟我们能够选择自己的播放列表一样，First Direct 在对传统现状发起挑战，它让顾客进行选择，让他们来界定自己在金融服务方面的"口味"。

这也正如迈克·哈里斯所说：金融服务品牌的挑战就在于"创造一种品牌体验，创造一种富有感染力且最终无法抗拒的文化"。

非当地的本国人和非本国的当地人

富国银行（Wells Fargo）是一家能为顾客设计品牌体验，并被大众所熟知的银行。自 20 世纪初的淘金热以来，富国银行就能同时提供银行业务和快递配送服务。如今，它已经成为最具价值的品牌银行，而这一品牌的价值已高达 260 亿美元（BrandFinance® Banking 500，2013）。

然而这样的成就却与它的业务内容及业务规模的壮大无关。

富国银行的愿景陈述是这样的："我们要满足所有顾客的金融需求，并帮助他们获得金融业务上的成功。"这不是钉在会议室墙上的一幅标语。即便这段简洁的话语是在 20 多年前被写下来的，但同样与当下相关。

其焦点已经超越了战略执行中如何建立与顾客一一对应终身关系的标准线。

"我们永远不会把马车凌驾于马之上"这句话引起了人们对银行业传统的思考和共鸣，它也明确表达了"银行赚钱是由于它专注于顾客服务，而非其他原因"这一观点。

顾客渗透是一项衡量银行持续成功的重要因素。根据福布斯 2013 年发布的一份报告，里面提到：富国银行的财务顾问们"在每个家庭平均交叉销售 10 个产品，来使其成为顾客心目中财富管理方面的主导者"。

富国银行借助北美分布最广泛的金融服务分销系统，将目光瞄准了"非当地的本国人"。如此庞大的"分散"网络包括 9000 多家当地门店和 12000 台自动取款机，有些就安装在社区内的便利店内。该银行也通过自身产品的高度多样化，让"非本国的当地人"成为其顾客群，并为他们提供一站式存款、保险、投资、贷款、个人及商业金融服务。

"找到一些新的沟通方式并帮助你在金融业务上取得成功"，该社交媒体战略显然是与其愿景目标相对应的；同时，以更细化的指导方针和参与守则作为支撑，保证品牌价值的真实性。

富国银行自 2006 年以来就积极参与博客的发布，到目前为止已注册七个较为权威的博客账户，它们分别是：Beyond Today℠ Blog，Wells Fargo Environmental Forum，The Well Fargo Blog，AdvantageVoice®，Guided By History®，The Student LoanDown℠ 以及 Life in Balance。此外，富国银行已连续三年获得社交媒体的"消费者奖"奖项（Global Finance Magazine，2013）。

就是如此简单

从一个成立已久的银行品牌到新一代的数字"非银行"，这展现了市场千变万化的本质。不论是传统型还是技术型金融公司，它们都需要面临挑战。

Javelin Strategy & Research 的调研显示：通过数字渠道进行的四次开户尝试中，就会有一次是失败的（Bank Systems & Technology，2013）。

然而对于 Simple 这一银行品牌来说，开户真的如同品牌名称所暗示的那样非常容易。通过截图为顾客提供指导，这使整个过程不但毫不费力，而且非常直观，就好比你的朋友在你身边给你解释一样。

另外，Simple 的品牌承诺明确自己是传统银行业务"无忧的替代选择"。这种品牌承诺将智能预算和储蓄工具自动、准确地合并到账户中去，顾客可以随意选择网络、苹果系统还是安卓系统，这些方式都是可行的。

Simple 的首席执行官兼创立者乔希·赖克对此进行了详细的阐述，他指出：Simple 就是通过构建全新的银行品牌帮助顾客不再为自己的钱应该去向何处而担忧，而这种品牌具备了现代化、优越性、透明化和可靠性等诸多优势。

特别是 Simple 从不以收取费用来实现获利，你可能会突然注意到，并恍然大悟。这就意味着在正常的业务过程中不会发生刺激透支或账户维护费用等。此外，与传统银行不同的是，Simple 坚信它没有权利去惩罚犯错的顾客。

为了更好地理解 Simple，你必须承认这样的事实：尽管它试图将自己构建成一个银行品牌，但它却不是真正意义上的银行。准确地说，它是一个位于后台系统顶端、直观性的在线界面，其后台系统由几家有美国联邦存款保险的合作银行所控制的。

那么 Simple 是如何赚钱的呢？很简单，它与其银行合作伙伴共享息差幅度（interest margin）。

此外，Simple 也重新调整了数据报告方式。不再是原有那种简单地向顾客展示账户余额，它会向顾客展示一个更有意义的"安全消费"数据，这其中涉及账户的日常开销。

传统储蓄业务同样未能"幸免"，Simple 运用先进的游戏化技术再定义了储蓄体验。在"游戏"中，玩家可以通过设定特殊的名称和相应的承诺计划来实现和保持自己的储蓄目标。

作为一家没有分行的数字"银行"，Simple 不得不更加努力地参与其中，并树立起"轻松自信而不傲慢"的外部形象。

顾客们能随时搜索到他们在该银行办理的所有业务记录，并了解自己进行了哪些消费和储蓄业务。直观的应用程序能帮助顾客轻松地管理自己的支出"日记"，同时还可以追加备忘录和相关的照片。

Simple 甚至使用推特作为双向客户服务工具，从而公开、及时地解决顾客的疑问。

有些讽刺的是，Simple 的这些主张执行起来非常复杂，如果简单的话，当然每个人都会去做了。但是，从 Simple 引入非正式化的品牌到优雅现代的客户界面，这样的品牌愿景也很难被竞争对手所打败。

银行业务的彻底转变

Knab 是另一家驰骋在数字化信息高速路上的公司，如果你没猜出这是家什么公司的话，可以把"Bank"（银行）倒过来拼写。是的，Knab 就是荷兰的虚拟在线银行。借助全球保险公司 Aegon 的支持，它正在寻求改变当地传统银行业务的方式。

在电视广告中，它将香槟使劲地砸向船头，表示自己力图改变传统的决心。这个令人印象深刻的广告告诉我们"要以不同的方式看待银行业务"；不再将运作的核心放在产品上，而是放在顾客上，这就是 Knab 所做的转变。

它开通了博客，同时也通过"Knab 在线"平台为顾客提供一对一的交流，实现互动。不仅如此，它还为顾客提供了数字化办公场所，方便他们与专业顾问进行视频对话。

时下非常流行的"红线"应用程序也被引进，针对透支顾客，它能迅速地显示出你该如何有效地做财务规划和这个月内与红线（警戒线）的差距有多远。

Knab 这种智能化的"由后向前"的品牌思维让其取得了经济上的成功，同时也形成了自己独特的风格。

弗兰克：酷炫的现金业务

坦白地讲，人们从来不指望能将"酷""机灵"或"狂热"等词与银行品牌联系起来。然而，这些词却成为大量 18~30 岁新加坡年轻人对当地某家银行的形容。

华侨银行旗下的 FRANK 银行就可以用"坦诚、纯粹、可靠、敏捷、新潮"这几个词来描述，这并不是一家普通的银行。目前新加坡华侨银行已拥有整个新加坡"Y 一代"市场 26% 的份额，而这些数据的增长正是得益于 FRANK 银行。

年轻人可以直接进入 FRANK 银行，这种智能化、时尚感的气息，让人不禁联想到了苹果商店。

在这里，他们会被邀请参与探索活动，并与墙上的媒介进行互动；在这里，他们也不是来选购平板电脑或者音像制品的，而是从 120 种独家设计中选择一张喜欢的 FRANK 银行借记卡，它们中有可爱的、流行的、古怪的、复古的或狂野的。哪种符合你的个性和突发奇想呢？只要你喜欢，你甚至可以更换卡的设计。

这里的员工没有统一的正式着装，而是穿着便装在人群中"闲逛"，以便随时准备帮助顾客解答问题。

FRANK 银行的网站上你甚至找不到"关于我们"的介绍。为什么？因为 FRANK 银行所有的一切都只与客户有关。

FRANK 银行在网站上推出了"全年现金返利"，并提供了公共交通和在线购物的系列权益和折扣服务。如果你注册了一个账户，你就会得到一个设计独特的免费电脑包；如果你申请了学费贷款，你就可以收到最新电影的代金券。

当成为 FRANK 银行新的顾客、新的朋友时，它会支付一笔额外的费用，为什么呢？FRANK 银行的核心品牌精神是：使你（顾客）能够"做你想做的事"。在这方面，FRANK 银行确实做到了，兑现了承诺。当你向朋友介绍推荐它时，你就能获得价值 50 美元的本杰里（Ben & Jerry）冰淇淋。

每个人都知道用信用卡买东西很方便，但很少有人了解超支会对你的信用评分不利。"FRANK 银行小贴士"通过友好的展示，有效地保证了顾客了解相关信息。

另外，用"储蓄罐"业务来鼓励人们形成节约意识，这种方式让美国的青少年能将现金专门用于特定的用途和目标上。有趣的是，这些存款不能通过自动取款机提取，这也保证了存款的安全性。

FRANK 银行创造的"线下和线上双重操作环境"之所以出现也绝非偶然。这是该银行数月潜心研究的成果，当然它们的努力已经成功了。

大部分金融机构擅长为富人处理账户问题。而 FRANK 银行让年轻人参与进来，帮助他们实现经济上的独立，让他们对自己的财务状况有控制力；FRANK 银行做到了这方面，而其他银行却没有。现在，你不得不承认，这真的非常酷。

爱你选择的银行

首都银行（Metro Bank）是在"为顾客提供独特出色服务"的热情驱动下产生的。这是一个世纪以来英国第一家零售银行。

作为创始人，弗农·W.希尔二世将这家银行从小角色培养成为了美国的顶尖银行，出售时也取得了近 4 亿美元的收入。

对希尔先生而言品牌是必不可少的，这是他的书《选择热衷者而非顾客：如何在没有成长力的环境下创建持续成长的企业》（*Fans Not Customers：How to create growth companies in a no growth world*）所要表达的核心主题。

他解释道："只有好的业务才能创造出热衷者和粉丝。为了建设这样的公司，你需要做三件事：首先你需要一个顾客和员工都清楚的差异化模型；其次构建文化来强化模型，这种文化能渗透到各个业务中去；最后执行模型并疯狂地做这件事——注意我指的是'疯狂地'。"

希尔通过独一无二的零售品牌、吸引客户的艺术和魔法时刻的创造让客户感到惊奇，因此离开时，他们都会带着微笑。

品牌承诺要从便利性开始。不像其他银行，首都银行理解大多数人不得不去工作。所以他们有时会在顾客方便的时候开门营业（在其他银行已关门），包括周日。

首都银行在每个商店提供了即期信用卡、借记卡、支票簿和免费硬币计数服务（这就是首都银行的魔法机器），此外，给孩子们棒棒糖，对宠物也有独特的欢迎方式。在国外，无论是在自动取款机还是销售点取款，顾客都可以免费使用银行的借贷记卡。

首都银行总是用"盛大"来形容和命名开业仪式。顾客会被邀请参与到高跷队伍中，此外还有迪克西兰爵士乐的表演和杂耍节目，当然还不能缺少会喷爆米花的机器。

这种活力并没有影响到顾客对银行的关注和忠诚。正如弗农·希尔所说：一家碰巧是银行的零售企业。

伴随着"不会乱收费，更不会浪费时间"这样大胆的品牌承诺，我们是时候去爱自己选择的银行了。

世界上最好的银行

另外一家银行将顾客体验定位为品牌塑造的核心，它就是安快银行（Umpqua Bank）。这个品牌很有吸引力。谷歌搜索将它描述为世界上最好的银行。这条信息确实很吸引人的眼球。可能正是因为传统"银行业务耗时"这一现象激发了这家银行的创始人。事实是这家银行三年后就成功入围了《财富》百强企业名单。

关于"世界上最好的银行"这样的描述到底是事实还是较为夸张的说法只有顾客才可以决定。但是很明显，安快银行的核心理念确实与其他银行存在很大差异。

作为最初在美国西北部建立的社区银行，它主要为当地伐木工和农民提供服务，这种成功的传统根源正是该品牌本质的核心。

"动作缓慢"是一个很有意思的现象。这是对"更快总是更好"这一观念的回应，并不是说跟蜗牛一样慢慢地去做每件事，而是强调要以正确的速度做每件事。

这一思想使传统的银行分支重新发展成为充满活力的枢纽，这也验证了社区银行的成功。

这些分支无论是直观地看还是感觉，都更像一家精品酒店或一家精致的咖啡馆，而这种方式非常受社区的欢迎。

远离寂静、寒冷和尘器，在安快银行无处不闪现着人与人之间的互动和关怀。在这里人们可以围坐在圆桌前，上网、读报、喝杯免费的咖啡，甚至购买银行产品。当然，你也会看到有人在开会，但你也可能看到一些人聚在一起上艺术课或瑜伽课。

一个与社区同呼吸共命运的品牌是非常独特的，也是令人难忘的。

信用拓展

"难忘"无疑要成为下一个市场进入者的代名词。作为一个无畏的市场挑战者的化身，你需要看看维珍集团的老板理查德·布兰森。

他在推特上发表的文章无时不在传递他这种无懈可击的精神：冒险家和探索者，他坚信可以让创意成为现实。

为了应对银行业危机，公司定时启动了维珍金融服务，及时给予了顾客信任，并声明其目的是为了让银行业做得更好、发展得更好。

他们设计了相应的投标项目，吸引顾客参与到业务中来。作为指导性品牌原则，EBO（Everyone Better Off）这一理念也被公之于众，并被广泛熟知。

维珍金融涉及所有的股东，从顾客、同事、社会团体、合作伙伴到股东。公司也将部分收益投资到了非营利的在线筹资网站（virginmoneygiving.com）上，再加上各种有利因素，公司成功地收益 1500 万英镑。

在广告宣传上，他更多地强调自己是"带着灵魂的银行"，这给了其竞争对手劳埃德（TSB）银行重重的一击。当然，成效是非常显著的。

其他公司也充分利用了自身品牌的声誉、熟知度和信任度，通过提供金融服务进行了品牌延伸，包括玛莎百货（Marks & Spencer），塞恩斯伯里（Sainsbury's）超市和乐购（Tesco）超市等。

高于职责——服务使命

USAA 保险是非常出色的金融服务品牌（Clear Brand Desire study，2013），并且被评为美国所有行业最令人满意品牌的第 15 名。

这家公司成立于 1922 年，最初由 25 位军官创建，他们发现当地大多数保险公司认为军人不仅具有高流动性，还具有高风险性。如今，大约 95% 的美国军官都是 USAA 的成员。

USAA 不仅是一家金融服务公司。对于一个顾客并不关注的行业，USAA 基于军事价值的重要性，为顾客提供了一流的服务，而这也反映在了企业文化中，将其称之为"我的服务承诺"。

这家公司有着极高的使命感，这也是品牌声誉的关键："我们承诺去服务那些曾光荣服务的老兵和他们的家属。"

当军队转移时，USAA 也会转移。这就是为飞行员、坦克操作员和宇航员提供保险时，他们如何履行自己的职责。

军事效率目前正被广泛应用到多学科、跨部门的工作中，比如创新实验项目，有助于消除那些与金融服务相关的难攻之地。

专家系统的引入和图像处理技术的部署使 USAA 能够为其顾客提供更好的服务。

社交媒体之所以成功源于一个事实，那就是其会员想要听到其他人的声音，由用户生成的媒体内容有助于这些真实的顾客事件能被共享。

利基导向、亲和力、共鸣和能够站在顾客的立场解决问题、提供服务的能力，使 USAA 从那么多的金融服务品牌中脱颖而出。

令人难忘的猫鼬

为了避免单纯的价格竞争，品牌差异化在金融服务中至关重要。如果你能准确区分不同品牌的"比价网站"，那么其他人也可以。

ComparetheMarket.com 是一个非常出色的保险比价网站，它占据着该类市场 1/4 的份额；对其他任何品牌来说，要想竞争到更多的市场份额都是一项艰巨的挑战。

面对饱和的保险比价市场，顾客传统的购买决策就是基于价格和对保险品牌的已有认知制定的。

如果没有足够引起顾客的兴趣，人们可能就只会每年为他们的汽车投保一次。因此，你该如何保持头脑冷静？

特别是在高度相似的市场中，ComparetheMarket.com 是怎样成为家喻户晓的品牌的呢？

电视广告中出现的猫鼬形象正在改变着一切。

这只名为"亚历山大·奥尔洛夫"、带有俄罗斯口音的贵族猫鼬，已经成为公众心目中的"红人"。它向电视观众抱怨自己的网站，在人们试图找到更实惠的汽车保险时，网站经常会出现拥堵的现象。网站随后会对此作出回应，并用混杂式的英语解释道："我们是最独特、最有创新的比较引擎。我们这里有不同类型的猫鼬，你可以尽情来进行比较。如果你是来找实惠保险的，那么你走错地方了，请立即退出。非常容易操作，你只需选出你认为在每次比较中得分最高的猫鼬，很简单吧！"

亚历山大并没有一直保持优越的地位。在新媒体运动中，脸书、推特等产品的推出，已经赢得了数以万计的追随者。

曾经红极一时的猫鼬玩具收藏正在逐渐淡去，人们可能已经忘记了猫鼬原来和保险有关。"很简单吧！"已经成为了广告传奇，并会被几代人所津津乐道。

造就几代人的财富

早期，迈耶·阿姆谢尔·罗斯柴尔德将五个儿子派往五个重要欧洲城市，富兰克林、伦敦、巴黎、维也纳和那不勒斯，并分别创立银行建立起了庞大的金融网络，他们也被人们公认为世界上最重要、最成功的银行家。

今天，在几代人经验的引导下，罗斯柴尔德财富管理公司仍然在为高端客户服务。

"五箭"是罗斯柴尔德的标志性徽章，作为品牌身份的基本元素，这里面还有一个非常有趣的故事。罗斯柴尔德家族的私人画师莫里茨·奥本海姆讲述了这样一个故事：有一个叫普鲁塔克的人，他在临死前要求他的儿子们去折断一捆箭，结果当然是没有一个人能完成，于是他向儿子们展示如何轻松地一根一根折断这些箭，并告诫他们作为一个家族，团结是多么重要。事实上，"五箭"就代表着罗斯柴尔德家族的五个儿子。

罗斯柴尔德这个名字长期以来与文化保持着紧密的关联度，并受到艺术品的青睐。这也对后期罗斯柴尔德财富管理这一品牌有着直接的影响。

罗斯柴尔德档案馆已经向公共机构捐赠了约 50000 件艺术品，也包括出版社、数字媒体机构。最好的一件艺术品就是弗米尔的"天文学家"（Vermeer's The Astronomer），如今已被珍藏在卢浮宫中。

罗斯柴尔德财富管理也遵循这种文化和艺术特性，试图创造独特的书面语言和视听语言。

"造就几代人的财富"不仅谱写了罗斯柴尔德的辉煌历史，还影响着积极吸引高端客户的战略导向。正因为如此，那些私人银行家们才会在世界各地讲述罗斯柴尔德的传奇故事。

喜欢恶作剧的银行

最后一个与银行相关的词已经引发了媒体强烈的关注和社会口碑，我们不能忽视。

以"多给予、少掠取"为宣传标语的澳大利亚国家银行不断推出一些非主流的营销策略来提升"公平价值交换"的品牌承诺。

这一运动已经让该国家银行成功地成为了具有竞争性的品牌，并明确了后续每项业务执行时所处的位置。

所有的一切都起始于国家银行在推特官方账户上一条"偶然"的推特信息。这引爆了大家的讨论和关注："太……太……太紧张了。必须做出一个决定，我也知道这可能会伤害到某些人！呃……呃……"

在 2011 年情人节那天，国家银行发布声明表示其与其他银行"断绝关系"。这场运动的核心就是如果顾客将抵押借款从联邦银行、西太平洋银行和澳新银行（均属于澳大利亚四大银行）转移到国家银行，那么国家银行就会给顾客支付一定报酬。

公司的 YouTube 账户曾描述过这场"运动"："结束了。国家银行与其他银行的关系真的被打破了，我们想让每个人知道这件事情。这就是为什么会在公司楼前挂出这则信息的原因。为何要结束这种关系？好吧，从现在起及在很长一段时间里，我们的思考和行为方式将与其他澳大利亚主要的银行存在明显的差异。我们已经没有任何共同之处了。"

国家银行还印了一封名为"致约翰"的长信发布在主流刊物上，并在总部前拉起巨型横幅。

当横幅飞向了竞争对手的银行楼时，表明它们的关系彻底结束了。钢琴家被雇用在办公室外演奏"分手之歌"，而假扮竞争对手的演员们则上演决裂的场景。

在如今媒体饱和的环境下，要做到吸引顾客 30 秒的注意力已经很难了。在几个月甚至几年的时间里持久地保持这种优势，是应遵循的行为准则。

国家银行还设计了高调的噱头广告：两位业务团队成员分别被绑在悉尼的贝

尔莫公园和墨尔本南岸区的灯柱上。这是为了说明国家银行越来越不受到欢迎了。

国家银行履行了报酬支付的承诺，并在网站中提到：我们的这种行为导致了顾客对他们兴趣的降低，这迫使它们推出更特殊的内务内容，这样才能让它们更具有竞争优势。因为顾客喜欢更优质、更公平和更具有竞争力的银行业务。那么，你会抛弃你现在的银行吗？

金融品牌化的 4R 要素

我们看到过各式各样的品牌故事，无论是传统的市场领导者还是挑战者。4R要素将所有成功金融品牌的独特、平衡属性整合在了一起：

- 关联性
- 显著性
- 声誉
- 真实

关联性

创建品牌关联性似乎是显而易见的。然而，要日复一日地维持并保证忠于品牌本质，是非常有挑战性的，特别是现在的行业还需要面对来自监管的干扰。

随着金融行业的不断兼并和收购，创始人很容易就会迷航，甚至在这条路上一直迷失方向。最后，正如我们从上述案例研究中看到的，品牌关联性已经超越了交易本身。这一切都是为了与客户需求保持一致，并始终如一地去完成、去执行。

显著性

令人惊讶的是，当我们谈到同质产品时，可以举出很多关于"金融企业所创造的显著差异品牌"的例子，正如前面所提到的。

这里面有一些通过打破常规建立起来的企业，有一些是与顾客保持一致信仰，建立在一系列想法基础上的企业，然后也有对顾客服务保有热情并能让顾客微笑的企业。

显著性不仅局限于此。它是顾客交流的话题，也是品牌信息得以推广、传播的根基所在。

声誉

一美元上有这么一句话："我们信仰上帝"；十英镑上这么说："我向你承诺"。信任跟尊重一样，会在每天的思考、言语和行为中通过生活的品牌价值来实现。"重新获得"是构建持续顾客基础的关键能力，而对传统企业来说，它们不会去思考这一问题。相应地，这些顾客会成为积极的品牌推动者，这对企业来说是非常有益的。

真实

在这个透明的年代和社会网络的背景下，所有组织的行动和动机都会被揭露出来，也只有那些真实可靠的公司才会取得成功。

如果品牌故事不真实或非常肤浅，就说明这个企业并没有真正意义上"拥有"它，或者说并没有理解品牌的内涵，那么顾客和员工是会清楚地了解这一切的。

那些以品牌价值生存下来的金融服务组织才能赢得顾客的眷顾，其价值也远远超出了现有的资金额。

顾客、合作伙伴和其他利益相关者越来越多地了解他们读到和看到的信息，并能清晰地分辨其中的真假。金融企业必须在最初的品牌信仰的基础上与他们进行真实对话，而不掺杂营销和公关方面的人为因素。只有真实准确，他们才会一遍遍地讲述这一品牌故事。

作者简介

迈克·赛姆斯是金融营销有限公司的首席执行官，该公司是一个多次获奖的专业营销/品牌推广机构。

迈克被公认为是金融服务品牌战略家、通信专家、营销作者和全球演说家。

迈克进入金融服务市场后，迅速成为里昂信贷（Crédit Lyonnais）的公关部主管，然后在创办自己的机构之前成为纽约金融银行的副总裁和市场总监。

迈克对品牌和沟通传播非常有热情，并且具有 25 年转型金融组织和建立全球标志性品牌相关的顶级经验。

迈克已被授予伦敦市荣誉市民，这是当前遗留下来最古老的传统仪式之一。他还是 FIDES 的主席，这是一家为金融组织提供产品和服务的独立网络/推荐机构。

参考文献

Bank Systems & Technology（2013）[Online forum，http：//www.banktech.com] Javelin Strategy & Research，How to Upgrade Online and Mobile Account Opening for an Omnichannel Era

BrandFinance® Banking 500，2013（report）

Clear Brand Desire study，From Desire to Impact（2013）http：//www.brand-desire.com/

Edelman Trust Barometer（2013）Annual Global Study

Forbes（2013）Quoted in *Cracking the Cross-sell*，Andrew Starke，*Asia-Pacific Banking & Finance*，5（10）Nov./Dec. 2013

Ipsos MORI（2013）Ipsos MORI research，commissioned by GMC Software Technology

Which?（2013）Are You Being Served?（survey），October

10 创建突破性的非营利品牌

◎ 乔斯林·道（Jocelyne Daw）

大家围坐在桌子前，怀揣着各自的预期和好奇心，房间里的气氛显得非常浓重。联合国儿童基金会（UNICEF）正准备讨论一些事项，包括外界对这个组织的看法和刚出现的一些实时信息等。

"我们请他们来主要是为了明确组织的特性，像国际发展组织一样，"作为基金会首席市场官和首席通信官，杰伊·奥尔德斯解释道，"他们曾用有影响力和引人注目的字眼去描述。那有人就会问，'你会怎样描述我们这个基金会呢？'寂静一片。"

这非常令人深思。人们总是想通过一些代表性的事物来描述那些比较长久的组织特性。最终，一些人大胆地做出了回应，还有一些人也对此附和了。这些评论当然都是正面的，但做出这些评论仍是基于对过往历史的强调：成立于第二次世界大战后、基金会"Trick-or-Treat"项目、节日贺卡、形象大使（比如奥黛丽·赫本）等。很少，甚至没有人讨论组织当前的工作和与他们生活的相关性。这种讨论要顺利展开是非常费力的，但也很刺激人心。如果没有人理解现在基金会的品牌价值，不清楚它是为谁服务、它代表什么，那么怎么可能建立更远大的组织承诺呢？单靠意识不足以帮助基金会实现它的使命。组织需要重新思考基金会的品牌价值——用与核心组成部分相关并且有说服力的行为方式来定义基金会代表了什么。

品牌之旅能让组织重新回到起点，挖掘它的 DNA 到底是怎样的。我们会发现，儿童基金会在儿童救助方面毫无疑问是专家，其与其他国家政府和非正式组织之间有着长达数十年的合作。儿童基金会可以提升其在全球儿童救助方面的影响力。为了抓住机会，它不得不把自己的品牌提升到一个新的水平上，从基本的意识到更深入的品牌参与。这让它在行为上目标越来越清晰、更有针对性、更能引起人们的共鸣。这一品牌需要转变成团结大众的旗帜，为了改善全世界儿童的生存状况，让这些信仰者更好地团结起来。

相比其他强调"人道主义"的组织来说，联合国儿童基金会曾帮助和挽救过更多的儿童；如今通过全新的品牌目标和支持性标语"零可以成真"（Believe in ZERO），它已经树立起了儿童救助领域的领导地位。通过深入调查，2008 年曾有数据指出：通过邀请支持者参与到帮助儿童的过程中来，基金会每年可以让近26000 名儿童免受可预防性死亡的威胁。这些支持者称之为"零可以成真"运动，为此基金会还设置了相应的"零奖项"（Zero Award）。它们的目标是将可预防性死亡的儿童数量保持在零的水平。这才是联合国儿童基金会这一品牌的核心和灵魂所在。

联合国儿童基金会正式推出了品牌，这主要是基于明确的目标和聚焦点——不仅做到了信息简化，还提高了关联性。它从一个无目标的组织变成一个目标精确的组织。有了目标后，2003~2010 年，联合国儿童基金会的年收益增加了74%，儿童死亡人数从 2008 年的 26000 人减少到了 2013 年的 18000 人。

"我们花了两年时间来定义品牌，最终聚焦于儿童生存援助上。我们将这一目标设定为任何行为的指导方针，"联合国儿童基金会的主席和首席执行官卡里尔·M. 斯特恩解释道，"这非常明确，无论是内部还是外部的人都会拥护它，因为这一共同的信念、共同的希望和共同的承诺而团结在一起。"这就是突破性品牌的力量所在。

非营利组织的成长力

联合国儿童基金会取得了巨大的成功，不仅在推进社会变革上，还在激发人们的主动行为上。这种成功证实了非营利组织在解决社会问题和通过公民参与构建强大、健康共同体的巨大作用。过去 30 年里，政府已经慢慢走出了提供公共服务的传统角色，大部分公共用品保障方面的事项已经转移到了社会层面。总之，非营利组织在解决关键但尚未实现的需求方面作用显著。

当社会公益服务和人道主义组织主导这种形势的时候，大量非营利群体和相应的行为动机就会涌现出来。一些群体致力于提高文化水平、解决温饱问题、促进儿童入学率或加强环境管理等。这类群体涉及的范围和多样性是毫无限制的。这就是潜在的影响力——在提供经济救助、获得全体会员和志愿者支持方面得到了保障。

现有的非营利组织在数量上已经突破了两百万；其中在过去的 10 年里，北美洲的非营利组织数量增加了 35%。数量和重要性方面都迅速增长，让慈善市场变得更有竞争力。

在当前的慈善领域，越来越多、越来越复杂的慈善组织大量涌现出来。人们经常会受困于大量重复的信息而无法做出判断，因为许多信息往往难以区分。

捐赠者和志愿者也变得更有选择性、更有识别能力了。个人、公司、基金会和政府根据更加复杂的标准，来帮助自己作出决策；这些标准包括价值取向、共同的热情和承诺、能够提供有形产出的组织能力方面的信任等级等。它们不断地提出尖锐的问题，努力让结果与时间和金钱的投入相配比。通过有意义的参与机会，让不同规模的非营利组织不断表明自己在支持方式上的差异性，提升自己的关联性。高效品牌化在这里就显得至关重要。

新非营利组织势在必行：竞争优势

在众多选择中，非营利组织如何让自己与众不同？在政治不确定和经济起伏的环境下，如何保持和加强外界的支持力度？作为慈善的选择对象，如何脱颖而出？答案就在于：创建一个突破性的非营利品牌。

吉姆·柯林斯在《从优秀到卓越》一书中提到：相比营利组织，品牌对非营利组织来说显得更为关键。在商业组织中，消费者为有形的产品或服务支付一定的资金；在非营利组织中，支持者们是基于信息来提供资金支持，他们相信这些钱会被用来实现更重要的无形社会目标，而且他们不求具体的回报。因此，组织的声誉、目标和相应的关联性成为了关键的区分依据。

强有力的品牌是非营利组织最有价值的资产。它能让组织变得更好；不仅如此，它也会引导人们与组织产生情感关联。通过产生实质性的结果和构建情感纽带，品牌声誉鼓励潜在支持者更加理解它的慈善使命和完成这一使命所具备的组织能力；它能帮助人们在众多选择中做正确、合适的决策。因此，突破性品牌是一种持久的竞争优势。

从传统到突破

每个非营利组织都会有自己的品牌——不论在组织中是否属于优先事项。越来越多的非营利组织努力想让自己与众不同，而此时品牌化也正成为一个不断升温的热门话题。更多的非营利组织想要打造一个突破性的品牌，但一些组织并不清楚这到底意味着什么、如何去做、如何保证资源投资能够使组织获利。

传统思维认为品牌仅仅是组织的标志或一套沟通材料而已。一些非营利组织在开发品牌指南时会用规定的字体和颜色，还有其他设计参数等。很多复杂的传统品牌通过明确的价值陈述和用于表达组织身份的统一信息，以此来体现品牌的核心。这些方面也许在品牌支持方面很重要，但却没能提供关键的理念——基于某一更深层、更具特色的目标，它能够驱动相应的战略并激发每一个决策行为、沟通行为。

突破性非营利品牌的界定

一个突破性的非营利品牌需要清楚地表达"组织代表了什么"——这一聚焦理念能让组织脱颖而出，而对它的支持者来说也是非常有意义的。通过培养突破性品牌，并让其成为组织身份的核心，这有利于个体和情感关联的构建，创造出具有统一价值观、统一承诺的共同体。突破性非营利品牌需要具备三个维度的价值定位：

- 说服他人（思想）：只有了解了"组织代表什么"和看到"组织与他们的

相关性"后，人们才会做出响应，对组织的需求提供支持。有效的品牌会合理地表达自己独特、差异化的想法，并解释自己之所以优于其他组织的原因，然后，再进一步地阐明这一核心理念如何与支持者相关。

● **触及人心（内心）**：突破性非营利组织品牌已经超越了最基本的机构生存的意义，它是为了服务于更高的目标。它不仅提出了一个更大的理由，而且试图寻找超越组织需求的产出。当这种方式有可能存在风险时，它就会像磁铁一样来吸引那些对组织核心使命抱有热诚的支持者。

● **亲自参与（实践）**：当这些组织在描述自己时，人们只相信与自己经历一致的那部分信息。那些利益相关者们希望有机会参与到组织中来；组织也会提供多种方式让其参与进来，伸出友谊之手。大部分人都喜欢和具有共同信念和关心共同事物的人在一起，根据这一了解，突破性非营利品牌就能在组织内外部创造一个庞大的共同体：通过培养共同的经历和行为承诺，将陌生人团结在一起。

要实现传统品牌到突破性品牌的飞跃需要新的思维模式和做事的新方法。表10.1 提供了从传统实践向突破性品牌基本原则过渡的指标清单。

表 10.1　传统型与突破型品牌的术语和思维

传统型	突破型
组织	事业和共同体
交易	关系
外部	内外部
用户	所有者
支持者	共同体
独白	对话
信息	交谈
资料	故事
静态	动态
看/感受	体验
简易	复杂
专有	分享
直接	多方位
指挥与控制	授权
维持现状	敢于冒风险

传统型	突破型
实现	参与
投资回报	参与回报
销售	建立关联

非营利品牌之旅

品牌构建不是一个随意的过程。突破性非营利组织的品牌必须要有策略性和针对性，是精心打造出来的。高效的非营利组织会认真定义它的品牌，明确品牌意味着什么，再根据品牌理念对组织事项进行优先排序并做出相应的决策。通过各类使命项目、开发和沟通行为，将品牌融入社会生活中去。

在得到 CEO 和高层领导的支持后，品牌构建就能成为不断进行自我评估和创新的推动要素。"创造独特的组织身份，并注入热情和信任"，这是组织必须完成的首要任务。有远见的高管能够确保以品牌为核心的哲学信条被整个组织所接受，他们利用品牌强化捐助者的忠诚意识、招聘其他高管人员、团结会员、吸引志愿者和合作者、实现资金筹集的多渠道，最后达到更好的社会效果。

突破性非营利组织需要明确它们的品牌相比个体管理团队要更经得起经济波动的影响。突破性非营利品牌已经成为组织本质的持久体现。这不仅要求在哲学思维方面有深刻的转变，同时需要通过一定的方式保证组织所代表的真正内容被大众所认可，与利益相关者产生各种行为交集。

这不只是指简单的"美化"，品牌化是对组织代表内容的识别——能够脱颖而出的差异化理念，而这仅仅是基础要求。构建品牌要求加强与利益相关者在个体、情感上的关联。这些品牌必须代表着一定的原因或动机——一些比组织行为更重要的事物，一些你关心和信仰的事物。为了真正实现突破性，你必须团结所有认可品牌目标的个体，构建共同体，再来采取相应的行为。

发现你真正的品牌宗旨

弄清楚品牌真正的目的是建立突破性非营利组织品牌的第一步。品牌宗旨主要回答的是"你代表什么？"它已超越了传统的静态身份，而是在描述一个奇特的首要理念，传递为何组织会存在及存在的理由。

发现你真正的差异化目标——包括你比别人做得更好的地方，你如何传递价值和影响力（明确自己的领导地位、做出承诺等）。这就是变革。一个组织真正的品牌宗旨应该是这个组织的行动指南和驱动力所在。用目标激发热情——让员工、管理者、志愿者、董事会成员和其他利益相关者思考得更深远、实现更高的目标。

品牌宗旨将非营利组织战略和在市场中的身份关联在一起。它为那些服务和支持组织的人提供更深层的理论依据，而其使命也会深化关系、培养忠诚度、创建可持续发展的组织，最终实现积极的社会改变。

成功三步骤

突破性品牌并不意味着品牌能与关键个体产生共鸣。因此，人们会勇敢并更客观地看待组织，然后问道：什么是突破？怎样实现突破？相比其他组织，我们如何做得更好？我们在哪里跌倒？如何整合我们的优势和参与战略，让其成为能够改变全世界生活状况的关键力量？通过对这些问题坦白地回答，非营利组织就可以发现其中真正的品牌宗旨。一个突破性非营利组织的品牌通常可以按照以下三步骤来实现。

发现调研：揭示当前意义

品牌之旅起始于内外部的调研，以此来分析和确定组织与其他组织当前的态度、认知和定位。这有助于发现那些能够传递品牌代表的奇特理念。

- **内部评估**——当前你做得最好的是什么？将来你能做得最好的是什么？
- **外部评估**——你和其他组织不同吗？你有哪些不同之处？
- **核心构成主体的理解**——关键受众群体和利益相关者认为什么最重要？

界定：注重品牌内涵

对所需品牌进行界定是发现品牌真正目的的第二步骤。聚焦在这里非常重要。为了做到真正有效，这些非营利品牌不能成为与每个人都有关的事物。突破性非营利品牌明确了独特的内涵——那就是传递组织代表的首要理念。这种方式对核心主体来说是非常有意义的。在这个阶段，为了明确真正的品牌内涵，组织必须在前面步骤的基础之上进行更深入的调研，并获得更重要的启示。关于体现突破性品牌内涵的三个关键维度在前文中已经指出（参见本书第 175~176 页）。

提炼：清楚表达品牌宗旨

现在，所有的调研和品牌内涵界定工作都已经完成了，接下来就是用简洁的话将其表达出来。提炼并清楚简洁地表达品牌内涵，然后通过沟通和行为进行重复传递，这也尤为重要。突破性非营利品牌将其品牌内涵转换成合适的内外信息。这样做有助于确保一致性，并为进一步的市场测试或未来调整提供归纳总结。

● **开发**——简洁化的陈述或信息，他们能清楚地表达品牌宗旨，并进行定期、一致地交流。品牌内涵通常用一个口号、目标陈述或简单的词和短语来表达。

● **确立**——与品牌宗旨相关的属性和体现品牌个性的展示。你的品牌属性会控制所有沟通和行为的语调，同时确保了信息的一致性和可预测性，从而强化品牌并让其与众不同。

● **交流**——对参与到品牌中来这些构成主体的承诺或好处。明确当他/她与组织相互影响时，这个人期望得到什么。"交流"需要描述清楚参与到组织中来的好处，并推动品牌内涵的传递。因此，当呼吁采取行动时，传递是最重要的，其次就是不要忘记其中的承诺和好处。

联合国儿童基金会的突破性品牌之旅

相比于任何其他人道主义组织，联合国儿童基金会救助了更多孩子的生命。通过品牌宗旨和支持性的口号"零可以成真"，基金会清楚地表达了其在儿童生存救助方面的领导地位。凭借出色的执行力，该品牌发起了"零可以成真"的行动呼吁，号召支持者帮助联合国儿童基金会一起致力于降低儿童死亡率，让每天可预防的死亡人数从 2013 年的 18000 人降为零。

"确实，我们并没有意识到每天会有这么大量的屠杀事件，"基金会执行通信副总裁莉萨·沙尔科夫斯基说道，"我们要求我们的支持者加入进来，并相信总有一天不会有儿童死于这些可以预防的事故原因。这是我们联合国儿童基金会的核心和灵魂。"

杰伊·奥尔德斯又补充道："我们的集中品牌是以令人难忘的方式来组织我们需要做什么。"表达真正的品牌宗旨如表 10.2 所示。下面所描述的就是联合国儿童基金会如何发现其品牌真实内涵和宗旨的故事。

表 10.2　表达真正的品牌宗旨：从基础到突破的连续性

	基础（组织）	建立（原因）	突破（共同体运动）
怎么做	组织基础调研，发现品牌宗旨的理性部分：说服支持者	额外的调研，发现品牌宗旨的感性部分：触及支持者的内心	与支持者联手：寻求他们的参与，进而提炼品牌宗旨
做什么	定位陈述或简洁表明品牌宗旨的信息	通过言语和行为，明确能够清楚表达品牌宗旨的组织属性	建立品牌承诺并进行传播，与参与到组织中来的人一起履行
为什么	确保构成主体能够理解组织领导定位的理性描述	将构成主体与他们信仰的感性社会动因关联在一起	呼吁行动或邀请构成主体参与到共同体中来

联合国儿童基金会：通过调研发现真正的品牌宗旨

最初就有一些群体（代表大众，其观点可用于市场调查）指出在"基金会到底代表什么"这一问题上是缺乏清晰度的。后续进一步的研究也表明大众对它的关注度极低。尽管联合国儿童基金会的筹款增加了，但其他相似组织的筹款更多，影响力更大。它们知道即便做出改变也要保持原有的相关性，并继续为社会提供优质的结果。

要发现基金会品牌的独特宗旨，还涉及一些重要的反思和外部调研。该组织通过分析其他从事相似工作内容的机构来确定自身的不同之处。它发现自己独特的品牌宗旨就在于儿童救助领域，而且具有一定的领导性。相比于其他人道主义组织，基金会挽救了更多儿童的生命。

其他组织也提供了类似的介入，比如基础的救生物品，如水、药品和疫苗等。但是基金会的做法更加独特。结合自身卓越的市场开拓能力和相应的专业技能，包括渠道、创新、影响力、效率等方面，基金会决定不惜一切代价挽救每位儿童的生命。

　　基金会与联合国的紧密关联为其在工作中提供了额外的可信度和影响力。这一组织曾为儿童免受战争威胁而要求强制停火，它也曾到过偏远地区为幸存的人提供必要的救济物品；不仅如此，它还有出色的供应系统来确保有效、广泛的物资配送。一次又一次，基金会不断克服种种障碍，政治上的、思想上的、战争和贫穷带来的，等等，从而证明自己强大的能力，为孩子带去生存的希望。品牌工作的最后一部分则涉及组织核心和潜在支持者相关的额外调研。它们需要充分了解支持者想要获得的利益和能带来的价值，以及如何与这些人进行对话。这是一种全新的思维方式，同样也需要额外的专业技能加以补充。

分析捐助者

　　非营利组织的一个主要优势在于它们能够接触有经验的志愿者，并利用他们的一项专业技能，这种技能能极大地降低专业服务成本。行业咨询小组为基金会提供了大量关于领导性、指导力和关联度方面的知识与经验。

　　在咨询小组参与之前，基金会和捐助者们曾一起进行过调研并掌握了一些有价值的信息。但这无法推定那些潜在的支持者，以及无法明确怎样才能激励他们投身于基金会的儿童援助事业中来。为了解决这个问题，小组从心理学和人口学的角度，对当前和潜在的支持者们进行了系统分析。对于确定复杂商业环境下的目标市场动机来说，如何划分和深入了解捐助者动机的过程就显得尤为重要。

　　新的调研发现经常会有人对这类非营利组织持怀疑的态度。人们会问道："我们不知道这个组织，它如何进行援助呢？它们有能力负担这笔费用吗？"但可以确定的是，一旦基金会识别了新的救助领域，就会瞬间充满能量。

　　这项调研还确认了一个核心的支持群体"Empathetic Globals"。这个群体更关心发展中国家的事务，并强烈认为这些地区的人民和政府应该为那些有需要的人提供更多帮助。当被问及慈善组织哪项特性更为重要时，他们认为是"提供基本的、必要的生存物资"。事实是，在所有的国际援助团体中，人们也都认为联合国儿童基金会是具备这一特性的。

　　还有另外一个捐助群体"Free Spirits"。其主要成员的年龄普遍比较年轻，他们通常会将国际性事件列入最关注的事项。他们同样为那些提供基础生存物资的组织进行相应的支持，而这正是该基金会一直在做的事情。

基金会专门对这两个群体中的两位代表人物进行了调研，这可以让组织更好地了解他们是谁，是什么因素推动着他们不断提供支持，如何吸引及用什么样的信息吸引他们。联合国儿童基金会把这些零散的群体整合在了一起，并给他们起了一个统一的名字。

联合国儿童基金会：捐助者细分

杰姬是之前提到的捐助群体中的一员（主要特点如下）：

● 杰姬是一位 48 岁的广告经理，她与丈夫，还有两个十几岁的孩子住在康涅狄格州。

● 她秉承着自由主义的哲学思想，认为社会是有责任和义务去解决发展中国家的问题的。

● 她关心孩子，认为帮助他们是当务之急。

● 宗教信仰在她的生活中起了很大的作用。

● 为了实现财务弹性，她认为自己有能力购回原有的物品。

● 她关心社会，非常想救助孩子们的生命；她关注了许多国际组织，当然也包括联合国儿童基金会。

● 她会阅读《时代周刊》《反朴归真》等杂志，收听美国国家公共电台，观看有线电视新闻网、美国公共电视网、美国精彩电视台和特纳经典电影等频道的节目。

保罗，另一个捐助群体的成员：

● 保罗，35 岁，未婚，是一位计算机程序员，目前居住在西雅图。

● 他是一个无拘束的人，认为生活没有对与错。

● 他秉承极端自由主义的观点，认为帮助有需要的人是社会的责任。

● 他最关注国际性事件，同时也关心环境和动物的相关权利。

● 他会阅读有线电视新闻官网上的新闻，喜欢撰写博客，阅读《国家地理》杂志，观看 HBO 电视网和《探索》节目的动物星球系列，也爱听摇滚音乐。

● 他想还清他的债务，也一直做力所能及的事去帮助并解决发展中国家的一些具体事项，他也关注联合国儿童基金会。

这个成员划分对于提炼组织品牌和信息方面极其重要。以上两个群体就占据了基金会所有捐助者34%的比重。另外，还有一个被称为"触发者"的捐助群体也同样会在紧急情况下从事国际援助工作，这一群体就占据了28%的比重。加起来，这里就已经有了62%的捐助渠道。

作为调研工作的一部分，我们接下来需要做的就是建立一个相关的案例。作为咨询组成员，詹妮弗·多里安是特纳广播网的一位高级营销总监，她强调："这与公司相似。为了达到最大的影响力，我们不能为所有人提供所有事物。为了创造最好的组织前景，我们必须承认某些团体在某些特定方面的工作和成就，关注这些组织的品牌、信息。"

联合国儿童基金会：通过沟通触动内心

有些时候，最简单的事情反而会有巨大的影响力。2008年初，联合国儿童基金会邀请咨询小组成员詹妮弗·道林来参加高层领导会议。当时，她穿了一件T恤，有意思的是，这件T恤上印了另一家小型非营利机构的标志。詹妮弗想通过这种方式，帮助他们在开发有关于组织的信息时，考虑到信息所能传递的情感水平。她是这么解释的："如果我们仅仅关注于儿童为何会不正常死亡，对我们来说，这是非常狭隘的，无法概括我们组织的全部价值。我们需要明确自己的定位，在与其他主体合作中充当主要的推动者，从而产生更强大的影响力。"

基金会本身已经搭建起了理性的故事框架，但为了提升竞争力，在故事中还需要加入情感的、个性的要素。组织想要通过这个故事来说服他人、触及他们的内心。基金会的高管团队是由兼任主席和首席执行官的卡里尔·斯特恩带领的，他承认：面对每天数以千计的儿童死亡，如何终止这种恶性循环给组织带来了强大的驱动力，他们的口号是"零可以成真"，相信总有一天世界上不会出现可预防的死亡事件。

卡里尔指出："对我来说，挽救儿童的生命是一种特权，而不是一项工作。我们需要激励其他人加入进来一起去履行、一起去完成。"2008年夏天，卡里尔和组织的志愿者、捐助者以及企业支持者，在会议上提出了"零可以成真"的概念。卡里尔的演讲非常激励人心，甚至令人兴奋。当她说"请加入我们，加入'零可以成真'"的时候，整个房间都沸腾了。这一围绕着品牌核心、令人信服的品牌目标激励了在场的每一个人、每一个团队。基金会并没有带领他们重复特定的口号，但是现场却有近300人在反复呐喊"我相信零可以成真，我相信零可以成真……"这次会议就像带着"重生"的使命一样，完全不像年度组织会议，斯特恩回忆道。

杰伊·奥尔德斯说："它让我们所有人能以一种从未达到过的格局和水平来思考。它不是关于'什么'，而是关于'为什么和如何做'。"

执行通信副总裁莉萨·沙尔克夫斯基说道："'零可以成真'项目明确了我们要做什么，为什么要这么做。它是我们每天之所以起床的原因所在。"

联合国儿童基金会是肩负着深远的任务进入到这个世界舞台的，这个任务是为了挽救和保护那些脆弱的儿童。通过70年左右的时间，实现儿童死亡率的大幅降低，增加儿童受教育的程度和概率，并帮助他们远离疾病的威胁。在这个过程中，曾有持批评和怀疑态度的人嘲笑这一目标是不可能实现的，但基金会的员工、合伙人、志愿者和捐助者们都认为：即便救助儿童的数量已经达到50%甚至75%，但仍远远不够。对我们来说，"为了每个孩子""零可以成真"不应该仅仅是一个口号，这应该成为我们存在的原因。"ZERO"是整个联合国儿童基金会之所以运转的驱动力，在地球上的每个孩子都有权利享有同样的人权，这没有例外。

基金会重新定义了品牌，以此来激励整个组织——无论是从运营还是到财务分配，从物质环境到项目设计。为了更好地反映品牌内涵，组织对相应的使命、愿景和价值观念进行了更新。基金会开发出了一套包含行动指南、交流工具、培训项目和品牌故事在内的完整的指南。感谢基金会慷慨分享它的品牌故事，我们做了一个品牌传播框架（见表10.3）。

表10.3　品牌平台：联合国儿童基金会

品牌宗旨：联合国儿童基金会是儿童救助机构。我们坚信死于可预防性原因的儿童数量应该是"零"。这就是"零可以成真"计划
品牌定位陈述：通过联合那些关注全世界儿童困境的救助者，联合国儿童基金会尽最大努力帮助所有的孩子，让救助者充分发挥其效能；并比世界范围内的其他组织救助了更多年轻的生命。只有联合国儿童基金会有这样的影响力、远见和动力，并随时准备去处理导致儿童死亡的相关事件
联合国儿童基金会的个性和其表达的声音：明智、高尚、独创、乐观与决心、领导与合作
品牌承诺陈述：为了建立一个更美好的世界，救助者们致力于全世界儿童的援救和福祉事业。为了借助联合国儿童基金会的平台，救助者会加入进来；联合国儿童基金会也给予了救助者们实现目标的最大希望
任务：我们的任务是努力让死于可预见性原因的儿童数量为"零"，尽最大努力为全世界儿童的基本健康提供基础支持。怎么做：联合国儿童基金会通过资金筹集、呼吁行动和教育的方式来挽救和保护儿童的生命
愿景：调动基金支持，包括个体、企业、志愿者、校园组织、公众领袖、议员、名人和媒体，积极地为全世界儿童应有的福利而努力，为他们提供服务的资金资源，提高联合国儿童基金会的行为意识，倡导关注每位儿童的生存现状
价值观：调研、专长、渠道和影响力、创新、高效、解决难题——我们要为每位儿童的生存、发展而奋斗

资料来源：联合国儿童基金美国基金。

联合国儿童基金会：携手鼓励参与

以往主流的品牌传播是"扩音器外交式"的，基金会正试图对其作出改变。"给我们捐助，是因为到年底了，通过捐助可以减免你的所得税"，通过参与模式邀请支持者"帮助我们，一起来让可预防的儿童死亡事件成为历史"。组织决定创造一个基于自身优势的品牌宗旨，并据此构建一个合作共同体。这足以证明基金会在儿童援助和志愿主义事业上的执着态度。

"这需要心态上的彻底转变。不仅需要提出明确的信息，还要拿出一套完全不同的方法去进行品牌推广。我们要从过去由'如何获得捐赠'向'如何更好地救助一个孩子'方面转变；从给予到参与，从捐赠者到成为基金会的成员；从简单的情感反应到共同的价值观"，莉萨·沙尔克夫斯基坚定地解释道。品牌平台有助于实现从传统以基金会为核心的孤立形式向基于更高目标的多方对话的这种转变。

从交易型向参与模式转化是联合国儿童基金会的品牌核心。"我们要拓宽河岸"，丽莎这么说道：

过去，河非常狭窄，堤坝非常高，这意味着我们完全控制了品牌和与他人互动的主动性。我们的真实目的是联合支持者，扩大更多的参与空间。我们让人们选择加入自己的团队，用有创造性的方式来支持事业，在此期间我们不会提出自己的想法。

关于这种改变的案例正在大量涌现。联合国儿童基金会"水龙头计划"于2007年在纽约成立，是由戴维·德罗戈提出来的，是关于全民参与的一个计划。它涉及一个简单理念：饭店要求它们的老主顾每次能捐赠 1 美元或更多，以此支持饭店免费供水的服务。所有筹集的资金会用来支持基金会的工作：为世界成千上万的孩子提供干净的免费水源。2013 年，为了推动更高目标的实现，这一"水龙头计划"项目开始走向数字领域，将真实社区与网上传播串联起来，支持解决世界性的饮水危机问题（见图10.1）。

通过高度分权的方式，让其他主体使用基金会品牌是前所未有的。品牌的力量允许不断尝试新想法，特别是来自组织外部的其他人。该计划体现了基金会在承诺、沟通和筹资方式上的转变。

图 10.1　联合国儿童基金会 "水龙头计划" 项目

资料来源：美国儿童基金会。

品牌推动创新

联合国儿童基金会品牌是为了区分其他组织而设计的。正如莉萨所描述的，仅帮助孩子不足以让我们在那么多关于儿童/人道主义的慈善机构中脱颖而出。"零可以成真"计划是一种行为号召，它能帮助我们明确并建立自己的身份，与目标大众创造更多情感上的交流，而这在以前是极度缺失的。通过特定的方式展示品牌，鼓励人们参与进来。

今天，联合国儿童基金会的品牌仍然保持着组织战略推动的作用。品牌有利于创新，而这种创新有助于持续强化基金会的运作，加深支持者的参与力度，并涉足新的领域。2012 年 9 月，联合国儿童基金会美国分会提出要让"零可以成真"计划重新充满活力。

"零可以成真"计划的一个关键挑战就在于它强调该计划仅限于儿童援救方面。基金会清楚要通过"零计划"来考虑基金会将来的发展工作。他们试图寻找一个有创意的执行方式去拓宽儿童援助这一局限的领域，将范围涵盖到整个儿童发展领域，并让其作为基金会的工作重心。

面对明确的目标群体，组织需要开发出深层的品牌战略、强大的品牌故事和全新的创意资源，无论是组织内部还是外部，以此来展示自己的品牌。同时也需要对员工和地方办事处提供一定的资源和培训。

此外，通过组织在整体上的努力确保"零可以成真"计划的初始目标能够达到，并能向外部传递最大价值。这包括：

● 组织合作团队调动他们 4 万多名志愿者加入到行动中来，并广泛传播"零可以成真"计划的有关信息。

● 进行"零导向"的课程规划培训（你的"零计划"是什么?），目前在美国已有超过 8000 名的教员在从事这项工作。

● 不仅要做出直接回应，还要在交流时协调每月资助额度。

● IT 和管理部门需要及时更新资源反映"零计划"的最新信息，从电子邮件的签名、屏保到建筑标记、品牌商品等。

● 人力资源需要强调"零可以成真"项目的培训是组织雇佣的内容之一。

开展广告宣传是在 2012 年 9 月，在基金会宣布全球儿童死亡率时一并提出来的。其中最大的挑战就是如何在慈善潮中一枝独秀。

"我们决定对儿童进行援救和捐助，这是毋庸置疑的，然而，我们更需要推出一个符合我们品牌定位（坚持为每位儿童的生存和发展而奋斗）和个性特征（乐观、坚定等）的宣传方式。"营销副总监德斯玛·戴茨解释道。"我们也为员工和地区办事处提供了配套的资源和培训，让他们变成有效的品牌管理员——这是进行有效、持续品牌刷新的重要组成部分。"

从最初 2008 年推出"零可以成真"计划，11 个隶属于联合国儿童基金会的分部在它们各自的国家发起了这项活动，而这是对品牌深度和工作有效性的强大证明。

"在我们搭建起这样的品牌平台前，每天有 26000 名儿童由于可预防事件或其他原因而死亡，"丽莎自豪而又确信地解释道，"今天，虽然每天仍有 18000 名儿童因为这样的原因而死亡，但我们知道如何用疫苗、干净的水和足够的营养来进行预防。这种进步证明我们可以在有生之年实现'零计划'的终极目标。"这就是突破性品牌的力量所在。

展　望

这里要介绍的方法并不是将品牌传统的看法做一个简单相加，而是以能完整反映非营利品牌、全新的思维方式来体现：它如何运作、有什么样的可能性、对第三方有何意义等。

若要突破，非营利品牌必须在思维上、行动上和运作上表现出差异。你可以说这一组织品牌是因为其行动、说话的方式不同而体现出突破性的。突破性非营利组织需要将品牌视为：

- **一个战略承诺**。在传统观点中，品牌化等于全新的形象、商标或语言，而且经常在年度活动中宣扬出来。建立突破性品牌，非营利组织首先必须厘清它的品牌宗旨和每项品牌描述，并将其与充满抱负的想法和更高的事由结合在一起。通过持续讲述同一个故事，帮助组织实现行为的统一。

- **一种沟通利益的方式**。告知它行为的重要性时，行为带来的好处自然而然也包含在里面了。比起单纯的活动报道，突破性非营利品牌更关注于最终产出和收益方面的有效沟通，因为这能传递品牌的价值。

- **一种建立关系和共同体的方式**。更好地知晓不等于更好地理解或更好地评价。具有大量意识当然是非常有用的，但并不表明所有的意识都可以得到支持，长期承诺更是如此。突破性非营利品牌知道意识和资金筹集的重要性，但却花费大量时间在参与共同体构建上。对支持者来说，不仅将组织列在清单上的名字——去体验，还要将组织视为自己的延伸，一种能够实现他们价值目标的途径。

- **一种确保组织聚焦的方式**。领导非营利组织会让人觉得要完成使命是不可能的：要满足这么多社会需求、处理这么多的利益矛盾、寻求这么多的行动方向。作为领导者需要集中精力，以正确的方向对行为加以引导；作为突破性非营利品牌的领导者还要知道没有任何工具比品牌更能团结员工、集中组织内外部的所有利益相关者。

- **被整个组织所拥有**。传统设置中，营销或沟通团队对品牌是格外负责的。尽管营销在塑造和展示品牌上非常关键，但品牌建设和营销并不是一码事。高效的非营利组织会运用品牌，发挥其组织行动的助推力效应；品牌应成为 CEO、董事会、高管团队、所有员工和志愿者秉承的核心事项。品牌位于组织治理、运营和任务实现的核心位置。因为突破性非营利组织将其品牌视为组织本身，关心品牌是每个人的职责。

- **关键创新驱动力**。组织目前已有且经常从事的事情，无法定位今后的组织。突破性非营利品牌对此提出了问题，也做了相关的调研，同时为了提出更多大胆的想法和创新成果承担了一定的风险。这促成了组织在战略上进行投资，还完成了一些困难的交易事项；为了实现更大胆的目标，一些合法项目与免费资源需求不再相匹配，组织对此也进行了削减。为确保与组织核心身份的协调，所有潜在行为都要根据"如何更好地反映组织品牌"这一标准来评定。这样，组织才能在创新和差异性的品牌宗旨付诸实践，并在该领域打造新的领导内涵。

- **正确伙伴关系的过滤器**。从整体上看，传统的非营利品牌战略涉及很多丰富且深远的组织可能性。虽然所有非营利组织都需要开创一个有意义、有差异的突破口，但突破性非营利组织则必须借助品牌来寻找正确的合作伙伴，通过战略联盟共同完成使命、实现结果。

- **一项战略投资**。尽管有些组织认为品牌构建非常昂贵，而且这只适合于具有足够资源的大型组织。事实上，所有规模的非营利组织都清楚这是加强、维持组织最具成本效益和可持续性的方式。

设定了愿景的非营利组织数量正在稳定增长，它们试图通过标志性的建筑、精细的管理方式及最有价值的资产——品牌来实现突破。就像联合国儿童基金会美国分会一样，这一组织有别于诸如美国心脏协会、美国大哥大姐会（主要从事青少年义务辅导工作）、美国（纽约）食物赈济处和美国基督教青年会等组织，因为它意识到品牌并不仅局限于企业。非营利品牌可以创造战略性的可持续优势，为组织投入的努力提供聚焦点。突破性非营利品牌能够给予明确的结果；此外，完成使命需要维持必要资源的流动，而这需要通过信任和忠诚度得以实现，突破性非营利品牌却能使这种信任和忠诚度最大化。这类突破性非营利组织能确保品牌执行的合规性，实现投资的巨大回报，为社会提供最大的价值和影响力。"零可以成真"的宣传广告如图 10.2 所示。

图 10.2 "零可以成真"的宣传广告

资料来源：美国儿童基金会。

作者简介

乔斯林·道是公认的先驱者和专家，她曾涉足过众多领域：商业演化、基于社会目的的品牌整合、社区参与及合作关系开发等方面。在她的职业生涯中，她一直坚守着一个信念，那就是构建实质性和可持续性的伙伴关系；在她的努力下，开发了众多创新、互利的合作伙伴关系。

乔斯林也是一位作家。她出版的《公益营销：目的、激情与利益伙伴》(*Cause Marketing：Partner for purpose，passion and profits*)、《突破性非营利品牌化：力量非凡结果的七项原则》(*Breakthrough Nonprofit Branding：Seven principles to power extraordinary results*) 这两本书是亚马逊的畅销作品。

目前，乔斯林是一家社会咨询公司的首席执行官，专门通过设计基于社会宗旨的创新品牌，为组织提供指导；这种品牌吸引了大量社会上的积极群众和个体。该公司擅长品牌战略和客户体验开发、关系构建、行为激励等。

11 品牌/故事概念框架

理解大众时尚

◎ 约瑟夫·H. 汉考克二世

(Joseph H. Hancock，Ⅱ PhD)

对很多人来说，衣着的选择就是表达自我的一种方式。那么，是什么原因使某些风格和时尚更持久、更深入人心呢？事实上，我们与特定服装及其体现的风格间存在着一种既特殊而又微妙的关系。通过一定的战略实施，零售商、制造商或设计师的这些标签必然会造成消费者的情绪反应，并使其做出购买行为。因此，我们才会购买特定的服装，并放到我们的衣橱里。这一过程就是通过服装品牌来实现的。

例如，我就是一直追随着拉夫·劳伦（服装品牌）而成长起来的。更确切地说，应该是其旗下的 Double RL 品牌。我最近的一次购物，买的就是它们公司2013 年冬季展中的一条工装裤。那么，是什么原因让我愿意花 390 美元买一条这样的裤子呢？它是对美国历史的强烈展现，并将这种历史体现在了服装上；人们穿上以后，就会充斥了一股复古的气息。这一品牌参照了军人、蓝领工人、美国牛仔的部分风格；作为美国流行文化的标志，这些风格在男士运动、休闲服饰上占据主流。同样，牛仔是时尚品牌领域经久不衰的主题，而它的形象也被公然用在 Double RL 店面的橱窗上（见图 11.1）。这样简单的做法却传递了很多关于品牌的信息，甚至会勾起我们心中关于它的故事。

作为一位顾客，Double RL 向我传递了怎样的信息，以及它是如何激起我的购买需求，这都是基于我自己的理解。但吸引我购买的原因已经远远超出品牌涉及的各单方面要素，包括品牌营销、服装、销售助理、实体店面，甚至更多的要素组合在一起。

图 11.1 位于纽约诺利塔区的拉夫·劳伦 Double RL 公司商店
（注意与西方相关的各种图标和公然使用牛仔作为可接受的男士时尚的标志）
资料来源：图片由凯文·马修斯和约瑟夫·汉考克提供；ⓒ 2012 版权所有。

品牌内涵本身，再加上顾客对品牌传递信息的理解，促成了顾客选择购买特定商店或特定设计师的产品服务。对我来说，与 Double RL 的关系就是品牌文化与个体的纽带。这或许是因为我在美国堪萨斯州长大，那里的牛仔文化历史悠长，也影响着我们的个性趋同；拉夫·劳伦的这种讲故事方式，让我感受到了复古、浪漫的生活享受。在深入探讨之前，我们先来界定时尚、风格和品牌化有关的一些基本概念。

风格、时尚以及品牌化

为了了解时尚产业的具体运作，理解"热潮""风格"和"时尚"这几个词的差异就显得至关重要。

"热潮"是指一件具体的服装或配饰会在某一时间段盛行，然后很快消失。

这里有一个很好的例子，那就是耐克生产的"Liverstrong"系列——这是由兰斯·阿姆斯特朗创立的抗癌基金与耐克公司共同合作创造的，因此基金会的每位成员都会佩戴标志性的黄色橡胶手环。当阿姆斯特朗在媒体上形象良好时，每个人都佩戴着这种橡胶手环；但当阿姆斯特朗因在自行车比赛中服用兴奋剂被曝光之后，手环就销声匿迹了，双方也终止了合作。

"风格"是一种独特的服装设计或展示穿着的方式。在零售领域，每一位零售商都会努力呈现自己独特的服装风格，并希望能引领时尚。那些在特定时期内流行的风格被称为"时尚"。很多人认为时尚是变化莫测的，事实上它的变化很慢，而且通常只是些小的变化，因为只有这样顾客才不会被吓跑。我们可以思考一下：其实很多人都会穿去年，甚至前年买的衣服，但看上去依然很时尚。从时间长短上看，时尚是指在一定时期内的流行，而非仅仅一天的流行。

现在非常经典的蓝色斜纹粗布牛仔裤就是服装风格如何转变为大众时尚的经典事例。在19世纪后期利瓦伊·斯特劳斯刚发明牛仔裤时，牛仔裤还称不上是时尚。但在20世纪五六十年代，由于各种青年运动的兴起，反倒让牛仔裤在美国文化中流行起来。众多明星在电影里的标志性角色和演绎也让牛仔裤更加流行了，比如马龙·白兰度1953年的电影《飞车党》(*The Wild One*)和詹姆斯·迪恩1955年的电影《无因的叛逆》(*Rebel without A Cause*)。接着在当时的整个60年代，牛仔裤成为嬉皮士和朋克运动的主要服装。70年代，一些顶级品牌像李维斯(Levis)、李(Lee)、牧马人(Wrangler)主导了整个牛仔市场，并列成为美国三大牛仔品牌。在纽约和洛杉矶的大街上，穿着牛仔裤的人比比皆是。纽约的设计师们发现了牛仔顾客的巨大市场潜力和其中的机遇，因此开始设计自己的高端牛仔裤品牌。

在20世纪80年代初期，时装市场迅速涌现了大量享有盛名的牛仔裤品牌，比如CK、约达西(Jordache)、歌莉娅·温彼得(Gloria Vanderbilt)、军营男孩(Bugle Boy)等。独特的品牌风格设计使它们一直主导着牛仔市场。在1980年CK性感式的广告营销中，它邀请了当时只有15岁的波姬·小丝作为广告主演，可以说，这在当时抢尽了风头。通过其独特的营销策略，波姬·小丝呢喃的那句广告语成为俘获顾客心理的重要元素，CK也因此占领了大量的牛仔裤消费市场(Hancock，2009：28-29)。另一家牛仔裤品牌约达西则利用70年代的迪斯科热潮作为它们的广告主题，创造出了特有的"约达西"形象。歌莉娅·温彼得请了

70 年代的金发女郎（Blondie）乐队成员黛比·哈里来推销它们的牛仔裤。在类似的音乐主题推销中，军营男孩请了当时非常有名的女性摇滚合唱乐团（The Go-Go's）在电视上推销它们的产品（Bugle Boy, 1991）。为了销售它们的产品，构建传递一个成功、清晰的市场品牌信息，它们都会选择一个特定的目标市场。借助品牌力量，提升这些价格不等的服装产品的竞争性、独特性。像 CK、约达西、歌莉娅·温彼得、军营男孩这类创意的设计技巧使其产品成为受大众欢迎的热门品牌，其销售市场也越扩越大。

时尚品牌之所以独一无二，那是因为其与生俱来的"分辨性"，有特色的设计师、零售商和制造商等多方面因素的组合，使品牌能创造出一定风格的市场环境（Matthews, Hancock and Gu, 2013：40）。随着大众品牌零售商间竞争的日趋加剧，品牌化成为零售战略中必不可少的组成部分（Hameide, 2011：178）。在这种大众时装的零售市场，充斥着大量相似的服装，比如 T 恤、牛仔裤、裙子、运动衫、卡其裤、棒球帽、鞋子等。那么，对它们来说，就非常有必要在全球市场对产品进行明确的差异化定位。这就是时尚品牌开始发挥作用的地方。

时尚品牌化是涉及服装设计师、制造商、批发商、购买者、战略家、创意总监、零售商以及其他服务人员等参与的复杂过程，他们的责任是赋予品牌形象，给予服装一种独特的身份（Hancock, 2009：6）。

这就是排他性，或者叫独有性，因为这对顾客如何快速将某一品牌或服装与长期的风格联系在一起做了定义。这一过程可以通过纸质营销、零售店员真人模特展示、网络、电视销售的方式来完成（Hancock, 2009）。它能提供独特、差异化、重要且具有可辨别性的全方位体验（Kim, Sullivan and Forney, 2007：327）。

时尚品牌化同样是一项竞争性战略：通过服装广告与信息促销的整合方式促进顾客的购买行为，并强化二次购买的行为习惯（Brannon, 2005：406）。它给予零售商创造形象的自由权，前提是基于产品的功能，以及针对特定市场，便于识别产品的情感特征（Brannon, 2005：405）。如上所述，这是通过零售店主题设计、店内营销、销售氛围以及雇用能体现公司形象的销售人员这种凝聚性的业务战略来实现的（Shultz and Hatch, 2006：15-22）。

在 21 世纪，成功的时尚品牌化战略不是关于定量的人口销售数据和对过去的大众研究（Holt, 2004：299-302）。相反，人们更愿意接受微营销和迎合个人的理念，因为每个人都是特殊的，顾客的意图和理解必须被考虑进来，而这是成功品牌的关键（McCracken，2005：162）。

通过对每个人的心理特征（如生活偏好、描述方式、个人态度、价值观、利益观等）进行测试，服装商可以根据文化变化，设计并发展出一种风格。在时尚领域，企业通常具备讲述和传递动人故事的能力，并以此加速品牌化进程；在它们看来，这是相当成功的（Hancock，2009；Manlow，2011）。

通过栩栩如生的故事及独特的品牌解读，让顾客感受到这一品牌是非常关注个体需求的（Vincent，2002：15）。时装公司的目的就在于塑造一种能够反映当前流行文化的人物、故事和传奇形象（Hancock，2009）。

文化时尚品牌能反映文化的脉络和时代的精神，从事个体文艺的工作者们懂得流行文化是通过讲述顾客能够理解的故事，从而发展成为成功品牌的。比如CK品牌，它的广告特点是用精简的词汇和大量美妙的图片来体现其基本服装的品牌，而这种能力其实就是一种天赋。20世纪80年代初期，当时的CK就已具备修饰模特照片的技术，并在纸质和电视宣传上大肆使用，这种方式在当时俨然成了CK的标志。当时的模特有波姬·小丝、凯特·摩斯等，事实上，她们都是以普通的形象在广告中出现的，但在顾客看来通常都较为惊艳。CK为其香水品牌Obsession和牛仔裤设计的广告都非常出名，其让模特摆出各种造型姿势，仅仅配上少量的词汇，但顾客却能通过照片理解品牌的内涵及其讲述的故事。

但是有些服装品牌却失败了，究其原因那是因为它们忽略了艺术、历史和流行文化的趋势。随着时装产业及各企业的发展，一些成功的设计师和零售商会选择去聆听并理解顾客的心声，并据此生产顾客想要的产品。成功的品牌管理者应该理解产品的历史权益，并依据市场分层策略将产品推向最有利的顾客。

普通品牌通过叙述合适的故事来提升自己的声誉，从而转变成为标志性品牌（Holt，2004：219）。社会习俗和政治意识的引入，则会让新品牌获得更可观的收益（Holt，2004：300）。比如，耐克对同性婚姻的政策支持（Huffington Post，2013），以及对美国第8号提案的公开辩论；耐克对各种生活方式的支持让顾客意识到了它所带来的意义，霍尔特称之为"信息真实性、交互性和象征性"（Holt，2004：300）。其中一段引语是这么说的：

耐克股份有限公司一直支持并认同同性婚姻、未婚同居和无歧视工作场所等，而且我们很高兴看到最高法院能够颁布婚姻平等的相关法律。耐克公司保持赞同的立场，并签署了企业联盟决议，以此来反对《婚姻保护法案》。这是因为我们是一家致力于多样性和包容性的公司，我们坚信所有员工都应受到平等对待（Huffington Post，2013）。

传统的品牌与品牌故事

正如上文中所说的，时尚品牌的主要功能是为零售的商品提供一种体系，通过图像和语言赋予其一定的内涵。虽然广告商的主要目的是销售商品，但好的广告要求营销人员有能力把商品内在的质量考虑进去，并让顾客对其特殊意义有一定的认知。广告所要传递的不仅是指广告中出现的商品，还必须是顾客与产品之间的纽带。这种纽带会在消费文化中产生身份和地位之间的联系（Williamson，2002：12）。对于拉夫·劳伦来说，它在提升服装方面有独特的能力，通过各项高端体育活动展示使 Polo 衫成为上层人士的忠实选择，比如让模特穿着它参加马球赛、板球赛、快艇赛、甚至赛车等。这能让顾客看清衣服的真实用途。虽然并不是所有人都会去骑马或参与这类高端竞赛，但当我们穿着它做剧烈运动时，我们就可以看到 Polo 衫使用的活动范围更广了。

事实上，为了区分服装风格及其与设计师、零售商和制造商品牌之间的关系，传统时尚品牌在服装设计和推广方面的发展显得更"客观"。这通常是通过管理实际设计和生产过程中的每一步骤，从而创作出相应的剪裁、风格和版型的，同时这也是为了让顾客体会到其中的美感。此外，服装品牌在销售时还必须与零售商的文化相符。那些受欢迎的风格会出现在零售商的时尚搭配中，并会被放在旺季销售。

更为重要的是，大众型和运动型的服装需要在既定的销售季节推广。无论是秋天、假期、春天还是夏天，时装业都需要忙碌着，每年并没有太多变化。但对零售商来说，最大的销售季节则是秋天和假期，不仅年轻人都陆续返校了，很多节假日也是在这段时间。春天和夏天则通常是家庭旅游的时节。因此在这一零售行业中，选择套装还是泳衣会有着明显的季节变化。

时尚产业就这么周而复始地运转着，制造商通过监督管理生产流程中的每一步骤来促成实体品牌化的过程，比如符合顾客需求的正确商品、商品特性、吊牌，甚至店铺营销方式等。不仅如此，还要确保价格卖点与零售商品牌形象、其目标市场完全吻合；这非常重要，只有这样顾客才会想购买这件商品。更为重要的是，商品还须符合管理高层的品牌说明，而且必须在销售层面正确地呈现出来。

举个例子，你在像 Gap 这样的零售店中购物，这里有你期待找到的衣服。但当你走进店里面时发现这里的服装搭配并不符合零售店本身的形象，你可能就不会在这里逛了。商品品牌与商店的形象是共为一体的，营销和销售要融合在一起才能激起购物的情感部分——这就是讲故事。

对时尚品牌来说，讲故事的过程依赖于公司通过品牌构建目标市场，从而实现情感维系的能力。当获得顾客的情感依附时，当一个品牌的顾客和员工能够理解企业价值和信息时（如图 11.1 所示的例子），这说明零售商、制造商或设计师已经发挥出了全部潜能。讲故事是一个载体，这能让顾客在交流过程中更容易理解品牌、企业的价值（Fog, Dudtz and Yaka, 2005：13-25）。大多数个体都能认识到讲故事的过程——比如广告商、营销人员或战略家，他们会将时尚品牌的基本理念用讲故事的方式表达出来。即便是最简单的时尚广告也能反映出一个完整的故事框架，它会包括信息、冲突、人物和情节等方面。因此，广告商和经销商都会按照这一原则，建立商品与情感之间的联系，并激起顾客的兴趣。

例如过去两年，拉夫·劳伦旗下的 Double RL 品牌就曾举办过摩托车骑行赛事，以此与其服装品牌相联系。而"www.rrlriders.com"这一网站也赋予了摩托车骑行新的历史内涵。这种品牌合作行为使运动项目本身特色更加明显，而人们能理解到这一点，并很享受这一过程。摩托车骑行是目前最大的国际化运动之一，也确实吸引了不同范围的目标顾客。因此，拉夫·劳伦就能吸引那些极喜欢它们公司服装，又喜欢摩托车骑行的顾客。

因品牌合作而设计出的故事情节创造出了喜欢摩托车骑行的"绅士"形象；这种信息和特征被人们深深地印刻在脑海里。当你访问 Double RL 的网站时，你会被那些骑士照片传递出来的真实情节所触动，这些骑士尽管出现在不同的地方，但总会站在其相邻的摩托车旁。事实上，故事真正的设计者应该是观众，拉夫·劳伦努力描述着品牌信息，而观众却能给予企业各种各样的想法。

有关品牌构建和讲故事的另一个例子可以从 Gap 在 2006 年 9 月进行的女士黑色紧身裤推销事件来看。在广告中，Gap 使用了传奇女星奥黛丽·赫本的形象，通过数字技术将其带到了现代生活中来。这个紧身裤广告讲述了这么一个故事：

大多数女性会将自己与在屏幕里穿着黑色紧身裤跳舞的赫本相联系，而穿在赫本身上的裤子是那么的时尚、别致。作为一种符号，奥黛丽·赫本及其电影都被用到电视商业广告中，这使这条黑裤子成为了时尚必需品。对于不熟悉奥黛丽·赫本的顾客来说，他们也可能会有足够的兴趣去了解一下，因为赶时髦的年轻人愿意联想到过去。广告中播放的音乐是重金属乐队 AC/DC（成立于 1973 年）的主打曲目 "Back in Black"，这给广告增添了一种属于那个年代的氛围，这一广告也因此迅速脱颖而出。奥黛丽·赫本和着重金属音乐跳舞，就是这么个故事，但却创造了黑色紧身裤新的销售传奇。

作为时尚领域的专家，琼·A.汉密尔顿曾发表过这样一篇文章，叫作《个性时尚的形式和意义建构：宏微观层面》；她在文中强调将个性时尚的形式和意义从宏观层面（全球）切换到微观（个体）层面。她深入研究了那些文化和时尚领域的主导因素是如何在全球范围内影响顾客对时尚产品和品牌的理解。汉密尔顿提到了商品如何及为何制作和分配的问题。她的创新观点主要集中在"通过讲故事创造可持续消费的品牌理念"这一要点上（Hamilton，1997：165–171）。她指出：讲故事能创造出一种情境，能够吸引顾客重复购买产品的情境。

汉密尔顿的研究解释了这么一个模型：在微观层面的顾客与个性化产品的关联性会受到宏观因素的影响。她的理论框架解释了自身（微观）→他人→时尚领域的影响者→文化领域的影响者（宏观）这一影响过程的转变（Hamilton，1997：165）。下面列示的内容主要涉及文化领域的相关因素（宏观）。

● 设计者、产品开发者、统制经济中的规划者。

● 由设计师和产品开发者创造的时尚形式和理念。

● 时尚系统输出端（供给侧）构成要素的自发性交互作用，比如设计者、媒体、制造商、零售商等。

● 时尚系统中合作要素间的交互作用；文化领域中的重大事件不仅影响着时尚参与者和机构，还会影响个体消费者。例如战争、全国选举、政治变革和经济衰退/萧条。

● 文化趋势可能会影响时尚领域所有或一部分参与者，甚至是个体顾客。例如宗教、前卫的音乐、艺术、电影、文学作品等。

● 以上一些要素或所有要素的组合（Hamilton，1997：167）。

汉密尔顿认识到了大消费环境下面对时尚所产生的矛盾心理，但她也强调文化和时尚因素会影响最终的决策，以及从中所提出来的重要性。这些决策说明对顾客来说是有说服力的。每件衣服都有自己独特的内涵意义，而且只能通过它们特定的风格展现出来。这些领域的权威人士就是通过销售环境下产品实体和视觉上的展示来赋予特殊意义的。此外，他们必须了解哪些因素会吸引到顾客，甚至吸引到特定的利基市场；如果做不到，那么就会导致一定的销售损失。

正如汉密尔顿自己指出的，证实她理论的一个重要工具就是旨在向观众推销为时尚而设计的电视网络，比如美国 QVC（质量、价值、便利）公司（全球最大的电视与网络的百货零售商）和 HSN 公司（家庭购物网）通过产品展示和讲述有关产品功能和美感的故事的方式赋予产品特殊的内涵。顾客可以一边听故事，一边与特定产品进行关联。产品先被赋予内涵和意义，然后顾客再根据自己的需求决定是否将其作为自己的购买对象。收藏的产品可以决定个体的身份特征（Hamilton，1997：168）。

另一个由时尚主导因素影响产品内涵的例子就是在 QVC 电视网站销售的琼·里弗斯珠宝。琼·里弗斯（国际知名的明星）和 QVC 网站事实上就是珠宝藏品的时尚主导因素。QVC 公司有一个关于已有消费者购买琼·里弗斯珠宝的信息数据库，该公司也清楚销量最好的珠宝产品的具体展示方式。因此，当里弗斯与QVC 公司讨论珠宝时，可能更多地会关注与主题相关的产品和利基市场特征等方面。而且，在广播过程中，她会与那些之前买过她珠宝的来电者进行交流。这些来电者告诉里弗斯她们佩戴珠宝的体验以及如何正确佩戴方面的小技巧。观众的关注点可能与里弗斯、她的珠宝、其中的故事及广播中所进行的交流讨论有关。珠宝通过这种销售情境的创造而实现其重要性。没有这种情境，没有琼·里弗斯这个名字或电视的普及，珠宝就不会吸引这么多的顾客。

关于时尚品牌故事的另一观点则来自马修·蒂博德在《时尚理论》杂志发表的文章《本质和禁忌》。蒂博德专门对美国大众零售商 JCrew 进行了讨论。JCrew 的零售商品通过描绘异国情调和虚构生活的方式来展示商品特色，JCrew 有目的地吸引顾客购买的那些他们难以确定的风格。根据蒂博德的描述，他指出商品目录及展示设计是一门艺术，它能创造视觉和听觉的独特性，这样就能让顾客在家中进行购物（Debord，1997：263）。

蒂博德的文章发表后，JCrew 公司仍然在继续推广它们的产品目录，并在全球范围内开设商铺。蒂博德提出的情境分析的重点在于他能够意识到"零售商在赋予大众商品特殊内涵，并最终销售给顾客"这一方面所特有的才能。当讨论 JCrew 的情境式营销技巧时，他给出了一个带有艺术性的批判观点。他曾对 JCrew 为何经销那些毫无意义或不流行的风格款式而产生过困惑。此外，他也不认可这种通过虚拟生活广告来增加企业收入的方式，虽然总体上蒂博德对 JCrew 的策略有消极的看法，但也确实有可取之处。根据 JCrew 的商品目录，可以看出其服装代表了一种实用的大众风格。合理的价格、经典的风格和多样化的服装意味着它们在任何时间、任何场合都可以一直穿着，也就是说服装的实用性极强。为了对已有风格进行更新，从 1997 年开始，JCrew 不断努力设计着新的理念，并不断赋予到商品上。这些时尚元素之所以能留存这么多年，同样也说明了这样一个事实：不在于你卖什么，而在于你怎么卖。

生活方式营销

泰莉·艾金斯在其出版的《时尚终结》一书中指出：设计师和销售商能否在市场中生存取决于他们在实现产品品牌化方面的专业性。依据艾金斯的观点，她认为时尚并不是产品本身，而仅仅是产品如何被销售以及被赋予的"品牌形象"，她将此称之为"生活方式营销"。然而在服装产品中，像 T 恤、卡其裤和牛仔裤这类大众服装是许多人衣橱中必不可少的物品。是什么因素让它们变得这么独特呢？那就是品牌活动所赋予的内涵（Agins，1999：14–15）。

这一现象说明尽管服装是消费的重要组成部分，但相比销售过程中所用到的品牌技巧，服装本身就是次要的了。像 Gap、耐克、汤米·希尔费格（Tommy Hilfiger）和唐娜·卡兰（Donna Karan）等众多全球设计师和零售商都在采用这种生活方式化的营销手段。这其中，最有名的要属拉夫·劳伦了。

参加完马球比赛并观看了大量"贵族"运动之后，拉夫·劳伦随口就说出了接下来产品的名称——Polo，而这时产品实物还没有做出来。在 1967 年，辛辛那提的一家领带公司 Beau Brummel 给拉夫·劳伦提供了一个展示自己领带的机会。事实上，当时拉夫·劳伦的眼界已远远超过了当时的时尚趋势，他的理念是引进一款新的风格，并广泛销售带有领结的宽领带（我们目前看到的领带式样）。

在那时，一般的领带只有 2~3 英寸宽，但他的领带宽度却达到了 4 英寸。

对拉夫·劳伦来说，品牌形象就是全部。他销售的领带价格也比同类竞争者价格要高。他是这么想的：如果价格更高，顾客就会认为质量也会更好。《花花公子》杂志和已经停刊的期刊《新闻纪事日报》都曾刊登过关于拉夫·劳伦新领带的文章。在《新闻纪事日报》中，那篇文章的标题是"大领结"（Birrittella，1967），这引起了来自布鲁明戴尔百货商店和其他高端零售商及消费者的兴趣。在领带生产线构建起来之后，拉夫·劳伦在 1968 年到 1969 年不断扩大着他的 Polo 男装系列。为了实现产品店内展示的完美概念化，他在纽约的布鲁明戴尔百货商店开了他的第一家男士专卖店（McDowell，2003：29）。

1971 年，拉夫·劳伦根据男装的剪裁，成立了女士定制衬衫生产线。同一年，在布鲁明戴尔百货商店他首次开设了女士专卖店，而且在他所有的产品上都印有马球运动员的标志。依旧是同一年，他又在加利福尼亚比弗利山庄的罗迪欧大道上开了第一家商店。对于一个刚步入这一商业领域才五年的年轻商人来说，这已经是一个相当不错的成就了。这个商店意义重大，因为这标志着美国设计时尚品牌的第一家独立商店。到 1980 年，拉夫·劳伦就已拥有了七家商店，分别位于劳德尔堡（佛罗里达州）、亚特兰大（佐治亚州）、休斯敦（得克萨斯州）、底特律（密歇根州）、芝加哥（伊利诺州）、棕榈滩（佛罗里达州）和达拉斯（得克萨斯州）。

1972 年，这款马球标志的品牌衬衣共推出了 24 种颜色，而且成为国际衬衣市场上最有辨识度的一个服装品牌。在最初的营销活动中，公司声称每个队伍都要有自己的颜色（McDowell，2003：202）。1974 年，借由罗伯特·雷德福和米亚·法罗主演的《了不起的盖茨比》这一电影的发行，拉夫·劳伦的设计风格被全世界所认可。虽然大部分电影服装都是由服装设计师奥尔德雷奇专门设计和构思的，但在男装上，拉夫·劳伦给了他很大的启发。奥尔德雷奇也因此赢得了奥斯卡的服装设计奖项，并被邀请去参加纽约布鲁明戴尔百货商店对电影同款服装的销售活动。

如今，拉夫·劳伦的产品涉及服装、配饰、鞋、香水和家庭装饰用品等多个方面。单就男装来说，就有多种类型，比如拉夫·劳伦 Polo 男装系列、黑标系列、紫标系列、劳伦·拉夫·劳伦男装系列、RLX 系列（2008 年推出的户外运动系列）、Double RL 系列、Denim & Supply 牛仔系列；还有 Big & Tall 系列、高尔夫运动装（1998 年推出）和网球运动系列。

对女装来说，产品就包括：Collection 系列、黑标系列、蓝标系列（2002 年推出）、RLX 系列（2008 年推出）、劳伦·拉夫·劳伦女装系列、Double RL 系列、Denim & Supply 牛仔系列；同样还有高尔夫和网球运动系列。除此之外，拉夫·劳伦还推出了儿童、婴儿系列，作为其旗下的品牌，还包括 Club Monaco 和 Chaps。目前，拉夫·劳伦这一品牌早已远销全球：澳大利亚、比利时、法国、英国、韩国、中国、日本、新西兰、卢森堡、西班牙、德国、澳大利亚、瑞典和俄罗斯，而这仅仅是列出的一部分国家而已。

内涵管理

另一种理解品牌故事的方式是关注时尚品牌的内涵以及两者的关系。作为社会文化演进的重要组成部分，格兰特·麦克拉肯对服装进行了深入持续的研究。他认为，品牌内涵已经发展为个体消费者是否选择该时尚产品的决定因素，据麦克拉肯说，意义从"文化上构成的世界"转向时尚商品的"守门人"和个人消费者；所有品牌在理解其内涵时都增添了意义。麦克拉肯的理论模型同样也表明：通过社会活动，个体（最终是整个社会）影响着时尚品牌的既得地位（McCracken，1998：71–89）。

在他最近的学术研究中，他将品牌内涵与品牌管理结合在了一起。他强调品牌应当去学习那些基于品牌内涵的营销模式，而不是传统基于信息的模式，即保守的品牌化方式。这是因为基于品牌内涵的模式更加复杂，更有助于精确地了解顾客的需求和期望。由于消费者市场的演变，品牌内涵在决定顾客的消费模式上产生了更大的影响。时尚营销是未来顾客消费不断产生和发展的关键（McCracken，2005：162–70）。

麦克拉肯认为环境有助于时尚商品的内涵界定。他定义了九种不同的、经常被服装公司设定为目标的内涵类型，分别是：性别，生活方式，年代，年龄，阶级与地位，职业，时间与地点，价值观，热潮、时尚与趋势。他指出：公司、竞争者、合作者、顾客、市场细分、产品和服务定位、销售组合、每个消费品的价格都会决定某一品牌的内涵。他表示未来的时尚品牌应当研究不同类型和与品牌环境相关的内涵，并将这些内涵看作品牌自有的文化。通过观察时尚行业的各个方面，个体就可以知道时尚品牌是如何通过品牌故事来展示其独特的产品和服务的。例如，阿贝克隆比 & 费奇（Abercrombie & Fitch，A&F）与其他普通的、界定模糊的服装品牌相比，这一品牌就以特定的风格和最佳的方式成功打造了一个知名的时尚品牌。

戴维·T. 阿贝克隆比公司成立于 1892 年，是一家销售高品质野营、钓鱼和狩猎装备的零售企业。该公司早期的顾客主要是运动发烧友，包括当时纽约知名的律师埃兹拉·费奇。1904 年，他加入"阿贝克隆比"成为合伙人，并正式改名为"阿贝克隆比 & 费奇"。由于两者在商店形象上意见不同，因此阿贝克隆比在 1907 年离开了公司。20 世纪 20 年代，费奇在麦迪逊大道 12 层开设了门店，并开始为富裕的户外运动者服务，这包括前美国总统西奥多·罗斯福和著名的女飞行家阿米莉亚·埃尔哈特。经过多年的奋斗，于 1988 年被 Limited 公司收购，并重新为 A&F 塑造了全新的当代形象。

1998 年，A&F 又从 Limited 分离，成为独立的全球零售商；不仅在美国设立门店，同样将销售网拓展到了加拿大等其他国家。在欧洲，分店主要分布在伦敦、都柏林、米兰、哥本哈根、巴黎、马德里、布鲁塞尔和阿姆斯特丹等核心城市，还有三家门店设在德国的杜塞尔多夫、汉堡和慕尼黑。A&F 在亚洲的新加坡、东京和中国香港也有运营的门店。公司涵盖的基本时尚品类包括短裤、长裤、T 恤、Polo 衫、梭织衬衫、毛衣、牛仔夹克、牛仔裤、运动衫、拉链羊毛上衣、皮带、人字拖鞋、内衣、古龙香水、棒球帽、男女款珠宝、箱包和其他类型的运动衣。

A&F 随后将基本款做了重新调整，从而让它们更符合品牌的特性，比如将牛津衬衫、T 恤和 Polo 衫轮廓设计得更贴合、更显身材等。比较有代表性的就是，它将普通 T 恤改造成了 Muscle-T 恤。A&F 还将传统户外和标志性的补丁贴在所有的服装产品上，这使它在时尚界获得了极大的认可。公司迅速定位了自己的风格，并在众多竞争者中独具一格（见图 11.2）。

A&F 在利用大学生进行市场营销的问题上曾引发了众多争议。国内和国外的零售商都指出：尽管存在批评的声音，但年轻的顾客依然会选择在 A&F 购物。公司在每次新推出的广告中都延续着标志性的性感风格。即使在当前，这种以男

图 11.2　A&F 商店的室内布置（读者会注意到产品分类、坚固的补丁和服装的纤巧）
资料来源：图片由约瑟夫·汉考克提供；© 2009 版权所有。

性主题为特点，并受到年轻人热衷的营销方式仍然是 A&F 在零售市场中取得成功的关键。20 世纪 90 年代末，A&F 在面向大学生和其他 A&F 爱好者的促销活动中，其营销战略实现了巨大的成效。其制作精美的商品目录也曾在 1997 年 7 月 29 日的《华尔街日报》中被提及：其流行程度使其不再仅仅是一个单纯的邮购目录，它成为了广大众顾客生活方式的指南（Bird，1997）。这种画报式的商品目录甚至成为收藏者的目标，并在美国易趣网上进行出售，每本价格有时会超过 100 美元。但 A&F 并没有止步于此，它将这种理念引入到所有门店中：当你去世界各地的 A&F 旗舰店购物时，都会发现店里的招待员都是赤膊的。他们穿着牛仔裤和拖鞋站在店门前。这种类型的大部分招待员都会跟随着一个正常穿着的女性服务员，她们会为店铺里的顾客拍摄照片（见图 11.3）。

　　我们清楚地明白 A&F 通过重新设计那些符合商店形象的基本款服饰，创造出一种具有特定文化的品牌，并通过门店赤膊的肌肉型招待员来展现。通过独有的产品系列和真人模特展示，一个能够激发消费者情感、调动消费者情绪的故事就被创造出来了。不管这种情感或好或坏，公司的品牌化战略及真人模特的使用都使顾客产生了强烈的反响。与"维多利亚的秘密"（Victoria's Secret）通过女

图 11.3   A&F 分店的现场模特招待会（Westfield 购物中心，旧金山，加州，2008 年）
资料来源：图片由约瑟夫·汉考克二世提供，版权所有。

性来定义品牌不同，A&F 通过性感的男模来销售他们的服装，以此充当多面手的角色。这种方法使男性顾客希望可以像 A&F 的男模一样，而女性顾客则希望可以成为 A&F 女生或希望有一个像 A&F 男模一样的男友。此外，男性招待员健硕的肌肉身材也吸引着男同性恋顾客群体的注意，他们认同这种生活方式。无论顾客接收到怎样的故事信息，我们都清楚零售商也在不断挑战着新的时尚品牌理念。

然而，为了与零售业全球趋势保持一致，A&F 创造了一种体验式的销售方式：让顾客在购买过程中享受体验。为了与线上销售竞争，像 A&F 这类实体零售商正致力于开发能够体现理想生活方式和梦想的故事型营销方式。众所周知，"性感营销"这种方式之所以能够吸引顾客到店里来，不是因为产品，而是因为它的销售环境。门店已成为品牌化战略的关键方向，这里能使顾客产生全方位的感官体验。A&F 将门店打造成了一个顾客能随意挑选产品、听音乐、闻古龙香水的大型空间，让顾客能融入 A&F 品牌和故事中，成为情感式购物体验的一部分。

　　像 Gap 和拉夫·劳伦这类其他零售商一样，A&F 通过向顾客推销其所创造的情感来打造文化品牌。人们可以想到零售商会为特定的目标市场创造特定的品牌和故事。但 A&F 并不迎合所有人，零售商也并不在意这一点。他们不想那些不安全、不牢靠的顾客来他们店里购物或穿他们的产品。此外，公司这种"过度耀眼"的营销方式会帮助他们选择他们想要的顾客。未来的品牌化不再是尝试去获得所有的顾客，而是寻找那些能够成为品牌忠诚者并能融入品牌或故事的那些人（Hancock，2009）。

　　如果这种通过讲故事在大众消费中建立时尚品牌知名度的营销方式依然无法打动你，那我们就跳出时尚圈，来看看可口可乐的事例。可口可乐公司成功打入全球市场，并通过特有的红白商标建立了标志性的可乐品牌形象。但你知道圣诞老人的红白色服装也是由可口可乐设计的吗？1931 年，可口可乐推出了圣诞老人形象，他与小精灵一起在各种场景摆出不同的姿势来吸引顾客。可口可乐不仅创造了美国圣诞老人的故事，事实上更是将圣诞老人和公司的产品关联在了一起，从而使其成为标志性的国际偶像。这是一个多么伟大的品牌故事呀！

　　下次你去购买时尚产品时，记住：时尚产品的品牌化不是一种趋势，它通过讲故事的方式与你进行沟通；利用平面媒体、店内环境、互联网、移动设备甚至销售人员，与顾客建立联系。时尚品牌会通过一定的战略继续为其产品创造独有的理念，比如限量生产、独特设计以及其他产品开发的方式。随着顾客对其本质的不断认识，这些时尚品牌也将不断为他们创造实体的体验经历：不是模拟，而是采用实地参与观察和对不同区域、不同群体的考察来区分对待。

　　最终，时尚品牌化会给顾客一种感觉：他们不是群体的一部分而是一个独立的个体，他们是特殊的。这是故事型时尚品牌化过程中最重要的部分。

作者简介

　　约瑟夫·H. 汉考克二世，博士，教师，在德雷克赛尔大学时尚、产品设计和销售系担任出版和学术活动指导的工作。他曾在 Gap 公司、Limited 公司和 Target

公司就职，有着 20 年的零售行业背景，并继续在国际上从事出版和销售咨询的工作。他已经在杂志上出版了多篇文章，如《流行文化》杂志、《美国文化》杂志、《时尚实践》、《澳大利亚流行文化》杂志。他是《品牌/故事：拉夫、薇薇、约翰尼、比利和其他时尚品牌冒险者》(Brand/Story: Ralph, Vera, Johnny, Billy and Other Adventures in Fashion Branding) (Fairchild/Bloomsbury, 2009) 的作者。他最新编撰的书籍《流行文化下的时尚》(Fashion in Popular Culture) 正是其新杂志《时尚、风格、流行文化》的灵感源泉 (Intellect, 2013)。

联系方式：joseph.hancockii@gmail.com.

参考文献

Agins, T (1999) *The End of Fashion*, Harper Collins, New York

Birrittella, B (19 December 1967) The Big Knot, *The Daily News Record*

Brannon, E (2005) *Fashion Forecasting: Research, analysis, and presentation*, Fairchild Books, New York

Bird, L (1997) Beyond Mail Order: Catalogs Now Selling Image Advice, *Wall Street Journal*, July, 29, Section B1

Bugle Boy (1991) "We Got the Beat–Bugle Boy", www.youtube.com/watch? v=cw3XzC0x8Ng (accessed 3 January 2014)

Debord, M (1997) Texture and taboo: The tyranny of texture and ease in JCrew Catalog, *Fashion Theory*, 1 (3), pp 26–178

Fog, K, Dudtz, C and Yaka, B (2005) *Storytelling Branding in Practice*, Springer, Denmark

Hameide, M K (2011) *Fashion Branding Unraveled*, Fairchild Publications, New York

Hamilton, J (1997) The macro–micro interface in the construction of individual fashion forms and meaning, *The Clothing and Textiles Research Journal*, 15 (3), pp165–171

Hancock, J (2009) *Brand Story: Ralph, Vera, Johnny, Billy & Other Adventures in Fashion Branding*, Fairchild Publications, New York

Holt, D (2004) *How Brands Become Icons: The principles of cultural branding*, Harvard Business School Press, Boston, MA

Huffington Post (2013) *27 Companies That Aren't Afraid to Support the Supreme Court's Gay Marriage Rulings*, www.huffingtonpost.com/2013/06/26/companies-support-gay-marriage_n_3503981.html (accessed 30 October 2013)

Kim, Y K, Sullivan, P and Forney, J C (2007) *Experiential Retailing*, Fairchild Publications, New York

Lauren, R (2007) *Ralph Lauren*, Rizzoli, New York

Manlow, V (2011) Creating American Mythology: A Comparison of Branding Strategies in Three Fashion Firms, *Fashion Practice*, 3 (1), pp 85–110

Matthews, K, Hancock, J and Gu, Z (2013) Rebranding American men's heritage fashion through the use of visual merchandising symbolic props and masculine iconic memes historically found in popular culture, *Critical Studies in Men's Fashion*, 1 (1), pp 39–58

McCracken, G (1988) *Culture and Consumption*, Indiana University Press, Bloomington, IN

McCracken, G (2005) *Culture and Consumption II*, Indiana University Press, Bloomington, IN

McDowell, C (2003) *Ralph Lauren: The Man, the Vision, the Style*, Rizzoli, New York

Schultz, M and Hatch, M J (2006) A Cultural Perspective on Corporate Branding: The Case of Lego Group, In *Brand Culture* (eds.) J E Schroeder and Salzer-Morling, M, pp 15–33, Routledge, London

Vincent, L (2002) *Legendary Brands: Unleashing the power of storytelling to create winning market strategy*, Dearborn Trade Publishing, Chicago, IL

Williamson, J (2002) *Decoding Advertisements: Ideology and meaning in advertising*, Marion Boyars Publishing, New York

12 关于酒店品牌建设的研究进展

◎ 约翰·奥尼尔教授

(Professor John O'Neill)

品牌是作为酒店行业战略过程的关键构成要素而产生的（O'Neill and Matti-la，2010）。为了实现品牌价值最大化，大部分酒店业的巨头不断开发出多元化的品牌来服务多元市场（Jiang，Dev and Rao，2002；O'Neill and Mattila，2004）。品牌价值是以人们的品牌意识、质量感知以及整体顾客的满意度为基础的（Aaker，1996；O'Neill and Mattila，2004）。酒店运营商将它们的注意力逐步转向了品牌化，这是因为在顾客未知的情况下，通过品牌可以给予他们关于产品或服务的重要信息，而品牌名称成了产品最简略的表达方式（Brucks，Zeithaml and Naylor，2000；Jacoby，Szybillo and Busato-Schach，1977；O'Neill and Matti-la，2004）。

近期刊登在《酒店》杂志中的一份年度品牌报告对世界范围内的 285 家酒店品牌进行了一一罗列（Hotels，2005 年 7 月；O'Neill and Xiao，2006）。一些企业将公司名称放进了旗下大部分品牌当中，比如万豪国际（Marriott International）；也有些企业则是采用系列品牌战略，即针对每项业务进行划分使用独自的品牌名称，如温德姆酒店集团（O'Neill and Mattila，2006）。

品牌在服务行业中尤为关键，比如酒店行业（Onkvisit and Shaw，1989）。酒店品牌公认的目标是通过建立品牌忠实度，同时为顾客和酒店企业带来附加价值（Cai and Hobson，2004；O'Neill and Xiao，2006）。从公司战略的角度来看，经营良好的酒店品牌趋向于获得越来越大的市场份额（O'Neill and Mattila，2004）。然而，酒店品牌最独特的一项挑战就是客房库存的"不可储存性"，即如果这间过夜客房当晚未被出售，那么可能永远都不会再被售出。因此，持续关注酒店品牌的重要性非常关键。另一项挑战是：酒店作为业务和地产经营的结合体，需要不同主体陆续、持续地参与到不同的业务中去；比如那些国际酒店集团，它们已经慢慢脱离了酒店业主的身份，转而成为了相应的品牌管理机构。

由于酒店品牌代表了公司本身，因此它需要在市场中保持较高的一致性。即便这里有很多案例表明酒店企业会改变其地位、战略、企业标准，甚至商标和印刷字体，但它们从来不会去改变品牌名称（Vaid，2003）。酒店品牌必须充分利用科技技术，及时与顾客进行交流，从而传递以下四项基本素养：提供并传达明确的顾客承诺；通过承诺建立信任；持续改进承诺；在熟悉的基础上进行创新（Barwise and Meehan，2010）。

酒店品牌与顾客情绪息息相关。Gobé（2001）是这么解释的：对品牌战略最大的误解就是人们往往认为品牌与市场份额有关，而事实是它与人们的意愿和情绪有很大关系。在某种程度上，顾客情绪随着酒店品牌对其的承诺而增加（O'Neill and Mattila，2010）。当然，品牌的外在表现仍在于其普遍性、可见性和功能性上，但最核心部分则是通过创造品牌个性让顾客产生某种情感上的共鸣，从而实现情感上和思想上的维系（Kim and Kim，2004）。

为什么人们会对酒店品牌产生情感连接，这里有很多方面的原因。品牌应该是一种具有强烈情感、充满生机的事物，并且能够与不同的感知层相关联。酒店品牌也一样，它也具备独特性，而且会受到人们的青睐，这是因为它体现了对顾客的承诺。举个例子，希尔顿酒店会向顾客提供百分之百的满意度保证；如果顾客对它们的品牌体验有不满，它们会将全额房款退回给顾客。酒店品牌始终与顾客保持着互动关系，而不应该失信于顾客。对顾客而言，一个优秀的品牌是值得留恋的，是关于一样好的事物（Vaid，2003）。以喜达屋（Starwood）酒店集团为例，它为旗下所有的酒店品牌都塑造了独属自己酒店品牌的香味，这种酒店式香味营销让品牌保持了自己的独特性，从而与顾客能在感官层面上建立联系。

总之，酒店品牌与顾客密不可分。通过品牌给顾客提供价值、建立品牌忠实度，才是这种关系发展的核心所在。对顾客、产品和服务的承诺应当是酒店品牌身份的独特象征，而这也需要深入人心。正如 O'Neil 和 Mattila（2010）对酒店品牌提出的建议："在根本上，品牌代表了顾客对其组织的体验。"

如何衡量酒店品牌的价值

作为一个营销组织，酒店品牌也试图去实现入住率和每日平均房价的最大化。最近的一项研究评估了酒店品牌对品牌关联酒店所涉及房地产价值（即市场价值）的影响。早期的研究也曾揭示过许多与酒店资产市场价值相关的一些因素。比如，净营业收入（Net Operating Income，NOI）、已售客房每日平均房价（Average Daily Rate，ADR）、入住率和客房数量等，这些都是衡量酒店价值的重要指标（O'Neill and Lloyd-Jones，2001；O'Neill，2004；O'Neill and Carlback，2011）。一些品牌一直坚持着经营的底线，比如在净营业收入方面始终优于其他品牌（O'Neill and Mattila，2006）；相比净营业收入，ADR 指标是能体现酒店市场价值更好的预测指标，一些品牌在这方面也表现出强大的优势。另外，酒店品牌会影响酒店的市场价值，而且它已经远远超出了净营业收入、已售客房每日平均房价、入住率、客房数量所产生的影响，并且它的影响大于其余预报器的影响（O'Neill and Xiao，2006）。

品牌关联是影响酒店收入的一项重要因素。品牌相关的一些文献指出：顾客将酒店品牌的名称作为一项与质量相关的关键信息。基于品牌组合（涉及品牌数量、市场划分数量、内部品牌竞争程度、品牌质量与价值的感知等）的企业特征与其体现的质量密不可分，这种质量又直接关系到企业的销售状况和财务绩效（Morgan and Rego，2009）。

更具体地说，在酒店行业中，顾客愿意为他们认为高质量的酒店品牌支付额外的费用，我们称之为价格溢价（O'Neill and Mattila，2006）。以万豪（Marriott）酒店为例，该品牌一直保持着价格和质量溢价的悠久历史。品牌关联、知名度和高质量服务的声誉为那些经营成功的酒店创造了 20%~25% 的价值（Kinnard，Worzala and Swango，2001）。

酒店品牌是价值的创造者

品牌资产的拥有有助于在不同市场产生品牌拓展的潜在可能性（Mahajan, Rao and Srivastava, 1994），其中一个关于酒店品牌创造价值并利用品牌资产的案例就是坐落于大西洋城的百家塔（Borgata）酒店，它吸引了众多大西洋城的"逃亡者"，这些人不喜欢大西洋城的城市生活，而纷纷选择离开，前往拉斯维加斯寻找愉悦之路，这家酒店正是利用了拉斯维加斯的消费增长趋势（顾客选择高品质酒店住宿需求的增加），将酒店打造成了"小拉斯维加斯"，一举抢占了大西洋城所有赌场近 1/5 的总收入（Parry, 2013）。

品牌资产的水平与酒店财务绩效呈正相关关系，比如平均客房收益（Kim, Kim and An, 2003; Kim and Kim, 2005; O'Neill and Xiao, 2006）。我们需要认识到：酒店品牌的实力最终会影响股票的价格和股东的权益，因而住宿行业也被逐步定义为是一项"品牌资产的经营业务"（Morgan Stanley Report, 1997; O'Neill and Xiao, 2006）。此外，品牌资产的衡量与公司的股价和价值息息相关（Keller and Lehmann, 2006）。

健全的酒店品牌具备通过较高利润产生现金流的能力，从而创造财务价值（Aaker and Jacobson, 1994; O'Neill and Mattila, 2006）。通常，使酒店品牌产生相应现金流和高利润的主要原因来自于顾客的忠诚度，获得授权的品牌拓展（例如使用酒店的品牌名称来销售床上用品）和不断增强的市场效率等（Keller and Lehmann, 2003; Rao, Agarwal and Dahlhoff, 2004）。

酒店经营者意识到品牌质量是公司的一项重要无形资产，这也是企业获得战略优势的潜在资源（Damonte et al., 1997; O'Neill and Mattila, 2004; O'Neill and Mattila, 2010）。专利、商标和特许经销权跟品牌资产一样，都是企业的无形资产（Simon and Sullivan, 1993）。威斯汀（Westin）酒店的"天梦之床"就是无形资产提升有形资产整体实力方面的一个典型案例。这种床比普通床垫要厚，每次退房后都会换洗其备用的枕头、羽绒被和所有的白床单，正因为如此，才让顾客觉得自己就好像睡在云端一样。

　　相比其他，酒店顾客会更依赖于品牌，他们认为这样就可以降低因为住在不熟悉的酒店而产生的一些风险概率（Bharadwaj，Varadarajan and Fahy，1993；O'Neill and Xiao，2006）。这么看来，强大的品牌可以使其旗下的连锁酒店印在顾客的心中，并产生一定的识别度（Prasad and Dev，2000；O'Neill and Xiao，2006）。品牌酒店（相对于独立资产）在衰退期仍可具有相对较高的净营业收入，而在经济膨胀期，与那些独立的酒店相比，其净营业收入也具备一定的可比性。品牌酒店之所以在衰退期仍能获得更高的净营业收入，这归因于酒店品牌本身具有的无形资产价值（O'Neill and Carlback，2011）。以威斯汀酒店为例，在衰退期它之所以拥有相对更高的市场份额，都源于其独特的"天梦之床"。

　　酒店品牌会首先通过为顾客确定并提供统一的（服务）质量水平，为顾客创造出价值（Keller and Lehmann，2003；O'Neill and Xiao，2006）。当他们成为酒店品牌的忠实用户后，品牌所有者就可以通过价格溢价、降低价格弹性、增加市场份额和更迅速的品牌扩张来实现品牌的价值。最终，拥有成功品牌的酒店企业就能不断提升股东的价值，并在金融市场中获益（Ambler et al.，2002；O'Neill and Xiao，2006）。

　　尽管对酒店所有者来说，能够认识到品牌对酒店市场价值的影响非常重要，但与品牌相关的其他益处，如顾客满意度和忠诚度，也应该作为品牌价值评估的重要方面（O'Neill and Xiao，2006）。比如，丽思卡尔顿（Ritz-Carlton）酒店由于注重顾客满意度，从而确立了坚实的顾客忠诚度。丽思的员工得到了充分的授权，他们可以自行决定补偿那些不满或不便的顾客，而这么做的目的就是为了让顾客满意，让他们下次还能继续选择这家酒店。正因为此，丽思酒店获得了"马尔科姆·鲍德里奇国家质量奖"，而它是唯一获此奖项的酒店企业。

酒店品牌和满意度

　　由于更加注重顾客的关注度，酒店品牌管理者将"满意度"作为酒店整体品牌战略有效运作的衡量依据（Shocker，Srivastava and Ruekert，1994；O'Neill and Mattila，2004；Aaker，2011）。

在如今高度竞争的市场环境下，满意度方面的战略管理是至关重要的，顾客往往在面对住宿选择时，会显得不知所措（O'Neill and Mattila，2004）。人们相信顾客满意度会导致后续的持续入住行为（Oh，1999；Mattila and O'Neill，2003；Aaker，2011）、良好的口碑传播（Gunderson，Heide and Olsson，1996；Mattila and O'Neill，2003；Kim，Kim and Kim，2009），最后实现对品牌的忠诚（Dube and Renaghan，2000；Jaiswal and Niraj，2011），这可以从丽思卡尔顿这一酒店品牌中得到证实。

住宿行业的满意度可以由以下几个特征构成，包括客房清洁、酒店维护、员工友善性和知识性员工（Oh，1999；Mattila and O'Neill，2003）；此外，还有酒店实体环境等（Mattila，1999；Mattila and O'Neill，2003）。2013 年初，根据鲍尔市场研究公司（J D Power and Associates；一家全球性的市场资讯公司，主要就顾客满意度、产品质量和消费者行为等方面进行调研）的调查发现：酒店业的顾客满意度已经达到了七年以来的最低点，酒店高管们一直在思考如何通过明智的投资行为来推动全球顾客满意度的提升，并最终确定了三个领域。这三个领域分别是：①资本投资，比如升级房间内部设施等；②服务，比如酒店免费无线上网；③员工水平和相应的培训计划，比如根据具体的业务水平确定员工人数，同时花费适当的时间对员工进行培训（Wehe，2013）。酒店的组织文化和价值观是员工培训课程中的主体部分。比如，丽思卡尔顿酒店在进行员工培训时，就会教导员工要认清自己在服务具体业务过程中的主要位置，而非从属角色。丽思酒店的座右铭是"我们以绅士淑女的态度为绅士淑女们忠诚服务"。同样，丽思酒店的员工们也有大量机会待在酒店里，亲身体验顾客环境，这通常是免费的，或者有时候会有很高的折扣。总的来说，顾客满意度高的酒店品牌不仅能实现较高的已售客房每日平均房价，还能随着时间的推移让这一房价实现巨额的稳步增长（O'Neill and Mattila，2004）。

2007 年，智选假日品牌进入了品牌重塑（或品牌再造）的过程，而即便不改变原有的品牌标志，这种品牌再造也会对酒店产生积极、正向的效果。在新加坡，洲际集团将原先的景园假日酒店改造成了新加坡乌节中心假日酒店，这就是智选假日全球品牌重塑过程中的一个部分，而这与洲际集团的全球战略相呼应。品牌重塑这一概念与新标识、重新翻修或新的服务承诺这些表述相似，这让焕然一新的假日酒店实现了真正意义上的住宿标准。通过品牌重塑，整体的顾客满意度随之增加，而酒店也实现了更高的每日平均房价、客房平均收入，甚至更高的净营业利润（Huang，2010）。

酒店品牌的延伸

在很多行业，包括酒店业务、传统的新产品和服务营销，由于各种各样的原因都对原有品牌进行扩展而受到追捧，并成为最受欢迎的战略（Lane and Jacobson，1995）。希尔顿、凯悦、洲际、万豪国际、喜达屋和温德姆等国际酒店品牌均通过品牌扩展实现了全速的增长。最主要的一个原因是顾客依赖那些值得信赖的品牌，从而降低自己的时间和搜索成本（Zeithaml，1988；Lane and Jacobson，1995）。顾客会根据已有的品牌形成迅速构想其拓展品牌的属性和能给自己带来的益处。Keller（1993）认为当顾客对一个品牌较为熟悉时，他就会在脑海里储存强大、独特的品牌联想（Keller，1993；Lane and Jacobson，1995；Benedicktus et al.，2010）。快捷假日酒店更名为智选假日酒店就是这样的一个例子。

考虑集合（consideration sets）是指消费者在选择商品的过程中会考虑购买的品牌的集合；它是消费者在决策时会判断的可选择集合体（Peter and Olson，2005）。顾客在选择产品和服务时总是选择他们熟悉的，而非不熟悉的。因此对于那些熟悉品牌的延伸产品也在顾客考虑范围之内，而且根据相关的边缘线索，顾客很有可能会选择它们（Lane and Jacobson，1995）。这种情景可能发生在顾客在购买时缺少具体的产品知识的情况下，从而通过启发的方式来引导顾客做出选择（Hoyer and Brown，1990；Lane and Jacobson，1995）。比如在酒店市场这类竞争激烈的环境中，竞争对手的品牌熟悉度就会影响潜在房客对主题品牌的评价（Milberg，Sinn and Goodstein，2010）。

酒店品牌延伸的好处是不仅能给酒店带来更高的收入，同时也能节约很多营销成本（Tauber，1981；Lane and Jacobson，1995）。越来越多大众较为熟悉的品牌利用不断扩大的机会市场，能在未来产生更大的市场收益（Park，Jaworski and MacInnis，1986；Lane and Jacobson，1995）。品牌延伸，比如联合品牌等，要求企业更能符合消费者的需求，提供匹配的产品服务，从而增加顾客的购买意愿

(Lin，2013)。将星巴克咖啡店开在酒店大堂里，这就是酒店业品牌联合的一个事例。

尽管酒店品牌延伸有诸多益处，但仍然存在着一些负面的评价。第一，一个形象不佳的品牌会对顾客选择产生负面影响。如果一个品牌是顾客熟知的，尽管它有可能不是最优的选择，但其品牌延伸的产品很有可能会被顾客所选择（Nedungadi，1990；Lane and Jacobson，1995）。智选假日的高管似乎在他们推出皇冠假日酒店时就发现了这一现象，这家酒店作为集团旗下高档酒店品牌，随后将酒店名称简化为皇冠酒店（Crowne Plaza）。

第二，如果品牌延伸行为被认为是负面、消极的，那么它就不会有利于人们对母品牌的感知（Sood and Keller，2012）。

即使企业已经保持了一个积极、正面的形象，但不合逻辑的品牌延伸仍然会造成品牌原有形象的淡化或混淆（Loken and John，1993；Lane and Jacobson，1995）。对于"品牌延伸会产生负面影响"这一观点可以从以下事件中得到体现：特朗普度假村在进驻大西洋城时，还开设了特朗普公平赌场，不幸的是，作为原有特朗普广场赌场的延伸，这家赌场并没有受到市场好评，最终却是面临破产、关门的结局，这对企业来说成本是相当巨大的（Curran，2000）。

第三，当品牌失去了顾客对其独特性和品牌地位的感知时，原始品牌的核心形象就有可能会被淡化（Park，Jaworski and MacInnis，1986；Lane and Jacobson，1995），并导致顾客对原有产品或服务需求的减少（Lane and Jacobson，1995）。1987年，精选国际（Choice Hotels International）收购了号角酒店（Clarion Hotel）的所有权，标志着公司开始进入高档酒店市场。一直以来，这家酒店一直专注于为顾客提供有限的品牌服务。

第四，品牌延伸存在着一个更大的风险，那就是"品牌竞食"的现象，即公司推出两种或多种产品来抢占更大的市场，但结果却变成彼此同类相残的局面（Buday，1989；Lane and Jacobson，1995；Aaker，2012）。

这里就有一个关于"品牌竞食"的事例：作为希尔顿酒店旗下的酒店品牌，位于纽约的康莱德酒店（Conrad Hotels）和华尔道夫酒店（Waldorf Astoria）开在了同一幢大楼里（King，2012）。事实上，康莱德酒店一开业就抢走了华尔道夫酒店很多的顾客资源。康莱德酒店并没有受制于美国市场，而是在全球其他市场不断进行着扩张，而此时华尔道夫酒店品牌才刚刚尝试进入美国以外的市场。作为希尔顿旗下两大奢侈酒店品牌，它们都已开始在全球重要的门户城市开设自己的分店，比如迪拜（Morningstar，2013）。在这点上，我们可以看到：酒店品牌延伸能创造，也能破坏公司整体的股票市场权益，能提升，也能降低未来的经济收入（Lane and Jacobson，1995）。因此，当一个公司推出与原始品牌相关联的新产品或新服务时，在战略决策制定上一定要考虑品牌战略的类型，这是非常关键的（Rao，Agarwal and Dahlhoff，2004）。

酒店品牌化与特许经营权

保护顾客满意度方面的企业声誉已经成为酒店品牌的关键事项，这可以体现在顾客感知、特许经营（加盟）签订意愿、持续入住某一特定酒店品牌等方面（Prasad and Dev，2000；O'Neill and Mattila，2004）。因为今天这些获得特许经营的酒店加盟商能很快地改变顾客对他们品牌的忠诚度；对酒店高管来说，保持始终如一的品牌质量比起以前显得更为重要（O'Neill and Mattila，2004）。加盟商之所以能快速调整品牌的其中一个原因可能是：加盟商对酒店品牌的重塑已被证明会对酒店财务绩效产生长期、正向的影响（Hanson et al.，2009）。

如今，连锁加盟酒店试图以贷款机构的承销（未获认购的新发行股份）方式获得融资，成为独立的酒店，通常来说这是非常困难的（O'Neill and Xiao，2006）。潜在的特许加盟商需要认真去考察母公司的品牌组合，我们知道酒店企业在品牌战略的选择上是会有差异的（O'Neill and Mattila，2006，2010）。不同的酒店品牌会有不同的盈利水平。酒店所有者已经看清楚了这种基于现有品牌关系的局面；只要与自己的财务目标一致，他们会毫不犹豫地选择相应的品牌（O'Neill and Mattila，2006）。

对于酒店所有者来说，他们的目标是让资产实现市场价值的最大化，他们意识到了能体现酒店市场价值——品牌名称的重要作用，这有助于他们制定相关的定位决策。酒店所有者最终采取的战略会影响他们的财务绩效，特别是在确定酒店最优品牌这一问题上（Xiao，O'Neill and Mattila，2012）。对于酒店企业的品牌管理团队来说，有效评估品牌在酒店市场价值上的影响有助于提升品牌的整体价值，或者有可能推动特许经营的销售额。在必要的时候，这种理性分析能够为决策者提供自身不足（弱势）的信号，并有助于新形象的重新构思、补救原有的品牌战略。此外，这种分析还能帮助企业品牌管理者评价他们的品牌战略是否正在实现（O'Neill and Xiao，2006）。

通过加盟特许经营实现的酒店品牌管理可能在质量上会有不利的影响（Michael，2000；O'Neill and Mattila，2004）。酒店品牌旗下的特许经营单位比重已显示出它与顾客满意度和入住率之间存在的负相关性（O'Neill and Mattila，2004）。

酒店品牌高管仍然选择通过给予更大程度上的特许经营权和品牌管理来实现成长战略，而不是选择实际的资产管理和所有权的把握；顾客满意度问题已经成为决定酒店品牌最终收益的关键要素（O'Neill and Mattila，2004）。有一项研究对 2000~2003 年的 26 家酒店品牌进行了纵向调研（O'Neill，Mattila and Xiao，2006）。值得注意的是，这 26 家酒店品牌中有 23 家在经历每日平均房价和入住率降低的情况下，对顾客满意度做了提升和改进。事实上，18 家酒店品牌遭受每日平均房价下降的数据来自于经济萧条时期的研究。显然，在不同的市场环境下，每日平均房价对品牌战略目标的影响是具有差异性的。2011 年 9 月 11 日之后，一些酒店经营者和品牌管理人员通过主动降低每日客房入住率，以此来维持或提升顾客的满意水平。较低的价格有可能增加顾客的价值感知，因此在满意度方面，它也会产生积极的影响。比如，万豪国际和温德姆就曾经历每日客房入住率急速下跌（分别是-14%和-13.7%）的状况。另外，它们的顾客满意度也得到了显著地提升（分别是 2.5%和 4%）（O'Neill，Mattila and Xiao，2006）。

在 O'Neill、Mattila 和 Xiao（2006）的品牌研究中，通过一些明确的案例进一步说明了特许经营对顾客满意度有可能产生的影响。例如，拉昆塔旅馆（La Quinta Inn & Suites）在 2000 年还是一家自由加盟的酒店品牌，但到了 2003 年，25.8%的旗下酒店都需要授予特许经营之后才可加盟。不幸的是，在课题研究期间，拉昆塔尽管实现了高速的增长，但其顾客满意度却持续降低。另一个例子则是关于汉普顿酒店（Hampton Inn & Suites）的，在 2003 年的调研期间，其将客房库存一度提高到了 16.1%，而其中 99.3%的产权是被授权特许经营的。酒店出现了急剧增长的局面，但同时其入住率（3.7%）、每日平均房价（6.6%）和顾客满意度（2.5%）也得到了提升。这种整体上的成功说明了汉普顿酒店在品牌、特许经营、服务和决策质量上进行有效平衡的重要性。威斯汀酒店也增加了特许经营的比重（9.6%），并最小幅度地降低了每日平均房价（-0.5%）和入住率（-4.4%）。在课题研究期间，它广泛、积极地宣传着"天梦之床"项目，而这对其顾客满意度的提升起到了非常重要的作用（2000~2003年，其上涨幅度达到6.4%）；相应地，这也作为每日平均房价和入住率降低的一个有效缓冲器（O'Neill，Mattila and Xiao，2006）。

结束语

最后，专注于认真、积极、持续的员工培训；提供清晰、直接、有效的品牌承诺和顾客服务满意标准；对独特体验的充分考虑，比如每天的床或房间的香气。这样的酒店品牌才能在竞争激烈的市场中抓住机会，提升竞争优势。再加上组织文化的支持，加盟商品牌责任的提升和高标准员工导向的保持，酒店就能在未来成长为更强大、成功的品牌。

作者简介

约翰·奥尼尔，博士，宾夕法尼亚州立大学酒店管理学院院长。

自2001年起，奥尼尔博士就在宾夕法尼亚大学酒店管理学院讲授和研究房地产、酒店品牌化和战略等相关课题。2011年，他开始担任院长职务。此外，他还是强生威尔士大学国际酒店学院的教授；担任过酒店行业咨询集团的高级助理；曾就职于永道会计师事务所、假日全球酒店、凯悦酒店等。

奥尼尔还具有房地产评估师、鉴定机构指定成员、美国酒店协会注册酒店教育者、国际酒店顾问协会成员等身份；并为众多私人、公共组织提供咨询服务。目前已被公认为酒店行业的专家。

奥尼尔还经常在各种期刊报道上引用酒店行业的各种主题，如《今日美国》

《商业周刊》《商务旅游新闻》《纽约时代》等。此外，他还为《评估期刊》《康奈尔酒店季刊》《酒店旅游研究杂志》《国际酒店管理杂志》等撰写文章。

奥尼尔在康纳尔大学获得酒店管理学士学位，在纽约大学获得房地产方向的硕士学位，最后在罗德岛大学获得工商管理博士学位。

参考文献

Aaker, D (1991) *Managing Brand Equity: Capitalizing on the value of a brand name*, Free Press, New York

Aaker, D (1996) *Building Strong Brands*, Free Press, New York

Aaker, D A (2011) *Building Strong Brands*, Simon and Schuster

Aaker, D A (2012) Brand extensions: The good, the bad and the ugly, *Sloan Management Review*.

Aaker, D and Jacobson, R (1994) The financial information content of perceived quality, *Journal of Marketing*, 58, pp 191–201

Ambler, T, Bhattacharya, C B, Edell, J Keller, K L, Lemon, K N and Mittal, V (2002) Relating brand and customer perspectives on marketing management, *Journal of Service Research*, 5 (1), pp 13–25

Barwise, P and Meehan, S (2010) The one thing you must get right when building a brand, *The Harvard Business Review*, 88 (12), pp 80–84

Benedicktus, R L, Brady, M K, Darke, P R and Voorhees, C M (2010) Conveying trustworthiness to online consumers: Reactions to consensus, physical store presence, brand familiarity, and generalized suspicion, Journal of Retailing, 86 (4), pp322–335

Bharadwaj, S G, Varadarajan, R P and Fahy, J (1993) Sustainable competitive advantage in service industries: A conceptual model and research propositions, *Journal of Marketing*, 57, pp 83–99

Brucks, M, Zeithaml, V and Naylor, G (2000) Price and brand name as indicators of quality dimensions for consumer durables, *Journal of the Academy of Marketing Science*, 28 (3), pp 359-374

Buday, T (1989) Capitalizing on brand extensions, *Journal of Consumer Marketing*, 6 (4), pp 27-30

Cai, L A and Hobson, J S P (2004) Making hotel brands work in a competitive environment, *Journal of Vacation Marketing*, 10 (3), pp 197-208

Curran, J (2000, 2 May) In A C Trump World's Fair still in trouble, even after closing. *The Las Vegas Sun.* Retrieved from www.lasvegassun.com/news/2000/may/02/in-ac-trump-worlds-fair-still-in-trouble-even-afte/

Damonte, T, Rompf, P, Bahl, R and Domke, D (1997) Brand affiliation and property size effects on measures of performance in lodging properties, *Journal of Hospitality Research*, 20 (3), pp 1-16.

Dube, L and Renaghan, L (2000) Creating visible customer value: How customers view best-practice champions, *The Cornell Hotel and Restaurant Administration Quarterly*, 41 (1), pp 62-72

Gobé, M (2001) *Emotional Branding: The new paradigm for connecting brands to people*, Allworth Press, New York

Gundersen, M, Heide, M and Olsson, U (1996) Hotel guest satisfaction among business travellers, *Cornell Hotel & Restaurant Administration Quarterly*, 37 (2), pp 72-81

Hanson, B, Mattila, A S, O'Neill, J W and Kim, Y (2009) Hotel Rebranding and Rescaling Effects on Financial Performance, *Cornell Hospitality Quarterly*, 50 (3), pp 360-370

Hotels, "The Largest Hotel Brands", July 2005, p50

Hoyer, W D and Brown, S P (1990) Effects of brand awareness on choice for a common, repeat-purchase product, *Journal of Consumer Research*, pp 141-148

Huang, P (2010) *The impact of rebranding on guest satisfaction and financial performance: A case study of Holiday Inn Singapore Orchard City Centre*, Unpublished master's thesis, The University of Nevada Las Vegas, Las Vegas, Nevada

Jacoby, J, Szybillo, G and Busato-Schach, J (1977) Information acquisition behavior in brand choice situations, *Journal of Consumer Research*, 3, pp 209–215

Jaiswal, A K and Niraj, R (2011) Examining mediating role of attitudinal loyalty and nonlinear effects in satisfaction–behavioral intentions relationship, *Journal of Services Marketing*, 25 (3), pp 165–175

Jiang, W, Dev, C and Rao, V (2002) Brand extension and customer loyalty: Evidence from the lodging industry, *The Cornell Hotel and Restaurant Administration Quarterly*, 43 (4), pp 5–16

Keller, K L (1993) Conceptualizing, measuring, and managing customer–based brand equity, *Journal of Marketing*, 57 (1), pp 1–22

Keller, K L and Lehmann, D R (2003) How do brands create value? *Marketing Management*, 12 (3), pp 26–40

Keller, K L and Lehmann, D R (2006) Brands and branding: Research findings and future priorities, *Marketing Science*, 25 (6), pp 740–759

Kim, H B and Kim, W G (2005) The relationship between brand equity and firms' performance in luxury hotels and chain restaurants, *Tourism Management*, 26 (4), pp 549–560

Kim, H B, Kim, W G and An, J A (2003) The effect of consumer–based brand equity on firms' financial performance, *Journal of Consumer Marketing*, 20 (4), pp 335–351

Kim, W G and Kim, H B (2004) Measuring customer–based restaurant brand equity: Investigating the relationship between brand equity and firms' performance, *Cornell Hotel and Restaurant Administration Quarterly*, 45 (2), pp 115–131

Kim, T T, Kim, W G and Kim, H B (2009) The effects of perceived justice on recovery satisfaction, trust, word–of–mouth, and revisit intention in upscale hotels, *Tourism Management*, 30 (1), pp 51–62

King, D (2012, 30 May) Where's Waldorf? Travel Weekly. Retrieved from www.travelweekly.com/travel–news/hotel–news/where–is–waldorf/

Kinnard, W N, Worzala, E M and Swango, D L (2001) Intangible assets in an operating first–class downtown hotel. *Appraisal Journal*, 69 (1), pp 68–83

Konecnik, M and William, C G (2007) Customer–based brand equity for a destination, *Annals of Tourism Research*, 34 (2), pp 400–421

Lane, V and Jacobson, R (1995) Stock market reactions to brand extension announcements, *Journal of Marketing*, 59, pp 63–77

Lin, Y C (2013) Evaluation of co-branded hotels in the Taiwanese market: the role of brand familiarity and brand fit, *International Journal of Contemporary Hospitality Management*, 25 (3), pp 346–364

Loken, B and John, D R (1993) Diluting brand beliefs: When do brand extensions have a negative impact? *The Journal of Marketing*, 57 (July), pp 71–84

Mahajan, V V, Rao, V R and Srivastava, R (1994) An approach to assess the importance of brand equity in acquisition decisions, *Journal of Product Innovation Management*, 11, pp 221–235

Mattila, A S (1999) Consumers' value judgments, *Cornell Hotel & Restaurant Administration Quarterly*, 40 (1), pp 40–46

Mattila, A S and O'Neill, J W (2003) Relationships between hotel room pricing, occupancy, and guest satisfaction: A longitudinal case of a midscale hotel in the United States, *Journal of Hospitality & Tourism Research*, 27 (3), pp 328–341

Michael, S (2000) The effect of organizational form on quality: The case of franchising, *Journal of Economic Behavior & Organization*, 43 (3), pp 295–318

Milberg, S J, Sinn, F and Goodstein, R C (2010) Consumer reactions to brand extensions in a competitive context: Does fit still matter? *Journal of Consumer Research*, 37 (3), pp 543–553

Morgan, N A and Rego, L L (2009) Brand portfolio strategy and firm performance, *Journal of Marketing*, 73 (1), pp 59–74

Morgan Stanley, "Globalization: The next phase in lodging" (Morgan Stanley Report, 5 May 1997), as cited in Jiang, W, Chekitan, D S and Rao, V R, Brand extension and customer loyalty: Evidence from the lodging industry, *Cornell Hotel and Restaurant Administration Quarterly* 43, 5 (2002): 5.

Morningstar (2013, September, 18) Conrad Hotels & Resorts debuts in United Arab Emirates with opening of Conrad Dubai. Retrieved from www.morningstar.com/advisor/t/80960108/conrad-hotels-resorts-debuts-in-united-arab-emirates-with-opening-of-conrad-dubai.htm

Nedungadi, P (1990) Recall and consumer consideration sets: Influencing choice without altering brand evaluations, *Journal of Consumer Research*, pp 263–276

Oh, H (1999) Service quality, customer satisfaction, and customer value: A holistic perspective, *International Journal of Hospitality Management*, 18, pp 67–82

Onkvisit, S and Shaw, J J (1989) Service marketing: Image, branding, and competition, *Business Horizons*, 32, pp 13–18

O'Neill, J W (2004) An automated valuation model for hotels, *Cornell Hotel and Restaurant Administration Quarterly*, 45 (3), pp 260–268

O'Neill, J W and Carlback, M (2011) Do brands matter? A comparison of branded and indepdent hotels' performance during a full economic cycle, *International Journal of Hospitality Management*, 30 (3), pp 515–521

O'Neill, J W and Lloyd-Jones, A R (2001) Hotel values in the aftermath of September 11, 2001, *Cornell Hotel and Restaurant Administration Quarterly*, 42 (6), pp 10–21.

O'Neill, J W and Mattila, A S (2004) Hotel branding strategy: Its relationship to guest satisfaction and room revenue, *Journal of Hospitality & Tourism Research*, 28 (2), pp 156–165

O'Neill, J W and Mattila, A S (2006) Strategic hotel development and positioning: The effect of revenue drivers on profitability, *Cornell Hotel and Restaurant Administration Quarterly*, 47 (2), pp 146–154

O'Neill, J W and Mattila, A S (2010) Hotel brand strategy, *Cornell Hospitality Quarterly*, 51 (1), pp 27–34

O'Neill, J W and Xiao, Q (2006) The role of brand affiliation in hotel market value, *Cornell Hotel and Restaurant Administration Quarterly*, 47 (3), pp 210–223

O'Neill, J W, Mattila, A S and Xiao, Q (2006) Hotel guest satisfaction and brand performance: The effect of franchising strategy, *Journal of Quality Assurance in Hospitality & Tourism*, 7 (3), pp 25–39

Park, C W, Jaworski, B J and MacInnis, D J (1986) Strategic brand concept-image management, *The Journal of Marketing*, 50 (October), pp 135–145

Parry, W (2013, 1 July) Borgata, Atlantic City casino, celebrates 10 years,

The Huffington Post, Retrieved from www.huffingtonpost.com/2013/07/01/borgata-atlantic-city_n_3529186.html

Peter, J P and Olson, J C (2005) *Consumer Behavior & Marketing Strategy*, McGraw-Hill/Irwin, New York

Prasad, K and Dev, C (2000) Measuring hotel brand equity: A customer-centric framework for assessing performance, *Cornell Hotel and Restaurant Administration Quarterly*, 41 (3), pp 22-31

Rao, V R, Agarwal, M and Dahlhoff, D (2004) How is manifested branding strategy related to the intangible value of a corporation? *Journal of Marketing*, 68, pp 126-141

Shocker, S, Srivastava, R and Ruekert, R (1994) Challenges and opportunities facing brand management: An introduction to the special issue, *Journal of Marketing Research*, 31, pp 149-158

Simon, C and Sullivan, M (1993) The measurement and determinants of brand equity: A financial approach, *Marketing Science*, 12, pp 28-52

Sood, S and Keller, K L (2012) The effects of brand name structure on brand extension evaluations and parent brand dilution, *Journal of Marketing Research*, 49 (3), pp 373-382

Tauber, E M (1981) Brand franchise extension: New product benefits from existing brand names, *Business Horizons*, 24 (2), pp 36-41

Vaid, H (2003) *Branding: Brand strategy, design, and implementation of corporate and product identity*, Watson-Guptill, New York

Wehe, M (February, 2013). Improving guest satisfaction scores. *Lodging Magazine*, Retrieved from www.lodgingmagazine.com/PastIssues/PastIssues/Improving-Guest-Satisfaction-Scores-2705.aspx

Xiao, Q, O'Neill, J W and Mattila, A S (2012) The role of hotel owners: the influence of corporate strategies on hotel performance, *International Journal of Contemporary Hospitality Management*, 24 (1), pp 122-139

Zeithaml, V A (1988) Consumer perceptions of price, quality, and value: A meansm-end model and synthesis of evidence, *The Journal of Marketing*, 52 (July), pp 2-22

13　城市品牌

◎ 杰里米·希尔德雷思（Jeremy Hildreth）

杰蒂·森（JT Singh）

你知道多少个城市？有多少城市是你觉得有意义的？你所熟知的这些城市是否能引起你内心的共鸣？它们是否具有别致的景象？你是否会对某一具体城市的人产生特有的感觉？那里的人过着怎样的生活？你认识在那个城市的某个人吗？或者说你是否曾经到过那里，是否给你留下了深刻印象？

身处这些陌生城市，你会有怎样的感觉？哪些地标建筑曾吸引过你的注意吗？它意味着什么？这座城市会让你有怎样的思绪，平和？兴奋？无聊？悲伤？还是愉悦？

对于那些你不是很了解的城市而言，你听过或者看过多少关于它们的东西？只是一点点？还是哪怕一点点都会让你心生厌烦？城市体现了独特的异域风情呢，还是广为人知的本土人文呢？你仰慕那些城市吗？你会选择去哪个城市旅游、工作、居住或者仅仅是逃避一段时间？为何这座城市给你的感觉和另一座城市给你的感觉会有不同？

这些探讨的问题都跟**"城市品牌"**有关，或者我们更喜欢称之为城市认同（特色）。

在我们开始讨论这一话题之前，首先需要明确两个核心概念：城市品牌和城市品牌化。

值得注意的是，当我们说道：比起仰光（缅甸首都）、罗切斯特或里加（拉脱维亚首都），罗马具有强大的**"城市品牌"**特性；我们也会说罗马这座城市对全世界更多的人（包括非罗马居民，我们在本文稍后会简略谈论城市的居民和非居民的关系）来说，意味着更多。简言之，城市品牌效应越强，就越能引起人们内心的共鸣。

"城市品牌化"作为一个动词，是以提高生活品质，促进经济发展为目标的，它需要搭建起人与城市之间的某种联系。

都市永不眠

"品牌"和"品牌化"是两个商业领域的专业词汇。人们经常在提及商业时使用它们。因此，我们有必要花点时间来区分一下这两个词语在城市化情境下的差异性。

首先，相比于企业或产品，城市可以有着更综合、更复杂的品牌形象。企业的声誉如果受到影响，那么它就会面临破产或变卖的结局。

但是，同样在名声受到极大损害或某一区域的运行机制出现了严重障碍的情况下，城市仍然能够继续生存下去。相比企业，不论其他方面如何糟糕，城市都能够在某一个方面保持蓬勃的发展趋势。巴西的里约热内卢就是这样一座城市，它的优势和不足之处一样为人们所广泛熟知。

此外，不同于企业的是，城市永远不会完全失去"客户基础"：即使破产，它们也不会一下子就消失掉，就像底特律那样；人们可能会选择搬出这一城市（或者没有人会选择搬进来）。但是正如前文所述，城市是不会一下子就消失不见的。

当谈到品牌和声誉管理时，城市和企业表现出来的则是两个完全不同的事物对象。试想一下，一座城市不可能像企业那样，专注于所谓的某条生产线或可以根据调研报告进行准确的市场定位。任何一种成熟的、广泛传播的城市理念都是经过很长的一段时期慢慢形成的，比如称之为"浪漫之都"的巴黎；企业中这种看似简单的"市场定位"则完全是出于实践的考虑，放在城市的情境下，确实不是靠人为构建或者一味地宣传所能做到的（出于道德因素，也不能够这样做）。

问题的核心就在于改变企业身份认知的力量是掌握在管理层的手中。与此相反，影响城市品牌的力量则是分散在众人之中：市长和市议会、城市规划师、建筑师、房地产开发商、运营部门、社区组织、机场管理人员、旅游投资发起人、主要的雇主和出口商、大学……当然还包括公民个人。

对我们来说，塑造城市品牌的义务与责任落到每个人头上，是令人兴奋的。事实上，每一角色的个体都可以为城市品牌相关事项出谋划策，而**这不需要经过谁的许可**；这就意味着会有很多来自不同地方、极具创造力的声音，这有可能发挥出意想不到的威力。

举一个很有说服力的例子：内华达州的拉斯维加斯为了打造城市品牌，大量"新兴"企业崛地而起。价值 3.5 亿美元的市中心发展项目是由美捷步的首席执行官托尼·谢筹资并发起的，美捷步后来成为美国当地久负盛名的服装和鞋类电子商务网站（目前已被亚马逊收购，是亚马逊旗下的一个部门）。2011 年，考虑到企业的成长性，谢开始思考应该把自己的公司搬往何处的问题，他需要为员工创造一个独立、自主的场地，就像脸书、苹果和谷歌那样。谢说，"美捷步的园区重置项目，已经逐渐演变成复兴拉斯维加斯市区的项目"。

他做出了大胆的决定，那就是更倾向于在一个既定的城市环境中去创造这些利益。他买下了拉斯维加斯废弃街道的大片房地产并且准备大干一场，这就是如今的拉斯维加斯大道。这一举措的实施深受哈佛大学的经济系教授爱德华·格莱泽（城市学家）提出的"社区和人口密度"相关观点的影响。谢相信：

有这样一群人，他们有着不一样的背景和人际脉络，乐于分享和合作，如果能把他们聚集到一起，再加上企业本身，就会有神奇的事情发生，并且不同于短期投资收益最大化，我们是要实现社区长期收益的最大化。

我们为谢的努力鼓掌，任何一个想要塑造城市品牌的人都必须认识到城市的一些本质属性，并且加快行动起来。

城市离不开前期宏观因素的影响

城市无法完全确定自身的品牌属性，在打造城市品牌的过程中，更多的是如何在现有基础上巧妙地发挥创造力。

首先，城市的地理位置是固定的。在这个星球上，城市位于哪个区域，它就呈现出哪里的特点。比如气候怎么样？那里是沿海吗？是沙漠吗？还是有巨大的山脉等？

城市所处的国家也很重要。赫尔辛基（芬兰首都）和斯德哥尔摩（瑞典首都）最大的不同之处就在于一个在芬兰、一个在瑞典。但法律、文化、历史等这类单一因素所产生的差异会弱化地方城市的差异，尽管这类因素还有很多。

正如你所期望的那样，城市更能表现出广泛的社会人文特征。这对城市认知来说有时是一种阻碍，有时却又发挥了巨大的效用。多伦多作为一个国际化大都市，最大的长处就在于加拿大有宽松、友好的移民政策。

同样地，城市所处的时代不同，它们的影响力也会不一样。令人惊讶的是，仅仅100座城市的经济总量就已经占了全球经济总量的30%。事实上，正如社会学家萨斯基娅·萨森所指出的那样，"今天世界经济的核心区域（是指那些掌握全球经济命脉的企业和人）就在于这40个或更少的主体城市所组成的城市网络"。

事实上，一些城市在学术界被称为"世界级城市"，另外的一些其他城市，无论占地面积有多大、居住人口有多少，它们并不会对城市外来者有实质性的影响。那些与国际城市网络保持高度关联的城市可以被界定为"世界级城市"，它们更凸显于其经济水平和经济总量，而非人口规模：那些没有这种"世界级城市"的国家，其经济总量仅占全球经济总量的13%而已。

注意，并不是说除了经济之外的其他因素不重要了。打个比方说，即使一个城市有着2000万的居住人口，但却因为经济落后，我们就说这个城市不重要；如果这么认为，那也是很不理性的。我们想说的是：在涉及城市品牌化问题上，必须充分考虑到城市的影响力和知名度。正如雀巢这类大公司一样，它的品牌实践肯定不同于印度尼西亚一家只针对国内市场的糖果公司的品牌实践；同样，在城市品牌化问题上，适用于墨西哥城的品牌实践不一定对澳门管用（反之亦然）。

有时候，小也是一种优势：把一个关于乌克兰城市的视频迅速传播开来，就可以让这座城市为千千万万的人所认识；相反如果是关于纽约的一个视频，就算传播得再广泛，可能也不会影响到人们对纽约的印象。是因为我们知道太多关于"纽约城"（Big Apple）的信息了，以至于这种视频并不会影响我们对这座城市的认知。

城市内外兼收

商业品牌通常是由一小部分人（管理层和经理）创造的，然后"销售"给广大人群（消费者）。城市品牌化的过程则正好相反。

首先，城市的外来者——比如商人、游客、学生、暂住居民和企业——他们期望从这座城市中获得更多更好的事物，就像消费者对企业的期望一样。

其次，城市的内部人员——居民——可以说是城市认同/品牌化的主要受益者（这些人有时候也会对城市品牌产生影响。比如纽约移民的奋斗史会影响这座城市的品格，巴黎人对非巴黎人的傲慢也会影响外来者对巴黎的看法）。

我们还要认识到：本地居民对自己所处城市的看法往往不同于外来者的看法。这实际上也是影响城市营销有效性和实现城市品牌化的巨大障碍，特别是当本地民众（比如市长）聘请外地代理公司来帮助外来者。

也就是说，外来者会从自己的视角来看待那些他们觉得有趣的事物，并将其刻画出来，这和本地居民的认知很难保持一致。因此他们就必须采取一种折中的方式，当然这种折中也可能出现最坏的结果，那就是：既惹恼了本地人，也让外来者感到无趣。

但事实是，一座城市最美好的部分，或者说让外来者最留恋的部分，却一直没有成为官方旅游手册的特色之处。正如伊恩·弗莱明在其 1964 年的游记《激动人心的城市》（*Thrilling Cities*）中所揭露的那样：不同于商业品牌和企业产品，城市没有精美的包装——这要感谢上帝赋予城市这种特质。

城市存在于口碑

显著性是值得外界评论的一种能力，是吸引大众进行口碑推广的驱动力。这个词语是由塞思·戈丁所创造的，在其著作《紫牛》（*Purple Cow*）中，他向我们展示了显著性如何适用于城市认知、确定城市身份的：

每年都有成千上万的游客前来参观比萨斜塔，这完全就像打广告一样，它就是个倾斜的塔，没什么其他更复杂的东西。把它印在 T 恤上，任何人都可以清晰地看到，这种简单方式却使它更具显著性，你可以很轻易地向别人讲述这座塔的特点、历史等任何方面。与此相反，要讲述罗马的帕特农神庙（Pantheon）就要困难得多，尽管它比斜塔更美更动人，但每年来看它的人可能也就是来看比萨斜塔人数的 1%而已。

通过社交媒体进行口碑宣传，这是"营销漏斗模型"，每一阶段取得成功的关键因素覆盖从"意识"到"购买"整个过程（对城市而言，"购买"行为就是指选择在这座城市度假或上大学等）。

伯特兰·西斯维特，曾服务于著名的太阳马戏团营销事务，他在其著作《口碑资本》（Conversational Capital）中解释道：你的声誉是"你是谁""你认为你是谁""别人认为你是谁"三者综合的结果。这三者之间的联系越紧密、越完整、越一致——那就越有可能给你带来良好的口碑。

城市不是特别容易被广告宣传所影响的。至少，对于城市品牌化而言，广告所起的作用不大。这也是在建立城市认知背景下，我们之所以强调显著性的原因所在。

城市品牌化的工具

在这一部分，我们要引出城市品牌化过程中可能会用到的工具，尽管这些工具会按照功能被区分开来，相互独立。但事实上，它们就像搭建一座建筑物，可以单独进行，也需要合作实现，而且必须考虑它们之间的关联性。伊塔洛·卡尔维诺在其著作《看不见的城市》（Invisible Cities）中，虚构了一段马可·波罗和忽必烈的对话，就解释了这一现象：

马可·波罗描述一座桥是由石头一块一块组成的。

"但是，这些砖是怎么支撑起了整座桥的呢？"忽必烈问道。

"这座桥不是由其中一块砖或其他的砖支撑起来的，"马可·波罗回答道，

"而是由所有的砖搭建起的拱形支撑起来的。"

忽必烈沉默了，并陷入了深深的思考中；随后，他又继续补充道，"那你为什么还老是跟我提砖呢？看起来对我重要的只是这个拱形结构。"

马可·波罗回答道，"但是，没有一块块的砖，哪里来的拱形结构呢？"

那么，城市品牌中每一个单独的个体以及它们组合的整体就是我们需要关注的，也是最容易被塑造的。这也是接下来的内容需要描述的。

构建环境

埃德蒙·培根（在其20世纪五六十年代担任费城城市规划委员会主任时期，做出了突出的贡献，因而出名）在《城市设计》（*Design of Cities*）一书中，解释了人与城市环境之间的最基本的联系：

建筑物的主要目标之一就是增强人们居住环境的多样性。因此，建筑师就必须为不同的活动构建不同的空间，通过引起人类活动的情感表达，以此来肯定空间的独特性……这就是建筑，不仅是外在表现，更重要的是在其中的体验……设计者的关键就在于：不是简单的搭建大楼，而是要构造出一种全身心的体验环境……只有通过城市不同区域、不同联系的共同影响，居住在这个城市里的人们才能真正有归属感……希腊很多建筑物就是如此。

此外，从情绪理论来看，建筑师弗兰克·格里近来接受《金融时报》的采访时说道："提起希腊，你会以帕特农神庙为傲；提起纽约，你会以克莱斯勒大厦为荣；在这里，洛杉矶，我们拥有'好莱坞'的标志。"

建筑环境有助于地域归属感的产生，而这种观念早已为人们所熟知。可不幸的是，在城市环境构建上，这种力量的常识性——或者说道德要求——经常被其他因素所压制，比如实用主义、快速发展，有时候还会出现对建筑物类型外观和感觉好坏的争论。在全球化和标准化趋势下，建筑物都大同小异，甚至毫无差异。（这就是城市高度发展下高度密集的结果。）

建筑师觉察到了这一点，并通过一定的行动做出了回应。为了表达内心的诉求，他们认真细致地分析区域差异；他们的这种努力会推动城市个性的凸显，将其带到一个新的高度，指明新的方向，在此过程中也极力避免无谓的同质化。

在中国，很多独一无二的老式民宅已经被毁掉了。当然，在很多情况下，它们确实应该被拆除，因为这些老式民宅没有管道系统和电缆线铺设，它们已经无法满足当前人们的居住需求了，但这并不意味着要破坏这些建筑物本身，建筑物原有的一些元素可以保留下来，比如楼阁、相应的装饰等，我们可以稍加改进，让它更适应现代化的需求。每处遗址都能反映城市的特别之处，借助于这些传统特色，可以创造出更加多样性、更加匹配的城市品牌。

我们相信，建筑环境本身就具备强大的杠杆作用，它可以使城市显得更加美好，让城市更加具有辨识度。因此，每一个想要为城市品牌化做出贡献的人，都应该在建筑规划会议上有自己专属的位置。

城市夜生活

夜晚也是城市提高自身识别度的切入点。坦白地说，待在一个城市的理由有时候可能就是晚上待在那儿的感觉。夜幕降临，灯红酒绿，整个城市都洋溢着五彩缤纷的灯光。很多城市都有着无与伦比的夜晚，加上喧闹的人群，形成了独特的夜生活文化，这也促进了夜生活经济的发展。

传统观念认为，城市灯光只是起到纯粹照明的作用。但是，后来的城市发展已经让这种观念发生了转变，人们从美学角度去进一步审视灯光的架构和安排。这种做法极大地促进了城市生活的繁荣，提高了人们在晚上游览城市的感观享受。

此外，灯光也被逐渐用到既已存在的建筑物上面，它让很多古老的建筑重新焕发了生机。

东方总比西方先亮。位于中国杭州的大运河，就是一个典型的灯光推动城市认同的典例。

杭州自古以来就以多水而闻名：除了大运河，还有钱塘江、西湖。但是，杭州距离上海仅有 40 分钟的高铁路程。因此，为了提高杭州的城市认同，避免与上海的雷同性，杭州着手改造大运河和西湖的夜景环境。当地的文化习俗在此起到了很大的作用。杭州的春夏十分温暖，因此人们都习惯在晚上夜游河堤——人们会选择唱歌、跳舞、散步，或者打太极。以人为本的设计理念和大运河的灯光照明极大地丰富了人们的城市生活。负责这项照明工程的中泰照明公司营销总监表示："毫不谦虚地说，我们的目标就是要让杭州大运河通过灯光重新焕发生机，同时加强杭州这座城市的辨识度。"

城市街景与主题

绑架一个人，然后把他带到伦敦。去掉眼罩时，他就会很快知道自己是在伦敦。同样，把他带到纽约，也会是这样的场景出现。但是，很少有城市能够在街道布局上有如此高的辨识度。

当然，很多城市也有它们自身的特色，而不管这些特色是否是独一无二的。比如中国台北，你会发现这座城市到处都是摩托车——这就是事实，而且是我们亲眼能看得到的——这其实也是城市品牌的一个体现；亚洲很多城市都具备这种特色。

令人惊奇的是，很少有城市试图去构造这样一种小众、万里挑一、独一无二的东西。根据我们的思维方式，我们会认为在建筑背景下，一个城市的街道建设应该最能表达、展现城市的品牌。

《创意城市》（*The Creative City*）的作者查尔斯·兰德利这么写道：如果我们想象自己正在罗马，可能就置身于孔多蒂街上——而不需要绞尽脑汁去想"罗马"这一抽象的实体。如果我们想象自己正在悉尼，我们可能立即想到如何穿过乔治大道到达歌剧院。这些城市的街道能够带我们直抵城市的核心建筑，并将人们的感知和这些建筑联系起来。

很明显，具备街道可识别性的城市，其辨识度就会更加清晰。要么，你在一开始就明确是要建一座极具辨识度的城市，比如华盛顿；不然，就以城市本身的独特性为基础来进行设计，比如旧金山；或者因地制宜，像阿姆斯特丹的河道一样。

这些城市都着重强调它们的独特性，不错过任何可塑造空间的特色之处：华盛顿在建筑标准上非常严格，大楼基本与街道平行（尽管这样造成了很多三角形和半圆形的建筑形状）；旧金山的缆车和木屋被融入在群山里面；而阿姆斯特丹也一直保护修缮河道。要想获得有价值的城市品牌，就必须付出人力和精力。

也有很多低成本、市场化的方法来构建城市街道辨识度。街头艺术就是这样的一种方式，而且非常普遍；如果能够被充分利用，这就不需要花费高昂的预算，在提升城市辨识度上也很有效。作为蒙古首都，在乌兰巴托，为什么不把所有公车刷成天蓝色呢？在当地，人们信奉蓝天就是他们的神。因此，在构建城市辨识度上，能够有触动人心的神话和传说也未尝不可。

活力与气氛

吉尔是伦敦一家餐厅的经营者，同时也是《泰晤士报》的文化评论家。他认为"与安逸相比，活力也是相对重要的因素"。在他独特的风格中，对活力作出了另外一种诠释：

城市是喧闹的。那里能散发出特殊的气味。那里充斥着想跟你喝酒的人、想让你消费的人。比起个人，餐厅在这个城市中显得更为重要。将汤姆小屋沿街设置，有助于邻里关系的增进。我们可以猜到这是什么原因导致的：城市所体现的国家化趋势和美好事物的传播性……我在曼哈顿看到：人们不会选择购买安眠药来过周末……因为外面的一切都是那么令人兴奋；这种有趣的生活使人着迷。

夸张吗？确实，但是在他刻薄兼带着警告性的语调中，吉尔提出了精确的要点：当一座城市认为高层次的组织和传统水平是非常有价值的时候，那么它可能离美好事物就越来越远了。一些大城市或一些地方的小城市，都会充满喧闹、充满城市特有的气味，这就是它们的精彩之处，或者至少是它们创意的一部分（见图13.1）。《柔软的城市》（*Soft City*），这是一本描写城市生活的书，作者乔纳森·拉班提到了他在格林尼治的生活，到处充满着色彩、令人兴奋。对城市而言，"美好"也需要牺牲很多高高在上的事物。

图 13.1 杂乱的城市也可以迷人、美丽

资料来源：罗布·惠特沃思摄影。经授权使用。

地标和辨识度

"地标"通常是我们用来描述建筑结构和空间的一个专用词，它能创造独特的视觉方向感和定位感。它可以通过显著的自然特征或一种相对独特于周围环境的样式来展现。

如果这个地标同时也是一个非常有名的社交场所的话，这样就更好了，因为它能吸引人们在其面前拍照。芝加哥巨大的"镜豆"（Mirrored Bean，也称 Cloud Date，"云门"）价值 2300 万美元。但它在宣传力、影响力等方面跟广告的作用是相同的。这是一个不可思议的方式。

我们认为纪念碑和地标可以专门设计用于加强城市的辨识度。即便如此，这里有一个极具讽刺的事实，那就是：世界上某些著名城市地标既没有提高城市的知名度，也没在一开始就能让人们产生共鸣。例如埃菲尔铁塔，它是为了 1889 年的第一届世界博览会而搭建起来的，最初很多巴黎民众都不喜欢它。有人批评它，说它是"悲剧式的路灯"；也有人说它像一个钢铁式样的体育场装置，还是尚未完成的、奇形怪状的；还有人描述它是一条半成品管道；等等。由很多名人共同签字，关于反对建造埃菲尔铁塔的请愿书被大肆流传开来（包括《基督山伯爵》的作者大仲马）。

纪念碑的价值不仅体现在单纯的物理地标或城市坐标点上，而且有助于提供城市源头的指示信息，这就是凯文·林奇所说的"时间辨识度"：

> 城市也需要历史点缀。辨识度……（应该）展现出这个城市现在与过去的联系，即便有时候可能需要揭开可怕历史的伤痕……很多年来，人们都认为布里斯托尔（英国西部港口城市）是一个奴隶贸易港口城市。直到最近，公共纪念碑才被设立起来。人行天桥横跨这一历史港口——它的名字也是根据一位生活在这座城市的奴隶男孩来命名的。尽管这段历史很令人悲痛，但它却是辨识度构成的重要组成部分。

概括来说：你是不会爱上你不了解的城市的。所以，引导人们找到这些标志物，并感受它们的气息非常重要。

到达与第一印象

乔纳森·拉班还写了另外一篇文章，名叫《城市启蒙神话》（Mythology of Initiation to the City），他强调对人们价值的展示；当人们进入一座城市时，就等同于他们已经迈进了一个全新的世界：

> 19世纪的建筑师能够本能地意识到外来者的重要性。他们创作了大量极其夸张的作品和遗址；这些奢华的色调是为了与这些外来者的情绪状态保持一致……（伦敦）运用科技手段在维多利亚时代让铁路成为现实。直到1964年，当它被破坏后，你离开尤斯顿火车站时仍能看到一个巨大的多立克大拱门。这说明城市就已因此给人留下了深刻印象，已经在胜利的道路上前进了一步。

与此相反，当人们来到国际机场的时候，经常会感到乏味和困惑，虽然并不都是这样。(因此，当你遇到有些地方会通过移民体验来推动城市发展时，你也不会觉得奇怪了)。

第一印象非常重要。它们留在我们心里的时间似乎比第二印象更深。它们不仅影响着我们的后期印象，还会让我们认识到更多我们曾留意过的现象。

公众政策与问题解决

在人们生存的这个世界上存在着各种各样的问题，城市也是如此。如果能用独创的方式有效解决城市问题，这样对城市品牌的提升非常有帮助。

在问题解决方面具备一定能力的城市才可以获得民众的认可。卡塔赫纳（哥伦比亚北方的重要港口，也是闻名遐迩的游览胜地）最先是以经常出现大量犯罪事件而出名。但后来却又以解决一系列的犯罪问题而出名——来自拉丁美洲其他城市的特遣部门专门来到卡塔赫纳学习它们是如何解决这些犯罪问题的。

阿姆斯特丹是另一个很典型的例子：它以人们爱好骑自行车而出名，这种爱好已经直接影响了其城市的骑行文化和基础设施建设。更重要的是，阿姆斯特丹始终保持着骑行运动方面的领导者形象，最近正积极建造能够自动加热的自行车车道，这使安全骑行的季节延伸到了寒冷的冬天。

为了避免太过平常，简单地成为一座功能型城市也是可以打造城市品牌的。正如爱德华·格拉泽写的那样：世界上大部分区域都遭受着可怕的政府管制，而这为那些有效管理的城市提供了优势，良好的治理能造就一个好的品牌。简单地说，解决问题需要成为城市管理工作的一个部分，将这些解决的方法模板化，分享给其他城市的管理者，可以使民众（包括外来者）对这座城市留下深刻的印象。

居民、文化和饮食

城市品牌化的一个主要工作就是关注并展现那些与其他地方存在差异的事物。我们经常在工作中沉迷于如何辨别出这些不同。毋庸置疑，不同城市在文化和它的民众上都会有不同之处。城市生活并不都是相同的。人们在一座城市喜欢的事物与在其他地方喜欢的事物可能完全不一样。

杰出的市民或组织可以作为城市的形象大使来发挥效用。你心里已经有人选了吗？是艺术家还是作曲家呢？那么，为他/她提供一次旅行吧。如今，人们对很多城市的认识在很大程度上，甚至完全是由运动团体推动的。如果英格兰没有很出名的足球俱乐部，我想很多亚洲人可能完全不会知道曼彻斯特这座城市。

餐饮是体现文化的一种有形方式：当你在上海的时候，你必须去尝一下当地的饺子；当你路过美国缅因州的波特兰时，你怎么能不尝尝当地的海虾；又或者你在古巴哈瓦那的时候，怎么可以不喝杯当地的鸡尾酒呢？这种带着高度文化认同的餐饮美食还包括新加坡的面食、加利福尼亚的卷寿司、海得拉巴（印度南部城市）的印度比尔亚尼菜、杭州的西湖龙井、新奥尔良的秋葵和重庆的火锅。

事实上，重庆火锅就是其中一个非常典型的案例故事，它是有效开展意识品牌策略、推广地方菜系的代表，尽管它起源于清朝（1644~1911），但直到近代才被一位叫作何永智（重庆市火锅协会会长）的女企业家发扬光大。她先开设了一家个体店，随后慢慢在全国发展成为品牌连锁店。这里面有一个非常有趣的故事：大约15年前，重庆市意识到其隔壁的城市成都正在推广麻辣火锅菜系，刚好这种菜系就是来源于重庆火锅。为了保护火锅文化资产，重庆市迅速行动起来，并委任何永智成立重庆火锅协会，对全国所有的餐馆进行培训和资质认证——这里面很少有费用，甚至不需要费用——主要是培训它们如何制作正宗的重庆火锅，以及如何运营这种类型的餐厅，最终的结果当然是在全国范围内相比成都火锅，重庆火锅更加流行、更深受人们的喜爱了。

惯例和经验

让商业品牌（或产品类别）深入人心的其中一种方式就是把它们与惯例或场合联系起来，比如，科罗娜啤酒独创的瓶口插柠檬的饮法，或把香槟作为庆祝首选饮料（为什么会这样呢？）等。

经常在一些历史事件中，相似的惯例或者行为活动被不可避免地与某些城市联系起来，所以人们常听到：你只有做过 Y，你才会知道 X。不仅要做过，还要感受它。我们可以肯定：至少有一部分来伦敦游玩的外国游客，他们会说如果没去看过白金汉宫的护卫队……或没乘坐双层巴士……或没在红色电话亭摆姿势拍照，这都不算是完全去过伦敦……据说，这些程序已经成为伦敦游玩的标配。

惯例通常是慢慢出现、逐渐形成的。但是它们也可以被制造出来；如果可以巧妙地完成，它们可以造就一个能够真正交流和释放灵魂的地方。例如，位于佛罗里达州的基韦斯特，在海滨每晚都会举行聚会；街头艺人和食品商贩都会出来，这已经成为当地的一个老规矩了。人们也因此蜂拥而至。

并不是所有的风俗惯例都会出名，但这也并不意味着不具备传承的价值。你会惊讶于到底有多少"永恒的传统"方式是发源于几十年前的！正如我们所说，主要诀窍在于设计时的艺术性和可靠性。这种风俗惯例需要与地方有效地联系起来。

体现特殊事件的身份象征

跟惯例和经验相近的还有一个词，那就是特殊事件。用于品牌推广最优的特殊事件从一开始就被设计成为城市身份的一项组成部分：这些事件只能发生在主体城市，而不可能发生在其他城市，它们就是以这种方式创建的。事实上，最有可能的方式就是举办一场活动，然后随着时间的推移，这个事件就会与城市紧密关联在了一起。比如西班牙的圣佛明节，在第二天会进行首轮奔牛，狂欢者与奔牛齐跑，这项传统事件已经持续了150多年。在得克萨斯州奥斯汀举办的世界上规模最大的音乐盛典——SXSW（是"South-by-Southwest"的简写，指西南边的南边，即得克萨斯州的地理位置）始于1987年。

有时可能会在多个城市举办——为了便于事件的推行，而会选择一些更合适的城市。在这种情况下，事件就具备了身份强化的效果。比如"TT"摩托大赛，它每年都会在马恩岛举行，马恩岛是位于英格兰与爱尔兰间的一个海上岛屿，是一块自治的英国殖民地；它的议会——马恩岛议会是世界上最古老的执政机构，最初是由维京人建立的；它不属于欧盟，对境外/离岸银行业务实行友好的低税制度；它的精神也非常独立，而且岛上也会有自己的方言。

同时，"TT"赛事也是一项出了名的危险性运动，车手在蜿蜒的道路上以极快的速度通过陆续出现的石头建筑物和悬崖。自 1907 年以来，大约有 240 位车手在赛场上遇难（相比之下西班牙的奔牛，1910 年以来"仅"有 15 位遇难者）。这种比赛只能发生在像马恩岛这样自由的地方，政治独立才可以这么做，任何"正常"的区域绝对会禁止这种赛事——这使其成为了马恩岛强有力的身份象征。

品牌消费品和城市出口

起源或原产地效应——即消费者对制造产品的偏好——在很早以前就被确定为营销和品牌推广的一个重要因素。然而，大多数国家是选择与自己并齐的品牌，如法国香水、日本技术、意大利时尚等。有些区域也会一下子火起来，如苹果的产品都会在其背面印上"加利福尼亚设计"等字样。

当谈及原产地时，你购买的产品将会成为来自于你从未去过区域的一个纪念品。它有助于建立产品和购买者之间的密切关系。

支持城市原产地品牌发展的另一个因素是国家。但是它太大了，而现在我们只能将其作为心理账户的一个单元而已。好吧，我们不是真的针对国家——我们特指中国。中国的产品制造比任何其他地方都要多，虽然中国制造一直获得好评，但远不足以让其成为某种声望的标志。"上下"是中国的一家高尚生活品牌，借助于爱马仕的支持，它在巴黎开设了第一家店铺，但我们预测人们并不会认为它来源于中国，而是上海——一个具有真正吸引力的城市。我们期望中国的其他省份能从闭塞中脱颖而出，某些类型产品和特定品牌也能获得认可。

商业品牌一直在寻找新的方式来区分自己，而与特定城市的联系将成为一个极具吸引力的选择。西方的消费者已经看惯了"伦敦—布鲁塞尔—罗马—迪拜—贝弗利山庄"这些高档购物区。在接下来的 20 年里，可能会出现更多新的城市名字。我们已经看到了这样的组合：乌兰巴托—日内瓦。

哪里会出现原产地品牌的迅速爆发呢？这种情况正在产生。事实上，大量城市的兴起为这种可能创造了契机。

结 论 与 呼 吁

我们如何知道"作为人类我们该怎么做"？看看我们的城市，就可以找到
答案。

作为人类的伟大舞台，城市一直扮演着自己的角色。此外，从你我开始——
根据几十年世界人口增长率的变化而迅速扩大。

世界本身就是一个角色的铸造：同时具备光明和黑暗、机会和平等、悲和喜
这种完整性的人格特征。

城市都是带着缺陷的天才，由于独特的历史维度，通过看得见和看不见的手
来展现自己的命运。

毫无疑问，而又令人兴奋的是一些城市的命运是为了促进人类文明的下一个
转变。预言家丹尼尔·平奇巴克在《边缘时报》中写道：

现实正在变得更加即兴化和快节奏化……（同时）似乎人类文明的持续改革
正以更快的线性时间的指数级速度发生着变化：农业革命持续了数千年，工业时
代经历了200多年，而知识信息时代只需几十年……或许下一次人类革命只需两
三年就能完成。这将是一场智慧、意识的革命。

无处不在的城市和经济社会发展的所有阶段都在以自己的方式参与到人类社
会这种巨大的波浪式变革中来。

激发城市认同，利用它并为城市谋福祉，这是每位领导者和每位公民应尽的
责任和义务。

城市身份真实要素的显著表达和推广是城市品牌化有效的关键。不管怎样，
这样表达的形式总是不同。比如，短片《这就是上海》向大家展示、描绘了下一
个"新纽约"，这就是中国的大都市；同时北欧城市维尔纽斯（立陶宛共和国的
首都）也以独创的方式展现着自己，它们将简单的新鲜水果盒常规地摆放在行李
传送带上，向每位来到这座城市的旅客表达自己轻松自由的精神（见图 13.2）。

图 13.2　立陶宛的维尔纽斯机场到达传送带上的新鲜水果

资料来源：版权归属于《激动人心的城市》。经授权使用。

作者简介

　　十多年来，思想家、实践者杰里米·希尔德雷思一直将个性品牌运用在地方与品牌认同的关系上。他的这种独特品牌特点表现为价值创造和纯粹的多样性。他获得常春藤联盟经济学位以及牛津大学 MBA 学位。希尔德雷思为像耐克和路易威登这样的传统品牌客户进行了非常规设计，并长期推动品牌推广，解决了像东帝汶和北爱尔兰这些地方的产品促销策略等问题，他花六个月时间为蒙古国搭建该国历史上第一个羊绒出口平台。希尔德雷思的"活力性与原创性""细微差异性"的思想生动地表达在了与西蒙·安霍尔特合著（2010）的《品牌美国》（*Brand America*）这本书上。在媒体上，他为《华尔街日报》撰写了一篇关于地标和文化的文章，并定期在 Monocle 24 电台上做地方品牌推广节目。

　　按照"立即进化"的生活信条，杰蒂·森归纳的方法将地方品牌深度融入到了各个学科中。这包括设计、经济学、艺术性、故事讲述、可持续性、公共政策等方面。杰蒂·森的客户遍布众多商业区、创意区、商业中心、工业园区，甚至到整个城市。比如多伦多、上海、北京、天津和维尔纽斯。他是城市探索方面的天才，他对数百个新兴城市进行了深度的观察，并提供了关于"事件进展"的全面认识。当时间允许时，他会对城市身份认同和可持续性进行演讲报告，他最喜欢的两个主题是城市生活和良好设计。杰蒂·森目前从事于上海世博会区的开拓城市再生发展项目和几个与城市品牌相关的电影项目。

参考文献

Aspden, Peter. Interview: Frank Gehry, by Peter Aspden, FT, 22 November 2013, www.ft.com/cms/s/2/1c87963c–51cb–11e3–8c42–00144feabdc0.html#axzz2m9zuHcNx

Bacon, Edmund N (1967) *Design of Cities*, Viking Press, New York

Calvino, Italo (1974) *Invisible Cities*, Secker & Warburg, London

Cesvet, Bertrand (2009) *Conversational Capital*, FT Press, New Jersey

Dalrymple, William. Home truths on abroad, *The Guardian*, 19 September 2009, www.theguardian.com/books/2009/sep/19/travel–writing–writers–future

Fleming, Ian (1964) *Thrilling Cities*, New American Library, New York

Glaeser, Edward (2011) *Triumph of the City*, Macmillan, London

Kay, John (2010) *Obliquity: Why our goals are best achieved indirectly*, Profile Books, London

Kelly, Andrew (2001) *Building Legible Cities*, The Bristol Cultural Development Partnership, Bristol

Pinchbeck, Daniel (2010) *Notes from the Edge Times*, Tarcher/Penguin, New York

Raban, Jonathan (1997) *Soft City*, Picador, London

Shattuck, Aaaron. *Scientific American*, 26 August 2011. "Cities in Fact and Fiction: An Interview with William Gibson", www.scientificamerican.com/article.cfm?id=gibson–interview–cities–in–fact–and–fiction

14 技术品牌

在日新月异的世界中构建长期价值

◎ 霍华德·布赖因德尔 〔Howard Breindel〕

乔纳森·佩斯纳 〔Jonathan Paisner〕

塞思·马戈利斯 〔Seth Margolis〕

名副其实的品牌需要有技术事物支撑。为了创造一个有影响力的品牌就需要与众不同的思考和理念，就像苹果公司的广告活动如何对 IBM 公司"Think"品牌进行绝地反击一样。

当然，每项技术的变化都会给这个领域的品牌带来一定的风险。非技术性行业很少需要面对新的竞争者。科技公司的破坏者可能是一个产品、一个公司或者仅仅是一个点子，这些破坏因素会完全改变当前的竞争状况，并威胁到参与者的利益。除此之外，这些破坏者出现的频率也越来越频繁。那么，这些品牌会经得起破坏者的冲击吗？作为一个有技术含量的品牌，它是否有持久的影响力、是否能够自我发展、是否会重新发展、是否与它们所代表的公司和产品一样可以快速更迭呢？在某一品类中，能够为企业带来长期股权价值的品牌到底有多重要呢？在一个全新、大好的环境之下，寻求真正有长期价值的品牌是至关重要的。品牌需要把今天的昙花一现和明天的市场领导者区分开来。即使公司不断地引入新的特性和功能，甚至进行品牌重塑，品牌也应该对现有的产品线或服务线做出持续性的承诺。通过创立品牌实现自身优化的技术性公司，它们可以通过顾客、产品和服务来提升市场价值，从而使自己占据有利位置，获得长期成功。

在对此进行深挖之前，讨论技术定义的演变对品牌而言并没有太多意义。技术行业曾由软硬件领域的领导者——微软和 IBM 做出界定。尽管今天这个界定还在，但 IBM 到底是技术品牌还是专业的服务品牌呢？Netflix 到底是技术公司还是媒体公司呢？亚马逊到底是在线垄断者还是网页零售商呢？虽然有时我们更喜欢在更大范围内探讨技术的边界问题，但本章我们将聚焦在可以为公司带来直接销售业务的技术产品和服务上。

事实上，过于狭窄的界定并不利于企业。《华尔街日报》从来不认为自己是一家科技公司，也不认为自己是其他科技公司的竞争者。随后成立的彭博公司（Bloomberg LP），其主要业务涉足了信息技术和金融数据两个领域，且交叉在一起。《华尔街日报》（其母公司是道琼斯公司）在 2007 年以 50 亿美元的价格卖给了新闻集团（News Corp）；2008 年，彭博公司的价值达到了 250 亿美元（2009年，新闻集团对道琼斯的财富估值是 28 亿美元)。《华尔街日报》一直是一个响当当的品牌，但如今也在这个媒体和技术都至关重要的行业里举步维艰。由于公司不能很好地理解技术的价值，致使道琼斯的股东付出了大量的成本。

尽管环境变化和不确定性在改写着技术的定义，这里仍然有很多原则构成了技术品牌成功的基础：

- 理解 ROI 和 ROE
- 与不断变化的技术购买者保持步调一致
- 了解自己在品牌发展路径中的位置
- 品牌自信
- 复杂问题简单化

理解 ROI 和 ROE

在任何分类中，品牌都是起始于你对顾客的理解。在消费者产品上，对顾客的划分涉及人口和心理层面的划分。对技术品牌而言，这些仍然是非常重要的，但这并不是全部。技术市场通常要么是商家，要么是消费者/顾客，也有像苹果和惠普这种两种身份兼具的公司。B2B 的技术产品必须提供相应的投资回报率（ROI），而相应技术品牌的工作就是为了实现事先承诺的投资回报率：比如对 ERP 系统或数据中心的巨大投入，必须要有所回报。这里，品牌就有助于提升获得回报的期望值。在 B2B 的营销方式下，这些期望回报可以通过货币价值和运营效率措施来提高。实现这些财务和运营方面的优越性，也是品牌的工作。事实上，技术呈现出越来越复杂的趋势，而相应的技术方法也更加交叉，关联度越发紧密。此时，品牌要确保 ROI 承诺的顺利实现也越来越艰难。

最近国家节能公司的上市信息中暗含着这样的一个观点：技术驱动创造的收入必须保证超过其相应产生的费用。但研究表明，顾客不理解甚至不相信收入为何这么计算。面对这种怀疑，什么样的商品才能做到这一点，才能验证这种保证呢？尽管公司高度依赖技术，以此来传递、提供咨询服务；它们也根据顾客的行为变化来建立了相应的业务，但依然难以实现技术转化为财富的能力，大部分节能公司能够通过转变运营和管理的方式来优化自己。由于不重视，甚至忽视公司的技术实力，一些潜在的消费者不可能理解 ROI 承诺的价值，仅仅强调行为变化，而认识不到技术和资源对变化的支撑，就会导致潜在顾客以为这种承诺的结果很容易就可以实现，比如 DIY 能源是可以节约成本的，价值主张是基于技术的支持才能确保受益，但品牌并没有激发出使这一价值主张所需的可靠性。新的价值主张要能讲述技术公司重新定位市场的故事，公司要能传达一个有冲击力且相关的故事，从而来表达技术和数据特征，这才可以对 ROI 承诺的实现提供强有力的支持。

与 B2B 相比，B2C 品牌需要传达的是资产回报率（ROE）。要让越来越多的消费者感受到智能手机、平板电脑、电脑等这类技术产品与他们有着强烈的个人联系。相比大部分消费产品，科技产品对我们生活方式的影响更大。过去人们常说"人靠衣装"，但今天是科技定义了人，而非这些外在的穿戴打扮。你选择的智能手机、你携带的方式、你下载的应用程序、你玩的游戏，可以这么说，这些甚至比你的基因更能说明你自己。对于消费者来说，技术购买的选择，能够体现出个人的身份特征以及在功能上的诉求。在苹果推出新平板电脑或智能手机的头一年，竞争对手可以通过了解相关的评论和博客内容，设计出比苹果更好的产品。事实上，不会去考虑除苹果外的任何产品的顾客群体仍然是非常庞大的。就好比，苹果制造了一件消费者想穿的"技术外衣"。这就代表着一种特殊的资产回报。有趣的是，三星在手机这一品类中的销量也非常出色，Galaxy S4 智能手机提出了"生活伴侣"的口号，以此来占领市场，这也是一项很明显的资产回报。

资产回报与 B2B 技术品牌并非无关，只是它更优先考虑投资回报而已。最近，一家位于瑞士的公司正在通过面向全球制药和金融服务公司的平板电脑演示平台，试图打入美国市场。这家公司的品牌传统在于对产品的聚焦，在沟通上倾向于表达、传递技术领域的相关术语。然而研究表明，该公司高级营销主管之所以利用这一平台的主要原因之一就是因为它能增强、提升自己的品牌，从而激发了销售信心。是的，平板电脑支持各种令人眼花缭乱的图形，数量也很大，而且平台提供的分析也很受人们的喜爱，这就是一项重要的投资回报。这使得产品与人们之间建立起情感关联，对人而言，这就是资产回报。这家公司在这种基于洞察力的战略驱动下最终进入了目标市场；战略驱动也反映除了公司价值主张的多重特征，比如多样化展示、实时销售、智慧营销等。该产品使销售团队不再是形同虚设，具体细节能体现出故事的生动性（ROI），同时也能激活顾客的潜在需求（ROE）；顾客的这种激情反过来又会使公司源源不断地产生新的动力、寻找新的生存空间，甚至最终成长为超越同行并拥有全球顾客群体的品牌。

理解 ROI 和 ROE 在 B2B 和 B2C 技术品牌中的作用对于品牌发展而言是至关重要的。当然在许多种类中，ROI 和 ROE 也都非常重要，但特别是对技术品牌来说，其更是处于核心的位置。

与不断变化的技术购买者保持步调一致

当然，理解顾客的行为对于品牌建设是至关重要的。技术品牌理解顾客行为需要警觉性，而且是持续的。因为技术顾客的特征总是在不断变化，这对品牌来说具有深刻的意义。

在消费者和 B2B 方面，这种变化因为技术，使其变成我们生活和相应生活方式不可或缺的部分。还记得在最初的电脑时代，其品牌主要是由 Tandy、Radio Shack 和 Compaq 主导的。当时的电脑是在没有互联网、没有便携式存储的背景下发展的。二十几年后随着数字技术的发展，这些公司在探寻新的价值主张上举步维艰，不再有人为一台又大又笨重的电子产品花费数千美元。重新寻找出路！咨询专业人士！试着探索！是的，在缺乏实用价值的情况下，这些技术产品只能让那些技术控们着迷，他们才是《市场营销》教科书上提到的率先体验者。在业务上，技术决策通常是由 IT 专家制定的，他们可能是唯一真正使用这些东西的人。

时至今日，互联网、数字摄影、移动性、社交媒体、文字处理和其他各式各样的应用程序，这些技术对我们的重要性已经从"并非必要"变得"非常必要"了。针对消费者的技术品牌也随着这种变化而发生改变。然而，令人讽刺的是，随着消费者群体复杂性的提升，品牌却越来越缺少"技术性"了。在过去，它们可能只关注产品的作用机理，但今天它们更专注于产品是如何服务于人的。想想苹果公司，未来产品会越来越多，无处不在，但品牌及相应的品牌优势可能越来越弱。从某种意义上说，技术品牌更像是快消品牌。我们可以试着想想：宝洁（P&G）会去讨论汰渍洗衣粉的化学成分吗？牙膏广告会告诉你，擦洗牙齿的是小苏打吗？当然不会。它们只会告诉你，这些产品会让你的衣服和牙齿变得更白、更亮。微软是否会告诉你在 Word、PowerPoint 或其操作系统背后的源代码吗？当然不会，它只需告诉你，这些程序和系统，你完全可以驾驭。此前，笔记本市场中内置英特尔专门聚焦于产品的技术规格（芯片速度、容量），以此作为顾客体验的标准。随着计算机的越加普及和技术规模的飙升，即便技术好到超过95%用户的需求，制造商也需要在无形资产方面实现差异化，比如设计、体验、品牌等方面。

在 B2B 方面，目前有一个非常大的变化，那就是购买决策权的分散。与消费者一样，这种变化也是由技术所引起的组织变化造成的。首席信息官（CIO）的购买决策权正在逐渐转移。随着技术重要性的提升，其在企业成本中的比重也在不断攀升，这时首席财务官（CFO）也就不可避免地会参与到了购买决策中来。高德纳（Gartner，一家领先的信息技术研究和咨询公司）和财务执行研究基金会在 2012 年的报告中表明：超过 40% 的公司预计认为首席财务官在信息技术购买决策中将发挥更大的作用。此外，另一家信息技术全球服务咨询公司珠峰集团在 2012 年进行了一项调查，结果发现：公司信息技术人员仅启动了 25% 的 IT计划。换句话说，3/4 的 IT 计划是由会用到这些技术的人来决定的。

首席营销官（CMO）也同样参与到了这个决策当中。大数据时代的到来，使市场营销人员在信息收集方面得心应手。类似 SalesForce（客户关系管理软件）和其他营销工具，使得技术可以被应用到识别、跟踪顾客和行为等方面。在另一份 2013 年的报告中，高德纳研究预测：到 2017 年，首席营销官在 IT 方面的花费将比首席信息官还要多。这个研究预测随后被很多人引用。如今，营销人员不仅有能力跟踪在线的购买行为，随着移动互联和GPS的兴起，他们还可以借此模拟真实的世界。这时，营销主管参与技术决策就不足为奇了。事实上，企业各个职能部门，包括人力资源、运营、供应链、制造和研发等，它们都会参与到B2B的技术决策中来。

这对品牌来说意味着什么呢？这意味着B2B技术品牌必须具有能够吸引不同受众的价值主张。首席信息官想要保证产品或服务与信息系统的顺利整合，首席财务官想要获得适当的投资回报。其他各个部门的总监，比如首席人才官（CTO）或首席营销官（CMO），都希望通过品牌，以此高度满足他们各自的需求。这时的B2B技术品牌就不再是为单一的部门服务的了，而是必须与这些受众都能产生强烈的共鸣。

我们可以看一下思科（Cisco）这个品牌。思科品牌一直是由"改变我们的生活、工作、娱乐和学习的方式"这一价值承诺来驱动的。比起口头说说，或者只是谈论变化本身，那么技术就显得更加实在了。这是一个非常有影响力和有见地的表达，借助一些关键利益相关者（业务决策者、技术决策者、政策制定者、投资者和其他许多的相关者）来让技术成为现实。所以在这个承诺背后，是如何把思科推向市场，从而奠定思科品牌的根基的呢？对技术决策者来说，思科通过大小、规模、领导力和安全性等方面的努力实现这一承诺。业务决策者则更多是从业务的角度向思科提出要求，比如协作性、更丰富的通信方式、全球化连接等。几年前开始就已经出现了这样的变化，那就是从谈论机器与机器的连接到谈论互联网环境下人与人的网络连接。思科不仅需要继续与信息技术买家建立信任，还需要做出更大的品牌承诺，为业务决策者创造更多的实用价值。

这种变化面临的巨大挑战在于要使品牌能够支撑起多维、复杂的价值需求。如何创建一个与诸多决策者相关的品牌，并使其与每个主体都能产生强烈共鸣呢？

为了应对这样的品牌挑战，企业就需要通过研究找出并确定合适的方案。其中最重要的就是明确顾客是谁、谁在影响决策，以及决策标准是什么。只是简单地与采购订单的人交谈，在如今已经不再具备有效性了。今天，我们需要从整个技术系统来考虑，在购买决策上，每一主体都只具备有限的决策权。

随着买家越来越容易获得信息，会有更多的决策者参与到购买过程中来。此外，技术公司向外界不断推出大量的信息内容来吸引买家参与。所以与买家联系的每个主体都必须像营销部门一样对产品非常熟悉。但是很多技术公司存在的通病是：它们依然依靠技术语言，而没有考虑商业决策者的知识背景——比如首席营销官或首席财务官，他们可能会被这些专业行话和首字母缩写搞得晕头转向。

通过调研有助于理解决策者和影响者的语言、痛处和激发点。在 B2B 领域，技术购买涉及一个深思熟虑的决定过程。由于多种声音的参与和购买决策影响因素的不断出现，技术的销售周期可能需要几个月，有时甚至几年。这是因为，这种产品不但要经过详细的评估和测试，还要有相应的合同审查和谈判时间。消费者购买通常会更快些，有时甚至是冲动性的决定。在人数上，也可能仅仅涉及一个人，这个人既是技术购买方，同时又是用户。对消费空间的市场调研，能够了解不同人的口味和心理特征，当然也包括消费品品牌的运作标准等。借助在线跟踪工具，比如定位系统、问卷测试和顾客跟踪，特别是那些可以在线购买的产品，可以进一步增强营销人员对消费者行为和价值感知的了解。但 B2B 流程则更为复杂了：谈判桌上可能会出现更多的声音，销售周期会更长，终端用户购买体验的跟踪也很难实现。

在越加互联互通的时代，技术决策的制定不再是简单化的。兼容性、相互可操作性、产品或应用程序的实用性、社会网络等都是导致购买行为产生的因素。决策相关者可能扮演着各种各样的角色——同辈、家庭成员、产品评论者、博主等。在 B2B 和 B2C 的技术产品和服务中，品牌个性需要借助强化的诱惑力来吸引买家，而不影响决策者、影响者本身原有的生态系统。这种诱惑力是非常强烈的——因为从营销和操作的角度看，其实是比较容易的。但这不能成为一项长期性的策略。因为品牌个性会被快速地复制，竞争力的有效期是非常有限的。（还记得 Nextel 的"一键通"功能吗？这是一个很简单的应用程序，虽然在初期实现了与目标顾客的强大共鸣，但不久后就消失了。）这种单一的产品很快会被多功能产品取代，我们可以回想一下早期那些单一的摄像机或 GPS 设备。

购买者的决策是经过深思熟虑的，这就要求品牌能够经得起多层次、多方位的考察。这也意味着，创建技术品牌比口号或标语本身更为复杂。品牌需要有高度的吸引力，需要经得起深层次的评估。通常，这意味着品牌要细致入微地映射在不同的受众身上：用户、决策者、合作伙伴等。此外，技术品牌必须通过不同层次的问题，从表面（质量可靠吗？）到深层（操作性如何？）来应对不同需求。再次回到思科的案例上来，产品规格和详细的性能指标是普通人难以理解的科技术语，但这些却构成了用户信息的重要组成部分。同样道理，信息技术的决策者们也可能会在电视上看到思科的电视概念广告，以此实现广告的最初目标：将全球各地小学生连接成一个整体，找到他们。这就是技术的根本所在。然而，仅有概念本身还不能与信息技术伙伴共同发展，因为还需要有产品作为支撑。如果无法提供能给企业带来巨大收益的技术，那么信息技术就可能永远无法进入企业领导者的关注范围，这就是信息的特色所在。当然，信息还不是品牌，必须将其根植到品牌中去，并选择在适当的时间，在购买过程中，将信息传递给合适的顾客。

了解自己在品牌发展路径中的位置

由于大多数技术产品和技术公司的快速演变，随着技术买家的动态多样性以及购买决策复杂性的进一步加剧，所有成功的公司都需要沿着一定的路径范围前进：从一个初创者直到后来的领先者。尽管技术上可能瞬息万变，但当技术公司或产品恰好在合适的路径位置上时，就能对品牌发展产生深刻的影响。

最近，我们与领先的支付技术提供商合作开展了一项全球品牌推广计划。多年来，该公司在支付领域一直处于主导地位，它们的产品每年在支付交易中涉及数万亿美元的流动。该公司正好位于品牌光谱（brand spectrum）的左侧，如图14.1所示。这是一个相对于较新市场而言的显著领导者。在品牌光谱这一侧的公司倾向于围绕特征和功能进行品牌化，原因很明显：作为一个新市场的早期行动者，它们通常拥有市场需要但又没有其他人可以提供的突破性功能。

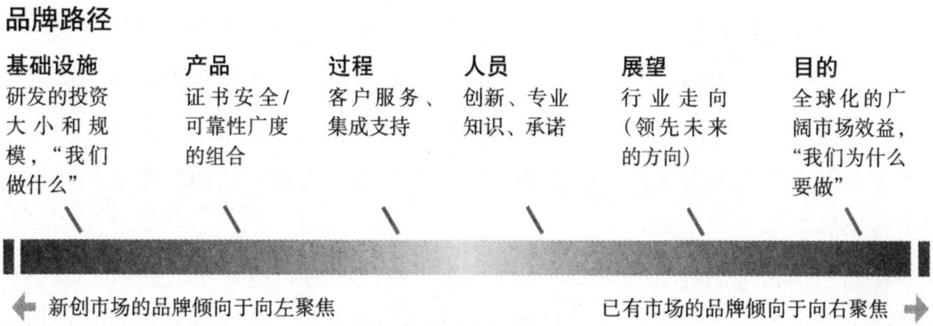

品牌路径

基础设施	产品	过程	人员	展望	目的
研发的投资大小和规模，"我们做什么"	证书安全/可靠性广度的组合	客户服务、集成支持	创新、专业知识、承诺	行业走向（领先未来的方向）	全球化的广阔市场效益，"我们为什么要做"

◀ 新创市场的品牌倾向于向左聚焦　　　　　　已有市场的品牌倾向于向右聚焦 ▶

图14.1　品牌路径

资料来源：@2014 DeSantis Breindel.

但随着市场的成熟（技术市场的成熟速度比香蕉变熟还要快），更多的竞争者进入了这一市场。所以只是围绕特征和功能的品牌化就不再变得那么有效。随着产品的升级，很快就会被竞争对手追上甚至是超越。实践证明，围绕特征和功能的品牌化是一个失败者的游戏。当然这不是说产品和功能不重要了。但是，正如这个市场领导者所看到的，"我的产品优于你的"不是一个品牌可持续发展的秘诀。

即便有新的竞争对手出现，即便有潜在破坏者（包括 eBay 和谷歌）做出挑战，作为一个在产品功能领域徘徊，但依然成熟的市场领先者来说，它是能够存活下来的。其关键在于品牌需要重新关注到支撑产品的品质特征上来，而非产品本身。在品牌光谱上，这就意味着要朝更加准确的方向前进，这就和公司员工的品质和首要目标有关。

基于公司人力资源的技术品牌就会更专注于产品品质的提升，不只是产品本身，这也包括需在何时、何地创造出高品质的产品。在 B2B 领域，一些公司会通过案例研究的方式使品牌更适应相应的人力资源和服务对象。SAP（一家全球性的企业应用软件和解决方案提供商）和施乐（Xerox）在构建各自的品牌方面做得非常好，这可以体现在它们销售的产品和服务上，因为这是基于对客户提供服务的关注上。例如施乐，它主张"准备好从事真正的业务"；并与杜卡迪（Ducati）和米其林（Michelin）推出了一系列让人们难忘的案例研究广告计划；它一直强调自身的外包能力，从而帮助顾客理解公司更专注于自己核心优势的决心。

再回到这家支付技术公司。通过研究公司顾客、愿景和内部人力资源发现，虽然通常它的产品能够获得比较高的评价，但它并没有真正做到与竞争对手保持绝对的差异化。真正脱颖而出的应该是公司人力资源方面享有的声誉，特别是负责大规模设计的工程师、产品专家和客户关系专员等。公司必须对此作出相应的变革：在面对业务挑战时，需要对该品牌的人力资源进行重塑。在其专注的技术品类里，创造真正差异化机会的基础在于品牌的人力资源，故而以有效的沟通对购买技术的决策者产生影响。

在离右边最远的光谱位置是"目的"。当然，顾客利益并不只是这一点，而是品牌光谱上的每一个位置点。"目的"是指公司存在的理由……当然，也可以有更高的目的，如果你愿意的话。一般在成熟市场里"围绕目的的品牌化"会做得

更好，并在部分产品周期中保持领先；这个目的折射着品牌的自信心，而不仅是
利他主义。IBM 当然属于这一类。虽然公司经历了一些广为人知的窘境，但它成
功地从纯硬件制造商转型为强大的硬件和服务提供商。从而使这个"蓝色巨人"
比以往任何时候都更强大，它的品牌也反映了这个独到的价值，那就是"智慧地
球"。这就是这一品牌在光谱右端所找到的位置……再远的话，就要等到有人来
将范围扩大到宇宙或星系了。无论怎样，这都是有效的。确定好的这个位置，顺
利地将 IBM 所做的一切和一个令人惊叹，又极具差异化的价值主张连接了起来，
并将 IBM 提升到了一个新的高度：我们正在使世界变得更智能。当然，IBM 之
外的其他品牌也可以讲述"智慧地球"的概念；但 IBM 有着更悠久的历史传统
和深厚的技术声誉，它们的专业知识更加具备说服力，而不会受到大众的质疑。
它们所展现的洞察力更多的是受到了技术的驱动，因此，在它们讲"使公共交通
系统更有效地运行"或"促进发电厂负载平衡"的故事时，你就会更加相信。
IBM 有这样的资格去讲述宏伟的全球性品牌故事，它们可以通过创造实用价值，
将技术品牌应用到任何重大的挑战中去。

谷歌是一个有效连接"特征"和"目的"的技术品牌案例。公司的使命很明
确："组织世界的信息，使其遍及世界，并为世人所用。"这就是通往其品牌核心
的清晰路线。与此同时，谷歌又给人一种轻松愉悦的体验。想想谷歌对品牌 Logo
的精心设计，有多少公司有这样的心思去做。幽默和自信是谷歌品牌的重要组成
部分，也成为其经典的"性格"特征。

思科的品牌演变展现了一家技术公司如何沿着清晰的路线而迅速发展的。20
年前，思科品牌开始围绕"为互联网新生代赋能"而展开，这是一个非常大胆的
想法，但同时也相当具体：公司的产品要成为新兴互联网时代的核心驱动力。时
代是互联互通的，今天大家已经更加相信这一论断了，用"互联网"代替"网
络"更能表达出广阔的战略意图。反过来，这也意味着，事物将被围绕"人类网
络"的品牌所取代，这体现了人类的巨大潜能，以及人性化网络产品的巨大复杂
性。2012 年，思科又做出了这样的决定，要让自己成为世界最大的计算机网络
设备制造商。它希望成为全球信息生态系统中的一名探索者，进一步沿着品牌设
定的范围向品牌"目的"迈进。思科这样表达它的新品牌愿景——"明天从现在
开始"。随着公司核心产品在路由器市场的继续成熟和发展，这个全球领导者的
品牌（和业务战略）也在不断发展。

对技术公司而言，这个品牌光谱还是很有帮助的。因为随着市场的不断创新，它们的利益也会不断受到影响。它们所能做的，就是更好地去理解顾客，并且避免被追随者快速模仿。所以关键点就在于如何找到品牌光谱上的有关位置，并以此为基点，向前迈进。

品牌自信

像所有品牌一样，技术品牌需要传递一个极具差异性的价值主张，以此来凸显自身的优势，并吸引顾客的注意。当然，技术品牌也要为此做出一定的努力：要有可靠的沟通、相互融合，以及有效的互动。

我们不妨这么想：你买花生酱的时候，其实你并不担心需要什么牌子的面包或果酱跟它搭配。同样，无论是 B2C 还是 B2B，大多数产品都是这样的。但在技术领域，由于技术已经融入我们的工作和生活中来，我们就不会这么想当然地认为了。对消费者而言，这可能会变成一件麻烦事，因为他们需要更多地从技术角度来考虑，最后做出决定。在 B2B 领域里，其复杂程度还会更高。技术品牌做出的承诺同样需要更为谨慎、长远的考虑，包括其将如何与顾客和其他体系兼容？产品与顾客的关系管理系统和财务软件系统是否可以对接？是否能够支撑顾客相关供应链伙伴的软件升级呢？在整个生命周期里，随着产品的升级换代，能否持续得到顾客的支持？这些问题已经远远超出了对品牌的原始理解，但却是B2B 领域顾客思考的采购标准。因此，这在品牌与市场的沟通上起到了重要的作用。

基本道理在于：在 B2B 和 B2C 中，兼容性和相互可操作性会共同体现在联合品牌的传播上，我们通常可以看到一系列的品牌标识同时出现在显示屏或产品上。联合品牌标识在一起会显得更加丰富，这也增加了使用过程中互动兼容并蓄的难度和复杂度。苹果公司多年来一直致力于通过建立和支持封闭的产品生态系统来简化这种难度。对于用户，他们的需求仅仅是为了看到苹果的标志。虽然随着苹果的发展，其产品线也扩展到了计算机、平板电脑和手机领域，其操作系统也不再像以前那么简单了。但苹果依然为消费者提供不断的惊喜，比如苹果店支持的概念型的"天才吧"。很多大型技术公司都不太愿意让用户直接联系到他们，但苹果公司却能使用户随意进入商店，找出故障、解决问题，并提出合适的建议。随着品牌体验时代的到来，这才是主要的战场。

复杂问题简单化

技术是非常复杂的，但品牌却不能太复杂。简化一直都是技术品牌的关键成功因素。比如苹果，无论是产品、广告还是服务方面。想想谷歌的首页，即便谷歌今天的功能已经远远不止于搜索，但搜索依然位于核心位置，其网站页面也能简单直观地反映出这一点。当然，将技术品牌绝对简单化也未必是最佳的选择。有时候，适当的技术行话对于创造差异化或建立信任也是有一定帮助的。领先的移动服务提供商都在高调地宣称"高速 4G 网络"所带来的变化。事实上，很少有顾客懂得第四代"4G"的真正含义，更不用说第四代比第三代快多少了。但这并不影响把作为手机智能大脑的"4G"植入到手机里面。

对于技术品牌而言，关键是把复杂技术变得让顾客更容易理解。英特尔长期使用的"内置英特尔"就是一个简单有效的品牌理念，它把复杂的处理过程表达得非常简单。之前描述的技术节能公司也有一个品牌，它也使技术和数据驱动的过程看起来很简单。这种简单化使得公司的顾客很有信心去实现自己想做的事情，而不是过多地向公司寻求帮助。适度地采用技术行话，同时又把行话的复杂性转化为简单的解决方案，有助于顾客理解和创造市场价值。在技术上，简单和复杂仅仅是一念之差，但却又千差万别。

一般情况下，几乎所有的技术品牌都需要做简化处理和相应的说明。很少有品牌，包括苹果和谷歌在内，可以做到面面俱到，从品牌的角度，其更多的是提升了复杂程度。对于给定的产品或公司，平衡好简单与复杂的关系，对成功打造一个技术品牌至关重要。

技术的飞速变化，顾客的动态需求，以及各种复杂性，也要求品牌能有独特的发展路径。在技术之外，品牌可以持续数十年——就像我们以前提到过的"飞向友好的天空"和"通过雪佛兰，就能读懂美国文化"一样，品牌是可以不断延续的。但是很少有技术品牌可以承受得了外部不断的变化，而这种变化能够对顾客、利益相关者、渠道，甚至产品和服务本身产生剧烈的影响。在变化当中，成为领先型技术和数字媒体品牌的当属苹果，以及作为主流电脑制造商的"蓝色巨人"。今天，它们都发展成为了众所周知、全球领先的技术服务公司。它们的共同点就是都有一个核心故事自始至终贯穿着商业模式的巨大演变。技术是手段而非目的。对于苹果而言，目标的简化和技术在于服务于人的理想，这也使其有了更为广阔的应用市场。IBM 也因为智能领域专业技能的厚积薄发，才有了推动"智慧地球"的发展路径。

一个伟大的品牌需要奠定在核心理念的基础之上。这个核心理念的重要性甚至超过产品体验本身，品牌需要以此来定义对顾客、品牌文化及方法的理解。对技术公司而言，这也不例外。当然，或许技术公司未来会成长为媒体公司、专业服务公司，因此技术公司必须真正理解品牌的内涵及其差异所在，并确保可以凭借这种信念去发展自己的产品，与顾客一起共同创造未来。

作者简介

霍华德·布赖因德尔（DeSantis Breindel 的联席首席执行官）凭借其在营销和技术应用上的专业知识，在建筑行业取得了持续的骄人业绩。他的营销职业生涯开始于精信环球集团旗下的一家创新型计算机图形公司，他是联合创始人。霍华德带领公司在财富 500 强公司中取得了快速的增长，并将其打造成为国际公认的公司决策层和投资商中的领导者。后来，霍华德带领公司率先为许多大型全球金融服务、医疗保健和媒体公司开发交互式多媒体和互联网通信，并将该公司发展成为灰色全球集团最为盈利的子公司之一。霍华德还是 Director Desk 的联合创始人之一，搭建了公司董事会的一个具有革命性的数字通信平台，由纳斯达克在 2007 年购买。今天，作为 DeSantis Breindel 的合伙人和联合创始人，霍华德领导着金融服务、技术、专业服务、生命科学、房地产和能源等公司的品牌和营销战略。他曾与惠尔丰（VeriFone）、互动数据（Interactive Data）、霍尼韦尔（Honeywell）、德意志银行（Deutsche Bank）、CIT 股份、古根海姆（Guggenheim）和辉瑞制药（Pfizer）等客户合作。

乔纳森·佩斯纳（Jonathan Paisner，DeSantis Breindel 董事总经理）领导 DeSantis Breindel 的品牌战略实践，与各行业的公司合作，利用品牌的力量来驱动业务增长。在整个职业生涯中，乔纳森曾帮助思科系统（Cisco Systems）、AT&T、惠尔丰（VeriFone）、Adobe、好事达（Allstate）、泰克（Tektronix）和 The Arc 等客户解决众多战略品牌挑战，包括定位、信息传递、命名、品牌架构、联合品牌和内部沟通。在哥伦比亚商学院获得工商管理硕士学位后，乔纳森创建并经营 A&E 电视网络的许可部门，管理几十个品牌合作伙伴的发展，将 A&E 系列品牌扩展到更为广泛的媒体产品和服务。

塞思·马戈利斯（Seth Margolis，DeSantis Breindel 战略总监）在品牌战略和营销传播方面有超过 20 年的管理经验。在获得纽约大学斯特恩商学院工商管理硕士学位后，塞思在 McGraw-Hill 担任广告总监，并在毕马威担任市场总监。在 DeSantis Breindel，塞思拥有丰富的经验，参与组织合作、提炼和宣传公司的品牌定位。塞思以调研为基础，与各种金融服务机构、专业服务机构、非营利组织、医疗保健和技术组织进行合作，阐明它们的关键信息，并取得战略成效。客户包括惠尔丰（VeriFone）、互动数据（Interactive Data）、Symyx、罗技（Logitech）、美国银行家协会、辉瑞（Pfizer）、CIT 股份和德意志银行（Deutsche Bank）。

15　足球品牌

◎ 苏·布里奇沃特（Sue Bridgewater）

足球俱乐部就是品牌。

这一观点表达出来，可能会令一些球迷不解，所以本章就从对这一点的阐明开始，说说为什么足球俱乐部就是品牌。

通常体育运动象征着体育迷的一种更高的追求：成就、胜利、投入、卓越和耐力等。在一周紧张的工作之后，利用闲暇之余参加一些体育运动。当然，这种形式更多的是娱乐和消遣，而非对现实的逃避。我们中的许多人都曾经参加过体育运动，甚至是某一项体育运动的迷恋者。也许喜爱的程度不同，但是我们基本上都可以参与进去，而不仅是看看或嘴上说说。球迷们可以想象一下：自己踢进了某个决胜球，或所有的球都是自己踢进的。光是想想，我想都能感受到那种兴奋感吧。球迷们会非常享受这一过程，全力以赴地去踢进每一个球，享受这片让他们激动万分的比赛场地。体育俱乐部的球迷或是球星常常对某项体育运动充满极度的热情；在球队胜利或者有希望胜利时，他们会凝聚在一起，振作彼此的士气；在球队战败或者绝望时，仍然能够相互拥抱、彼此支持。

这种强烈的代入感和参与感使体育不仅是一项娱乐活动，而变成了一项业务。体育还可以提供其他娱乐形式所不能提供的东西；我们无法预知在两个对手的比赛过程中会发生什么，即便他们在赛季之初时就曾相遇过；我们也难以从两者经费投入的角度来判断哪一方会更强。体育就像是一场"没有剧本的戏剧"，而且具有经济学家所说的"不确定性产出"的特性（Kuper and Szymanski, 2012），所有这些都为体育本身的价值增色不少，同时又一次次地吸引我们的眼球，把我们带入其中。

这场没有草稿的戏剧，或者换句话说"不确定性产出"，在商业上就已有所表现。所以体育赞助已经成为了商业活动的主要领域（Bridgewater，2014）；这些活动成为连接体育明星和俱乐部的重要纽带，这使双方都充满了足够的吸引力。同时，体育转播行业的市场也在随之增长，以体育赛事的转播为平台，体育运动获得了更多与市场沟通的机会。美国橄榄球"超级碗"总决赛中的广告植入，已经成为世界上受众最多、最昂贵的广告。

在足球领域，1992 年英格兰超级联赛创立，天空体育（Sky Sports）开始对英格兰体育进行直播报道。在此之前，贝卢斯科尼就曾在意大利让俱乐部与当地足球电视转播建立起了一定的联系，使足球也走上了更迅速的商业化之路。通过在不同国家吸引那些极具天赋的球员，不仅是为了组成一支可以夺冠的队伍，更是为了使之融合成为对不同目标市场都有吸引力的球队，比如中国、韩国或者美国就是这类目标市场。在足球领域中，球队已经从业余的足球俱乐部转向更为专业的商业领域。"商业足球"变成了大家广为接受的一个词汇，其顾客就是那些花钱去现场观看比赛或者通过转播媒介观看比赛的球迷。在足球领域，随着 BT 体育的加入，2013~2014 赛季英超联赛的转播费就已经大幅上涨到了 10 亿英镑，在 2013 年 11 月 9 日宣布的交易中，欧冠联赛的实况转播权已经高达 9 亿英镑（*The Guardian*，2013）。

足球已经被球迷当成了"最美丽的比赛"，毋庸置疑的是，它也是一种针对多元化市场、具有强大吸引力的一项运动，其细分市场已经扩大到了中国和印度这类人口规模、国土面积超大的市场，其业务范围也延伸到了非洲。而且最近足球在中东的增长势头强劲，因为卡塔尔获得了 2022 年世界杯的举办权，并且一些中东的投资者也积极参与了一些大型足球俱乐部的投资。

组成这些国家主要联赛的俱乐部们在体育比赛上有自己的目标，因为这是基于专业性来设定的；但同时它们也具有商业性，它们需要参与到市场活动中来，了解并设计活动的相应价格，同时为球迷提供营销方面的系统服务。球迷对俱乐部也拥有极高的忠诚度（Tapp，2004；Tapp and Clowers，2002；Bridgewater，2010；Mahony et al.，2000；Mahony et al.，2002；Madrigal，1995）。

不同的俱乐部会有不同的身份特征，它们用徽标或者装饰来搭配不同的颜色、球衣，甚至体育场。这些俱乐部符合成为一个品牌的所有特征（Aaker，1996；Keller，2001），无论是从品牌理念，还是到不同程度的顾客感知价值、忠诚度。它们是品牌，它们是能够吸引赞助商、消费者，并进行联合合作的品牌。

切尔西和三星，曼城和阿提哈德，巴塞罗那和卡塔尔航空，拜仁慕尼黑和德国电信，世界各大知名品牌正在和足球开展着全球品牌联合。

当然，也有一些球迷不太喜欢将俱乐部视作一个品牌，他们认为这种行为让体育运动过于商业化了。对这些人来说，将一项运动视作一场生意，会影响体育本身作为一种英雄式挑战或竞赛的初衷。再者，体育迷会对他们支持和满意的球星和俱乐部展示出极度的忠诚和热情，这就不仅只是起到消费者的作用而已。因此，体育迷从消费角色本身来看，算是一名普通的消费者和顾客，但从与俱乐部和体育明星的关系上看，这又存在着本质上的不同。无论如何，俱乐部和体育明星的确是可以被当作品牌来看待的，而且这些品牌还有着独一无二的特点。这些特点将在接下来的章节里详细阐述。

足球品牌具有何种独特特征？

足球品牌：

同样具有一些其他品牌可能表现出来的脆弱性：产品性能不好的时候可能会表现得反复无常；在好的时候，它又会变得令人异常惊叹；此外，标识有可能也会经常变换，因为投资者要从当季队服中获利（队服会印上投资者的商标）；此外，感性力量甚至会超越理性。要取得一场胜利，充满希望比经验带来的力量还要巨大，詹森博士的这一观点可能会超越很多球迷的认知。

这就是用希望来驱动比赛。英雄希望被人崇拜，球迷们拥有那种强烈的地区/国家忠诚度，这些球队就像掌上明珠一样被万人喜爱，因为希望洗去多年的耻辱。自尊就像是一栋房子，因为热爱所以建立起了这个房子。或许我们并不擅长于踢球，但每周一场一个半小时的比赛，却可以成为让我们热血沸腾满怀期待的品牌（Beverland, 2010）。

贝弗兰德的引用体现了当下英式足球的文化背景。足球被视为一种拥有全球吸引力的运动，其根源可以追溯到公元前 3 世纪，这项运动的祖先是在中国，那个时候的中国人用文字把这项运动记录了下来；与此同时，在当今的日本、阿根廷、英国也有大量从事、参与这项运动的人。足球品牌的一个特点就是它具有全球吸引力，尽管其主体品牌规模不大，比如曼联这类全球化品牌，它只是一个拥有 200~500 名员工的组织。

这一部分将专门针对一系列足球品牌所独有的特性来展开描述，通过对它们的认识弄清楚一些问题，那就是"为什么足球品牌会被视为一个'具有终极梦想的品牌'"（Beverland，2010），"通过什么样的方式可以使我们更广泛地加强对品牌创建的认识，要学习那些产品不断变化又同时始终保持高度顾客忠诚度的品牌"（Maffesoli，1996）。

体育营销理论主张：足球俱乐部和其他体育俱乐部都应该被当作品牌（Tapp，2004；Mahony，Madrigal and Howard，2000；Wann and Branscombe，1993）。这一主张正是将关注点聚焦在了体育俱乐部的品牌属性上，这是有一定合理性的。

首先，人们对俱乐部和球员的高度认知意识。足球赛事能够全球转播，球迷对球队的极大热衷，都在于大量足球相关的内容被创造设计出来，以及最终像产品一样被消费掉。足球和体育新闻会有自己专门的频道向世界各地的球迷和媒体提供实况信息，人们希望通过卫星电台观看大量直播赛事，目前已经有很多知名的转播平台，比如天空电视、半岛电台、英国电信体育频道、娱乐与体育节目电视网。

其次，球迷和媒体对俱乐部、球员的强烈关注。这意味着足球俱乐部需要更加重视自身的品牌身份和形象。球员形象、球队价值观、吸纳何种球员以及赞助商的价值理念，都代表了足球俱乐部的品牌形象。球员和球队管理者的行为实际上是大家都可以看得到的，这些行为会受到他们各自所拥有的价值观的驱动，这种价值观是要与俱乐部价值观保持高度一致的。俱乐部会越来越关注它们的品牌到底想要表达什么、到底有哪些独特的价值观。比如，诺维奇城足球俱乐部就高度强调它在区域内所扮演的社交和社区角色。阿森纳俱乐部曾这么说道：

它们的品牌是历史、传统、成功的代名词。我们相信俱乐部存在的意义就在于，可以使地球上任何一个追随俱乐部的球迷都能感到自豪和骄傲。所有在俱乐部工作的人员都团结一致、不断向前、履行用"阿森纳的方式"让球迷引以为傲，这是俱乐部的宗旨。最后使阿森纳之所以成为自己的关键因素在于对他人的关注、每一个细节都做得相当完美，而这已经远远超出了人们的预期。（BrandFinance Football 50，2013）

最后，体育运动能赢得球迷的忠诚度，甚至是狂热的支持。体育市场营销领

264

域的论文越来越关注"球迷身份"或者球迷与球队之间的关系（Lascu et al., 1995；Sutton et al., 1997；Wann and Branscombe，1993；Wann and Dolan，2001），以及球迷对俱乐部和球星的忠诚度上（Tapp，2004；Bridgewater，2010）。

体育营销研究也探究了足球品牌的不同维度，以此挖掘是什么原因导致球迷愿意参与其中，揭示到底是什么因素激发了球迷极高的忠诚度。（Wann and Branscombe，1993；Madrigal，1995；Mahony，Madrigal and Howard，2000）。这些内容将在后面会提到。

足球品牌的品牌价值

当我们讨论品牌价值时，已经有很多报告用自己的方式对品牌价值进行了测量。例如，其中有一个报告叫作"Brand FinanceFootball 50（2013）"（BrandFinance 是一家品牌顾问公司），它通过"使用费减免"的方法来讨论足球品牌的财务价值。这个方法的关键点在于，把品牌视为商标和知识产权的合体，并且假定如果这个品牌不是这个球队的，这时，球队需要支付多少费用来使用这个品牌。该方法建立在对品牌吸引力、品牌历史传统、品牌成功记录、品牌信誉、出镜率、全球影响力、使用费率等综合指标的评估之上。

关注品牌价值的财务指标也会应用到一些足球俱乐部对品牌价值的衡量中。比如，托特纳姆热刺提到的：

品牌价值的有形指标，比如商业回报的增长率、商品销售和授权情况、球迷基础的开发、全球电视观众数量、关键地区球迷基础的规模评估、通过全球渠道吸引球迷的数量，以及交易支持者范围的大小和增长程度（BrandFinance Football 50，2013）。

事实上，品牌价值可以通过多种不同的方式来衡量。如果我们使用阿克（1996）的品牌价值维度，即意识、形象、感知质量、忠诚度，以此来测量的话，我们不仅可以看到足球品牌之间的相同点和不同点，还可以将足球品牌与其他品牌进行比较。

意 识

在足球领域，比赛日的上座率和收入对足球俱乐部来说十分重要。但是，俱乐部是否能够吸引球迷到现场去观看比赛，以及赛事实况转播和赛事集锦的制作，这些对于不同的联赛和在不同的国家都会有所不同。通常情况下，联赛水平越高，对转播商的吸引力就越大。最近英超联赛的转播权就已高达 30 亿英镑，并且，即便是在主要联赛中，转播方式的差异性也十分明显，比如德甲，它有自己的电视频道，然后向转播商出售播放内容；西甲的各支球队也有独立出售转播权的权利；英超则是作为一个整体来出售转播权的。

欧洲冠军联赛通过全球报道使许多欧洲俱乐部拥有了世界各地的粉丝。此外，为了建立品牌意识，对球队进行鼓励支持，特别是那些拥有庞大观众基础的俱乐部（比如英格兰足球超级联赛或西甲联赛），他们会在休赛期去不同的城市进行巡回比赛。曼联俱乐部就曾在亚太地区以及南非地区巡回比赛过。这些在固定容量体育场里举办的巡回赛可能让当地粉丝亲眼目睹他们心目中的英雄，也可能是看他们踢球的唯一机会。比如老特拉福德球场，这是曼联的体育场，尽管俱乐部在全球拥有 6.5 亿球迷，但这个球场只能容纳 8 万名观众。一些俱乐部选择巡回比赛，一些联赛选择将自己的比赛搬到国外进行。比如 2013 年的夏天，意大利联赛的 AC 米兰和国际米兰在美国进行了一场国际冠军杯的比赛。托特纳姆认为他们的焦点不是国内，而是美国和亚洲。阿森纳说，作为一个拥有全球粉丝的俱乐部，其目前主要的增长点是在非洲和亚洲。

身　份

足球品牌标识

足球俱乐部通常会使用一个国际化的标识，将这一徽标印在队服上。事实上，它会与很多商标混在一起，比如麦当劳的金色拱门、耐克商标等，但曼联的徽标仍然能够一眼就分辨出来，即便俱乐部名字都被遮住了。

足球俱乐部的标志通常包含着很多含义。以我自己所在的桑德兰俱乐部为例，徽标上就印着一条船，这体现了这座城市的造船传统。1997年，桑德兰停止了造船业务，同时搬迁到了新的体育场，并建在一座煤矿的旧址上；俱乐部因而也采用了新的队徽，纳入了新的地标，比如威尔茅斯桥和Penshaw Monument纪念碑，徽标上还有一个煤矿轮，用来体现当地采矿的传统。俱乐部解释道：这个新的队徽设计，有来自不同地区的俱乐部粉丝的贡献，他们提供了所在城市不同地区的照片。

国际品牌集团（Interbrand，全球最大的综合性品牌咨询公司）曾与俄罗斯足球联赛喀山红宝石俱乐部合作，来实现品牌的地方认同：

在过去的十年中，喀山红宝石俱乐部是欧洲成长最快的一支足球俱乐部。喀山红宝石俱乐部的新标识源自于俱乐部对成功庆祝的渴望，做好未来成长的准备，并强调其最契合喀山形象的大使角色：这是一个有不同文化和宗教信仰的团体，而且已经和谐共存了很多个世纪。

这一俱乐部的信条来源于所在城市的特殊特质，它代表着一种持续的变化和各种多元化因素的融合。

设计出来的全新商标能够充分体现出这一理念。在俱乐部的名字中额外加入了"红宝石"这三个字，我们知道这是世界上最坚硬的一种宝石。它能唤起俱乐部不断致力于实现新目标的承诺。为了与俱乐部的理念保持一致，数字化的商标也反映了永恒不变的状态。作为一个神秘生物，吉兰特（Zilant）同时也是城市的象征，它在商标中占据主导地位，也决定了商标整体的外形（www.interbrand.

com/Libraries/Press_Release/Rubin_Kazan_Press_Release_final.sflb.ashx)。

同样地，在过去的几年里，其他许多足球俱乐部也试图改变原有的队徽或者标志。富勒姆队解释了它们队徽的演变过程。从 1947 年开始，俱乐部最早的徽章是以克拉文农场球场黑白相间条纹为标识的，随后改为复古式样的富勒姆徽章。根据 2001 年的一项调查，只有 14% 的俱乐部球迷认识这个标识（www.foot-ballcrests.com/clubs/fulham-fc）。鉴于足球商标不断增长的商业价值，俱乐部也总是寻找专业的营销团队和知名的商标设计专家来帮助它们重新设计布局，规划品牌的发展。

然而，球迷会极力维护俱乐部原有的传统，他们会对球队更换徽标表现出抵制的情绪，因为这不仅是一个标识而已，它与俱乐部某一特定的历史相关联。此外，足球徽章通常还会继承体现俱乐部所在的地理信息，这已经成为俱乐部品牌的基本组成部分。一般说来，传统因素或地理位置都会反映在俱乐部的队徽里，这可能对球迷有着重要的意义。那么这里的挑战就是：当视角升级或在数字化时代需要对标识进行简化时，还是需要考虑到为球迷保持传统性和原有独特的身份。

以下是英国考文垂足球俱乐部的事例。2005 年，考文垂足球俱乐部打完英国可口可乐冠军联赛后，提出要更换一个新的标识，从而表明球队已经从海菲尔德球场搬到了新的理光球场，但是球迷对这一改变并不赞同。这件事事后被载入到了球队的发展史中，球迷对新标识的不满最终使得球队放弃了这个改变。俱乐部也明确作出"放弃这次改变"的表态，从而来打消球迷们的顾虑，并用回了原来的俱乐部标志。

从这一事件可以看出，足球俱乐部的标识即便有不同的起源和风格特征，但仍然存在着一些共同的特点：

- 俱乐部标识通常建立在俱乐部最辉煌的时期。
- 在最近几十年里，部分标识已经重新设计并做了简化。
- 许多俱乐部标识跟俱乐部的起源已经无关。
- 区位色彩较为明显。
- 颜色非常重要，球队特点强烈地反映在队服的颜色上；颜色还与地区有关或者包含其他特殊的意义。
- 当地的建筑或地标经常反映在俱乐部标识上，这种标识会显示出当地以及整个区域的价值观特色。

球迷的力量跟俱乐部的标识是有非常紧密的关系的，这一标识的其他方面可以通过球迷与俱乐部间的这种紧密关系来进行解释。在 2001 年的一项调查中，布里奇沃特将"历史和象征性"确定为足球品牌的一种价值所在。球迷以球队的历史、传统、队标的渊源和其他因素作为影响他们是否选择这一俱乐部的主要原因，并以此为荣。

品质感知

德勤会计师事务所（2013）的调查显示：俱乐部阵容的工作质量与俱乐部比赛表现之间有着很强的相关性。在理论界，经济学实证研究表明：球迷对成功的球队会更加忠诚（Baade and Tiehen，1990；Domazlicky and Kerr，1990）。这种现象可以通过高平均上座率和上座率较小的波动来测量，由于成功的球队通常是处于满负荷运作的状态，同时很多人会选择排队购买整个赛季的季票，所以后一种方法很少用在成功的球队之上。

品质认知并不是俱乐部与球迷之间关系维持的唯一方式。许多俱乐部即便只有很小机会或根本没有机会来赢得奖杯和荣誉，但仍然会有很多忠实的粉丝。以我自己的队伍为例，桑德兰从 1973 年开始就没有赢过奖杯甚至曾经险些被赶出第一联赛，但是球队和球队当地的对手纽卡斯尔联队依然吸引着很多粉丝前来观看比赛。为什么球迷依然会支持品质感知程度不高的队伍？这一点将在下面关于品牌忠诚度的部分中进行讨论。

在讨论忠诚度之前，先来看一下品质感知的其他方面，而且是值得一提的，这些可能明显区别于一般的品牌问题。

首先，球队的比赛表现在两个赛季上，甚至是同一赛季期间，都会存在差异。一个足球队可能在一个赛季表现得非常好，还赢得了奖杯，精彩表现也层出不穷；但在有时候，球队可能会表现得非常糟糕，这就需要面临一个这样的难题：怎样在困难时期留住粉丝？当然，如果这一球队品牌持续表现出低迷的状态，球迷就很可能去喜欢、支持另一支球队了（Aaker，Fournier and Brasel，2004）。

其次，实际品质是用比赛的名次或者是否拿到奖杯、拿到什么样的奖杯来衡量的，但这有可能会被狂热型的球迷粉丝所曲解。早前的研究（Bridgewater，2010）发现：尽管曼联在1999~2000赛季上赢得了超级联赛，但球迷依然认为他们表现糟糕，这是因为球迷们总是将球队在每一赛季的表现与1998~1999赛季所达到的高度进行比较。在那个赛季上，他们同时赢得了三冠王足球杯、超级联赛和冠军杯。所以球队品牌的表现与粉丝有很大的关系，而且与粉丝的认知息息相关。

忠诚：赢得人心的战争

成功的商标能够激发球迷的"忠诚度"，这些忠诚是建立在顾客的情感以及顾客对品牌的价值感知上的。Ries和Trout（2001）强调品牌需要占领顾客的心智。

球迷们想什么事情通常会带有强烈的情绪特性。凯文·罗伯茨（1997年起担任盛世长城国际广告公司的CEO）提出了"挚爱品牌"（Lovermarks）的全新理念，并被描述成足球品牌能够赢得顾客市场的有效方法。他与Sheehan（2013）合作时也积极讨论如何借助情绪联系来赢得市场。

挚爱品牌会进入你的心脏和大脑，会让你产生亲密的感觉，一旦失去情感的联系，你就可能无法生存。

尽管在某些方面，足球品牌听起来像是最终端的挚爱品牌，但在很多方面，足球品牌又跟挚爱品牌大不相同，下面就是挚爱品牌做出的界定：

挚爱品牌并不是超越品牌本身的一种未来事物。它们会给你提供超过期望值的表现。

这就属于高度情感化的品牌，粉丝喜爱它们的程度有可能会超出理智的范畴，除非它们经常表现糟糕或者波动很大。

所以忠诚度是如何在足球品牌商发挥作用的呢？当球队表现不好时，你是如何依然保持高度兴趣和关心的呢？

其中一种解释是：要深刻理解为什么忠诚对球队如此重要，就要首先理解为什么人们会支持他们选择的球队。

在 2009 年对"支持起源"所做的调研中，英格兰足总杯发起者埃翁指出了其中的原因，并阐明了为什么粉丝会开始支持某些特殊的球队。这其中的一个原因是：因为自己的家庭和该俱乐部存在着某种联系，比如他的父亲、母亲、祖父母或者家庭的其他成员原本就是这一俱乐部的支持者，这可能在选择支持哪支球队时发挥积极的影响作用。

为什么球迷决定支持一支特殊球队的原因还包括朋友或同辈的影响，或是一场非常值得回忆的比赛。我是第一代桑德兰球迷的一员，我不仅受当地和家庭方面的影响才喜欢这个俱乐部，主要的原因是因为桑德兰在 1973 年赢得了足球杯的胜利。当然，支持的动机还包括某个球星或某个教练，他们会吸引球迷的关注度，进而引发球迷对整个球队的关注。

因此，情感与足球品牌的联系就像家庭、地位、出生地、家庭遗产跟我们的联系一样。这些因素对个人是非常重要的。因此，识别一个足球品牌比一场比赛要重要得多。

此外，Mahony、Madrigal 和 Howard（2002）在研究足球联赛时，基于 Wann（1995）的体育爱好者动机量表，也提出了形成足球品牌的七个重要条件：

● **剧情感受**。观众对足球比赛之所以更感兴趣，不是因为某个特殊的队伍，而是想去近距离感受现场的比赛氛围。

● **替代成就感**。粉丝通常会不由自主地认为自己也在成功的比赛中扮演着角色：我们甚至远远超过了他们，我们有可能是关键的第 12 位球员。并且据此他们会做出判断：当某位球员表现不好时，可能就很想与其保持距离。比如昨天晚上他们表现得很差，这时我们会认为俱乐部高管选择这支球队是错误的，教练可能低着头、插着口袋沉默了。有充分的证据表明，球迷对于球队胜利感知就像自己胜利了一样，在球队赢球时其自我感觉会非常良好。Cialdini 等（1976）将这种现象视为对替代荣誉的满足感。在体育节目中、网站或者社交媒体上，对于闻名遐迩的胜利、传奇球星及伟大体育时刻的提及，都会增强球迷与俱乐部之间的联系。

● **美好时刻**。前锋吊射守门员的倒钩球或英勇地用点球拯救了球队，这种时刻会被不断重放并铭记在球迷的心里。球迷们会深刻记住这一精彩的瞬间，同时也会从媒体和广播上看到大量对于这些瞬间的各种评论。俱乐部电视频道的出现，加上诸如 YouTube、脸书和推特等平台的编辑和分享能力，意味着球迷可以经常捕获和分享这些时刻，从而丰富自己的生活。

- **团队依附**。这是足球俱乐部与其他类型组织都涉及的品牌忠诚度的一个方面。作为一种组织忠诚的表现方式，球迷会对俱乐部、球队成员、教练和相关管理人员产生一种依恋。足球俱乐部可以辨识出哪些是它们的粉丝。最简单的方式就是通过出席率来看，铁杆球迷可能会观看每一场比赛，并对俱乐部有强烈的认同感，新的球迷可能只是偶尔支持一下。通过这种方法就可以从分类价值中获益，而这种分类价值对不同球迷会有着不同的含义。所以对于那些年轻球迷，需要更加强调社会因素的影响，比如和朋友一起观看比赛等，对球队有着强烈情感依附的球迷来说，则可以被界定为铁杆粉丝。

- **球员感召**。一些球迷被吸引去支持一个球队，往往是因为在球队比赛中有一个特殊球员；当某一特殊的国际球员加入到俱乐部中时，球迷和媒体对这一国家的兴趣会陡然增加，这更能说明他的吸引力了，比如此前日本队员稻本润一加入阿森纳时，南韩的朴智星加入曼联的时候。不同的俱乐部会针对这些特殊的球员采取不同的策略，以此创建起自己的品牌。因此，尤文图斯这么说他们的球员：他们来之前可能只有一个尤文，他们来之后将会有更多的尤文。当然，俱乐部的整体价值比起任何一位球员，都是显得更重要的（BrandFinance Football 50，2013）。相比特殊球员，应该更强调俱乐部品牌。俱乐部可以通过关注与特定球员的对话来构建球员形象和身份特征，从而强化足球品牌。因此，阿森纳这样来形容他们的球员：球员无疑是俱乐部的主要资产，我们会努力确保他们在球场内外的品质和价值观。数字社交媒体的增长使现在许多球员可以与他们的支持者进行直接的互动。这对俱乐部也提出了挑战，俱乐部可以通过一系列系统化的媒体培训让球员有更明确的参考，同时利用他们的个人魅力和良好形象来增强俱乐部的自主性（BrandFinance Football 50，2013）。

- **体育爱好**。作为一名中立的支持者，即便是其他俱乐部或其他运动项目的粉丝，都可能喜欢看一场精彩的比赛。这就与俱乐部没什么特殊联系了，参加一场有趣的体育项目的经历可能会对粉丝的忠诚行为产生持久的影响。

- **公民荣誉**。许多球迷会去支持身边的球队，或是一个与他们祖籍或他们曾经居住过的地方相关的球队。托特纳姆热刺足球俱乐部阐明了市民舆论对于品牌建立的重要性（BrandFinance Football 50，2013）：在决定品牌价值观和得到更多支持者这些方面，球场之外的重要性也不可小觑，因为球场内外的活动是相辅相成的。比如，我们在慈善工作和履行企业社会责任上，通过托特纳姆热刺基金会，同时利用足球的魅力，吸引年轻人并引导他们不断地挑战和创造新的生活。这一基金会推出了大量得到球员和教练团支持的项目方案，他们几乎每周都会参与类似的活动。这为俱乐部赢得了"有责任、有爱心、重新活力"的美誉。全球培训计划同样将这种"托特纳姆风格"推广到了各个学校。他们所做的每一件事都是基于他们的核心准则的。

如何在困难时期让球迷保持忠诚度

经历高峰与低谷对足球品牌来说是一件非常正常、非常自然的事情。没有这些，粉丝的兴趣和关注也不会很大。能够逆境重生是吸引众多粉丝的重要因素，即使在球场上踢得不是那么完美。Cialdini 等（1976）认为有些人会趋炎附势，这也是球队表现不好时粉丝的一种行为。

对于其他类型的品牌而言，顾客面对拙劣表现会丧失其对这一品牌的忠诚度，但球迷对俱乐部的情感可能会远远超出我们的想象。拙劣的表现的确会对球迷造成伤害，他们不愿看到对方那些幸灾乐祸的球迷，甚至不愿去听任何关于这场比赛的媒体报道。对于 Cialdini 等（1976）提到的趋炎附势，球迷的活力和参与程度的确会随着球队的失利而下滑，这种情况在球队刚刚失利后最为明显。

在对 2001 年英超联赛所做的研究中，布里奇沃特发现球迷对足球俱乐部的忠诚度涉及五个因素，它们分别是：

- **组织价值**：稳健性、财务健康程度、俱乐部治理和社区的融入。
- **团队支持**：团队有多成功、其他俱乐部的球迷对此的感知程度如何。
- **社交关联**：和社会群体的匹配性，可能是与玩得来的朋友一起畅饮或去旅行。
- **自尊心**：个体对球队忠诚的行为对个体来说意味着什么。
- **历史和象征**：俱乐部的文化、历史、象征、故事和相应的传承性。

虽然所有这些要素在某种程度上都可以在英超俱乐部的球迷身上发现，但事实上很多方面都是存在着差异的。

首先，不同俱乐部的不同球迷在各因素的排序上会有高低，年轻的球迷更强调社交的需要和自尊心这两方面，而历史、象征、团队支持感等更多体现在季票持有者和年长的铁粉上。

其次，球迷对俱乐部成功的感知程度不同。不论球队表现超出还是不如预期，组织在球迷心中都会产生一种强化的效应。如果超出预期，球迷当然希望球队能够继续向更高水平前进；如果低于预期，事实上，球迷也会同样关心球队在未来是否会有更好的球员引入，并且是否会有更好的俱乐部来运营它。

最后，可以确定出三个不同的组。尽管上述五个因素都有所涉及，但不同群体之间或多或少存在价值观的差异。针对 2000~2001 年赛季，我们可以这么分析英超 12 支球队所分成的三个组。

- **第一组**（桑德兰、阿斯顿维拉、伊普斯维奇和纽卡斯尔联队）强调对俱乐部情感依附和自尊心的重要性，认为历史和传统因素并不是那么重要。
- **第二组**（米德尔斯堡、南安普顿和曼城）强调感情依附的重要性处于中等水平，但是对比赛参与程度上却显得非常活跃。
- **第三组**（曼联、托特纳姆热刺、利物浦、埃弗顿、阿森纳和切尔西）强调作为社交活动的比赛参与和成功认知的重要性。这反映出与其他俱乐部相比，它是更成功的。

从上述分组可以看出，不同俱乐部其实是有不同的策略和目标群体的。情感依附、历史、传统的重要性以及参与比赛经历的重要性表明，在比赛结果不是很好的时候建立这些要素仍有助于保持球迷的忠诚度。相比组织价值观的实现，它们可能会优先考虑俱乐部自身治理的好坏和周边民众的参与程度。

总的来说，赢当然是最好的，不过球迷忠诚度的高低还是要基于价值观的认同和做正确的事情这些原则来引导的。对于那些发出强烈不满的声音的球迷，俱乐部管理层应该保持着开放的心态去聆听他们的声音。

管理足球品牌是一项复杂的任务，它会受到球迷和媒体的广泛关注。不论在好的时候还是不好的时候，作为俱乐部管理者都需要采取合适的策略来应对。未必一定要取得比赛的胜利，以此来增加球员的额外收入，这样的结果反而会让穷人更穷，富人更富。因为这些额外收入增加的代价，甚至可能是将竞争对手驱逐出市场；从长远来看，足球运动需要发展必须要有强大的竞争对手才可以实现。

需要保持足球产业的健康发展

足球运动要发展，靠的不仅是一个特定的品牌，这需要依赖于运动本身所具备的竞争性来实现，有时候甚至还需要来自外部其他威胁因素的影响。因此，不单独考虑某一特定的足球品牌，而将足球作为一个整体来取得持续的成功，这一过程中需要克服、解决很多威胁和风险的因素。比如盗版对体育赛事转播造成的威胁、踢假球和破坏足球比赛公平性等行为的威胁；娱乐节目选择和技术的增多可能会让未来球迷的支持力度下降；足球俱乐部的成功使得粉丝成本增加等。许多足球俱乐部开始发起家庭套餐，鼓励球迷和家人一起来观看比赛。在校以及假期期间的儿童足球项目可以鼓励和增进孩子们对足球的兴趣，加强他们对足球的理解。很多俱乐部为了吸引更多年轻的支持者参与到比赛中并培养他们对足球品牌的忠诚度，还会通过给在校学生打折、赠送免费门票的方式吸引他们对足球的认识和理解。

完美的足球品牌在感情依附和参与水平上，相比其他品牌都是佼佼者，这也是其他品牌的营销人员所梦寐以求的，但却是不那么容易实现的。未来健康、良好发展的足球品牌需要在作为全球品牌满足商业需要和单纯地作为充满精彩看点的比赛，这两者间做出权衡。

作者简介

苏·布里奇沃特是国际品牌的管理者，同时还是奈恩—福尔波和联合利华新产品开发的管理者。她在英国杜伦大学获得硕士学位，在华威大学获得 MBA 以及博士学位（新兴市场领域）。1991 年，苏·布里奇沃特加入华威大学成为一名讲师，并成为市场营销和国际营销领域的研究人员。在那里，她进行了 10 年的相关研究，并为英格兰球队开设了相关的课程，专门用于训练足球管理者；还为蓝筹客户，比如汇丰银行、福特、雀巢、飞利浦、保成集团、毕马威等企业的高管授课；同时也包括很多体育领域的组织机构，比如足球协会、英格兰足球联赛领队协会、英格兰职业足球协会和众多足球俱乐部。苏·布里奇沃特撰写了大量国际期刊的文章，并出版了足球品牌和管理相关的书籍。

2013 年 9 月，苏·布里奇沃特加入利物浦大学，并担任体育研究系主任，她也教授足球产业领域的 MBA 学生，对包括阿塞拜疆足球协会和卡罗尔研究所的一流客户，她也专门教授一些足球产业的知识，并进行了大量足球和体育领域的相关研究。

参考文献

Aaker, D A（1996）*Building Strong Brands*, Free Press, New York

Aaker J, Fournier, S and Brasel, S A（2004）When good brands do bad, *Journal of Consumer Research*, 31（June）, pp 1–17

Baade, R A and Tiehen, L J（1990）The impact of stadiums and professional sports on metropolitan area development, *Growth and Change*, 21, pp 1–14

Beverland, M（2010）Review of Bridgewater, S（2010）*Football Brands*, Palgrave, Basingstoke, UK

BrandFinance Football 50（2013）, Online report, 20 May, http://www.brand-finance.com/knowledge_centre/reports/brandfinance-football-50-2013

Bridgewater, S（2010）*Football Brands*, Palgrave, Basingstoke, UK

Bridgewater, S（2014）Football and Sponsorship, in（forthcoming）*Handbook on Economics of Professional Football*, eds P Sloane and J Goddard, Edward Elgar

Cialdini, R B, Borden, R J, Thorne, A, Wilker, M R, Freeman, S and Sloan, L R（1976）Basking in Reflected Glory: Three（football）studies, Journal of Personal and Social Psychology, 34, pp 366–375

Deloitte（2012）*The Money League*

Deloitte（2013）*Football Finance Report*

Domazlicky, B R and Kerr, P M (1990) Baseball attendance and the designated hitter, *American Economist*, 34, pp 62–68

Eon (2009) *Origins of Support*, Research Findings

Gantz, W (1981) An Exploration of viewing motives and behaviours associated with television sports, *Journal of Broadcasting*, 25 (3), pp 263–275

Gantz, W and Wenner, L A (1995) Fanship and the television sports viewing experience, *Sociology of Sport Journal*, 12, pp 56–74

www.theguardian.com/sport/2013/nov/09/bt –sport –champions –league –exclusive – tv–rights (accessed 9 November 2013)

Holt, R (1989) *Sport and the British: A modern history*, Oxford University Press, Oxford

Keller, K (2001) Building Customer–based Brand Equity, *Marketing Management*, Jul./Aug., pp 15–19

Kuper, S and Szymanski, S (2012) *Soccernomics*, revised and expanded edition, Nation Books, New York

Lascu, D –N, Giee, T D, Toolan, M S M, Guehring, B and Mercer, J (1995) Sport Involvement: A relevant individual difference factor in spectator sports, *Sport Marketing Quarterly*, 4 (4), pp 41–47

Madrigal, R (1995) Cognitive and Affective determinants of fan satisfaction with sporting event attendance, *Journal of Leisure Research*, 27 (3), pp 205–227

Maffesoli, M (1996) *The Time of Tribes: The decline of individualism in mass society*. Sage, London

Mahony, D F, Madrigal, R and Howard, D (2000) Using the Psychological Commitment to Team (PCT) scale to segment sports consumers based on loyalty, *Sport Marketing Quarterly*, 9 (1), pp 15–25

Mahony, D F, Nakazawa, M, Funk, D, James, J D and Gladden, J M (2002) Motivational Factors influencing the behavior of J. League Spectators, *Sport Management Review*, 5, pp 1–24

Ohmae, K (1985) *The Borderless World*, Collins, London

Reichheld, F (1997) The bottom –line on customer loyalty, *Management*

Review, 86 (3), Mar., 16.

Ries, A and Trout, J (2001) *Positioning: The Battle for your mind*, McGraw–Hill

Roberts, K (2004) *Lovemarks, The Future beyond Brands*, Saatchi and Saatchi Co

Sheehan, B (2013) *Loveworks*, Saatchi and Saatchi Co

Sloan, L R (1989) "The motives of sports fans" in J D Goldstein (ed.) *Sports, Games and Play: Social and Psychosocial viewpoints*, 2nd Edition, Lawrence Erlbaum, Hillsdown, NJ, pp 175–240

Smith, G J (1988) The noble sports fan, *The Journal of Sport and Social Issues*, 12, pp 54–65

Sutton, W A, McDonald, M A, Milne, G R and Cimperman, J (1997) Creating and Fostering fan identification in professional sports, *Sport Marketing Quarterly*, 6 (1), pp 15–22

Tapp, A (2004) The loyalty of Football Fans–we'll support you ever more, *Database Marketing and Customer Strategy Management*, 11 (3), pp 203–215

Tapp, A and Clowes, J (2002) From "carefree casuals" to professional wanderers: Segmentation possibilities for football supporters, *European Journal of Marketing*, 36 (11/12), pp 1248–1269

Wann, D L (1995) Preliminary validation of the Sport Fan Identification Scale, *Journal of Sport and Social Issues*, 19, pp 377–396

Wann, D and Branscombe, N R (1993) Sports Fans: Measuring degree of identification with their team, *International Journal of Sport Psychology*, 24, pp 1–17

Wann, D and Dolan, T J (2001) Attributions of highly identified sports spectators, *Journal of Social Psychology*, 134 (6), pp 783–792